Paris. — Imprimerie de GUSTAVE GRATIOT, rue de la Monnaie, 11.

NOUVELLES
CONFIDENCES

— Avec une partie entièrement inédite —

PAR

A. DE LAMARTINE

PARIS

MICHEL LÉVY FRÈRES, LIBRAIRES-ÉDITEURS

RUE VIVIENNE, 2 BIS

—

1851

A

M. ÉMILE DE GIRARDIN

(PRÉAMBULE).

En vous adressant, mon cher Girardin, ce nouveau volume de ces Notes intimes que le public a appelées *Confidences*, je ne puis m'empêcher de sentir un nouveau serrement de cœur. Ce que j'avais trop prévu est arrivé. En ouvrant ma vie, elle s'est évaporée. Ce journal de mes impressions a trouvé grâce, indulgence, intérêt même, si j'en crois les anonymes bienveillants qui m'ont écrit, auprès de quelques lecteurs. Mais les critiques austères et âpres, ces hommes qui délayent jusqu'à nos larmes dans leur encre, pour donner plus d'amertume à leurs sarcasmes, n'ont pas pardonné à ces épanchements d'une âme de vingt ans. Ils ont cru, ou ils ont fait semblant de croire, que je recherchais une misérable célébrité dans les cendres de mon propre cœur ; ils ont dit que par une anticipation de vanité je voulais cueillir et respirer d'avance, de mon vivant, jusqu'aux tristes fleurs d'un jour qui croîtraient après moi sur mon tombeau. Ils ont crié à la profanation du sentiment intérieur, à l'effronterie de l'âme dévoilée à nu, au scandale des souvenirs confiés, à la vénalité des choses saintes, à la *simonie* du poëte vendant ses fibres pour sauver l'arbre et le toit de son berceau ! J'ai lu, j'ai entendu en silence toutes ces malignes interprétations d'un acte, dont la véritable nature vous avait été révélée bien avant de l'être au public. Je n'ai rien répondu. Que pouvais-je répondre ? Les apparences étaient contre moi. Vous seul vous saviez que ces notes existaient depuis longtemps, enfermées dans ma cassette de bois de rose, avec les dix volumes de notes de ma mère; qu'elles ne devaient pas en sortir; que j'avais rejeté avec un soubresaut d'esprit la première idée de les publier; que j'avais refusé une rançon de roi contre ces feuilles sans valeur réelle, et qu'enfin un jour, — un jour que je me reproche, — contraint d'opter fatalement entre la nécessité d'aliéner mes pauvres *Charmettes* à moi, des *Charmettes* aussi chères, des *Charmettes* plus saintes que celles des *Confessions*, ou entre la nécessité de laisser publier ces pages, j'avais préféré me contrister moi-même à la douleur de contrister de vieux et bons serviteurs en vendant leurs toits et leurs vignes à des étrangers. J'avais reçu d'une main le prix des *Confidences*, et j'avais remis ce prix de l'autre main à d'autres, pour en acheter du temps.

Voilà tout mon crime, et je l'expie.

Eh bien ! que ces critiques se réjouissent jusqu'à satiété de vengeance ! ce sacrifice n'a servi à rien ! C'est en vain que j'ai livré au vent ces feuilles arrachées au livre de mes plus pieux souvenirs ; le temps que leur prix m'avait acheté n'a pas suffi pour me conduire jusqu'au seuil de la demeure où l'on ne regrette plus rien ! Mes *Charmettes* vont se vendre ! qu'ils soient contents ! J'ai la honte d'avoir publié ces *Confidences*, et je n'ai pas la joie d'avoir sauvé mon jardin. Des pas étrangers vont y effacer les pas de mon père et de ma mère. Dieu est Dieu ; il ordonne quelquefois au vent de déraciner le chêne de cent ans, et à l'homme de déraciner son propre cœur. Le chêne et le cœur sont à lui, il faut les lui rendre, et lui rendre encore par-dessus justice, gloire et bénédiction !

Et maintenant que mon acceptation des critiques est complète, et que je me reconnais coupable et surtout affligé, suis-je bien aussi coupable qu'ils le disent, et n'y a-t-il aucune excuse qui puisse atténuer mon crime aux yeux des lecteurs indulgents ou impartiaux ?

Pour le juger, je n'ai qu'une question à vous faire et à faire au public qui a daigné feuilleter ces volumes d'un doigt distrait. Cette question, la voici :

Est-ce à moi ou à d'autres que les pages publiées

de ces *Confidences* ont pu faire tort dans l'esprit de ceux qui les ont lues? Y a-t-il un seul homme vivant aujourd'hui, y a-t-il une seule mémoire de personne morte à qui ces souvenirs aient jeté une ombre odieuse ou même défavorable, ou sur le nom, ou sur la famille, ou sur la vie, ou sur le tombeau? L'âme de notre mère a-t-elle pu en être contristée dans son ciel? La mâle figure de notre père en a-t-elle été amoindrie dans le respect de ses descendants? *Graziella*, cette fleur précoce et séchée de mon adolescence, en a-t-elle recueilli autre chose que quelques larmes de jeune fille sur un tombeau de Portici? Julie, ce culte de mon jeune enthousiasme, y a-t-elle perdu dans l'imagination de ceux qui savent ce nom cette pureté qu'elle a conservée dans mon cœur? Mes maîtres, ces pieux jésuites de Belley, dont je n'aime pas le nom, mais dont je vénère la vertu; mes amis les plus chers et les premiers moissonnés, *Virieu*, *Vignet*, l'abbé *Dumont*, pourraient-ils se plaindre, s'ils revenaient ici-bas, de ce que j'ai défiguré leurs belles natures, décoloré leurs nobles images, ou souillé leur place dans la vie? J'en appelle à ceux qui ont lu! Une seule ombre me commanderait-elle d'effacer une seule ligne? Beaucoup de ceux dont j'ai parlé vivent encore, ou leurs sœurs vivent, ou leurs fils vivent, ou leurs amis vivent; les ai-je humiliés? Ils me l'auraient dit. Non! je n'ai embaumé que les souvenirs purs. Mon linceul était pauvre, mais il était sans tache. Les noms modestes que j'y avais ensevelis pour moi seul n'en seront ni parés, ni déshonorés. Aucune tendresse ne me fera un reproche ; aucune famille ne m'accusera de l'avoir profanée en la nommant. Une mémoire est une chose inviolable, parce que c'est une chose muette ; il ne faut y toucher que pieusement. Je ne me consolerais jamais si j'avais laissé tomber de cette vie, dans cette autre vie d'où l'on ne peut répondre, un mot qui pourrait blesser ces immortels absents qu'on appelle les mânes. Je ne voudrais pas même qu'un mot réfléchi, hostile à quelqu'un, restât après moi contre un des hommes qui me survivront un jour. La postérité n'est pas l'égout de nos passions ; elle est l'urne de nos souvenirs ; elle ne doit conserver que des parfums.

Ces *Confidences* n'ont donc fait de mal ni de peine à personne, parmi les vivants ou parmi les morts. Je me trompe, elles ont fait du mal à moi, mais à moi seul. Je me suis peint tel que je fus : une de ces natures, hélas ! si communes parmi les enfants des femmes, pétrie non d'une seule pièce, non d'une argile exceptionnelle et épurée comme celle des héros, des saints ou des sages, mais pétrie des divers limons qui entrent dans le moule de l'homme faible et passionné : de hautes aspirations et d'étroites ailes, de grands désirs et de courtes mains pour atteindre où ils regardent ; d'idéal sublime et de réalité vulgaire, de feu dans le cœur, d'illusions dans l'esprit, de larmes dans les yeux : statues humaines qui attestent par la diversité des éléments qui les composent les mystérieuses déchéances de notre pauvre nature, et où l'on retrouve, comme dans le métal de Corinthe après l'incendie, les traces de tous les métaux liquéfiés qui s'y sont refroidis et confondus, un peu d'or dans beaucoup de plomb. Mais, je le répète, à qui ai-je nui si ce n'est à moi-même?

Mais, disent-ils : ces nudités dévoilées du sentiment et de la vie offensent cette pudeur virginale de l'âme dont la pudeur du corps n'est que l'emblème imparfait dans le cœur humain? Vous vous montrez sans voile et vous ne rougissez pas? Qui êtes-vous donc?

— Hélas! je suis ce que vous êtes, un pauvre écrivain; un écrivain, c'est-à-dire un penseur public; je suis ce que furent, au génie et à la vertu près, saint Augustin, Jean-Jacques Rousseau, Châteaubriand, Montaigne, tous les hommes qui ont interrogé silencieusement leur âme et qui se sont répondu tout haut, pour que leur dialogue avec eux-mêmes fût aussi un entretien avec leur siècle ou avec l'avenir. Le cœur humain est un instrument qui n'a ni le même nombre ni la même qualité de cordes dans toutes les poitrines, et où l'on peut découvrir éternellement de nouvelles notes pour les ajouter à la gamme infinie des sentiments et des cantiques de la création. C'est notre rôle à nous, poëtes ou prosateurs malgré nous, rapsodes du poëme sans fin que la nature chante aux hommes et à Dieu ! Pourquoi m'accuser si vous vous excusez vous-mêmes ? Ne sommes-nous pas de la même famille de ces *Homérides* qui racontent de porte en porte des histoires dont ils sont tour à tour et quelquefois tout ensemble les historiens et les héros ? Est-ce donc la nature de la pensée qui fait le crime de la publier ? Une pensée vulgaire, critique, sceptique, dogmatique, sera innocente en se dévoilant, selon vous; un sentiment banal, froid, sans intimité, c'est-à-dire sans palpitation en vous, sans contre-coup dans les autres, ne violera aucune pudeur en se révélant; mais une pensée pieuse, ardente, allumée au foyer du cœur ou du ciel ; mais un sentiment brûlant, jailli de l'explosion du volcan du cœur, mais un cri de l'âme éveillant, par son accent de vérité et de déchirement, d'autres cris sympathiques dans le siècle ou dans l'avenir ! mais une larme surtout ! une larme non peinte, comme celles qui ruissellent sur vos linceuls de parade, une larme d'eau et de sel amer tombant des yeux au lieu d'une goutte d'encre de la plume ! oh ! voilà le crime ! voilà la honte ! voilà l'impudeur selon vous ! C'est-à-dire que ce qui est froid et artificiel est innocent dans l'artiste, mais que ce qui est naturel et chaud est impardonnable dans l'homme ! C'est-à-dire que la pudeur de l'écrivain consiste à dévoiler le faux, et l'impudeur à dévoiler le vrai! Montrez-moi votre esprit si vous en avez! mais votre âme pour entraîner la mienne! oh! l'indignité! quelle logique!

Eh bien! oui, cependant, vous avez raison au fond, mais vous ne savez pas le dire; oui, il est parfaitement vrai qu'il y a des mystères, des nudités, des parties non pas honteuses, mais délicates et *sensitives* de notre âme, des profondeurs, des personnalités, des derniers replis du sentiment et de la pensée qu'il en coûterait horriblement de découvrir, et qu'un scrupule honnête, naturel, ne nous permettrait jamais de dénuder sans un remords de pudeur violé! Il y a l'indiscrétion du cœur; j'en conviens avec vous; je l'ai cruellement ressenti moi-même, la première fois qu'ayant écrit quelques rêves poétiques de mon âme, quelques épanchements trop réels de mes sentiments, je les lus à mes plus intimes amis. Mon front se couvrit de rougeur, et je ne pus pas achever la lecture. Je leur dis : « Non, je ne puis pas aller plus avant; « vous lirez cela. — Et comment, me dirent ces amis, « tu ne peux pas nous lire à nous ce que tu vas « donner à lire à toute l'Europe? — Non, dis-je, je « ne sais pas pourquoi, mais je n'éprouve aucune « honte à laisser lire cela au public, et j'éprouve une « répugnance invincible à le lire face à face seule- « ment à deux ou trois de mes amis. »

Ils ne me comprirent pas, je ne me comprenais pas moi-même. Nous nous récriâmes ensemble contre l'inconséquence du cœur humain. Depuis, j'ai toujours éprouvé cette même répugnance instinctive à lire à une seule personne ce que je n'avais aucun effort de pudeur violée à faire pour le laisser lire au public ; et, après y avoir longtemps réfléchi, j'ai trouvé que cette inconséquence apparente était au fond une parfaite logique de notre nature.

Pourquoi, en effet ? C'est qu'un ami c'est quelqu'un, et que le public ce n'est personne ; c'est qu'un ami a un visage, et que le public n'en a pas ; c'est qu'un ami est un être présent, écoutant, regardant, un être réel, et que le public est un être invisible, un être de raison, un être abstrait; c'est qu'un ami a un nom et que le public est anonyme; c'est qu'un ami est un confident et que le public est une fiction. Je rougis devant l'un parce que c'est un homme, je ne rougis pas devant l'autre parce que c'est une idée ; quand je parle ou quand j'écris devant le public, je me sens aussi libre et aussi affranchi de ces susceptibilités d'homme à homme que si je parlais ou si j'écrivais devant Dieu et dans le désert ; la foule est une solitude ; on la voit, on sait qu'elle existe, mais on ne la connaît qu'en masse. Comme individu, elle n'existe pas. Or, cette pudeur dont vous parlez étant le respect de soi-même devant quelqu'un, du moment qu'il n'y a personne de distinct à force de multitude, où serait le motif de cette pudeur ? Psyché rougit sous une lampe parce que la main d'un seul

Dieu la promène de près sur son beau corps; mais que le soleil la regarde de ses mille rayons du haut de l'Olympe, cette personnification de l'âme pudique ne rougira pas devant tout un ciel. C'est la parfaite image de la pudeur de l'écrivain devant un seul auditeur, et de la liberté de ses épanchements devant tout le monde. Vous m'accusez de violer le mystère devant vous? Vous n'en avez pas le droit : je ne vous connais pas, je ne vous ai rien confié personnellement, à vous; vous êtes un indiscret qui lisez ce qui ne vous est pas adressé. Vous êtes *quelqu'un*, vous n'êtes pas le public; que me voulez-vous? Je ne vous ai pas parlé, vous n'avez rien à me dire, et je n'ai rien à vous répondre.

C'est ainsi que pensaient saint Augustin, Platon, Socrate, Cicéron, César, Bernardin de Saint-Pierre, Montaigne, Alfieri, Châteaubriand et tous les hommes qui ont confié au monde les palpitations vraies de leur propre cœur. Gladiateurs réels du Colysée humain, qui ne jouaient pas de misérables comédies de sentiment ou de style pour distraire une académie, mais qui luttaient et mouraient réellement sur la scène du monde, et qui écrivaient sur le sable avec le sang de leurs propres veines les héroïsmes, les défaillances ou les agonies du cœur humain.

Cela dit, je reprends ces notes où je les retrouve, et je ne rougis que d'une seule chose devant les critiques, c'est de n'avoir ni l'âme de saint Augustin,

ni le génie de Jean-Jacques Rousseau, pour mériter,
par des indiscrétions aussi saintes, aussi touchantes,
le pardon des âmes tendres et la condamnation des
esprits prudes qui prennent tout mouvement de l'âme
pour une *obscénité*, et qui se voilent la face dès qu'on
leur montre un cœur.

NOUVELLES CONFIDENCES.

LIVRE PREMIER.

I.

. . . .
. . . .
. . . .

Après que cette première flamme de ma vie se fut ainsi évaporée au ciel en ne laissant en moi que l'éblouissement d'une vision et le recueillement d'un culte, j'avais erré quelques mois comme une âme aveugle qui a perdu la lumière du ciel et qui ne se soucie pas de celle de la terre. J'avais passé la plus grande partie de ce temps en Suisse sur les lacs de Genève, de Thoun et de Neufchâtel, mal portant, solitaire toujours, ne restant jamais plus d'une semaine à la même place. Ma mère, qui connaissait la cause de mon chagrin, m'envoyait de temps en temps quelque petite somme épargnée, à l'insu de la famille, sur ce qu'on lui donnait par mois pour tenir sa maison; elle savait que le grand air évapore seul les grandes douleurs et que le changement perpétuel de lieux guérit les fièvres du cœur comme il coupe les fièvres du corps. Elle redoutait pour moi la monotonie, l'uniformité et l'oisiveté plus rongeuse que la douleur de la maison paternelle et de la vie de Mâcon. Cependant, l'automne approchait, elle ne savait plus comment colorer mon éloignement sans cause aux yeux de mon père et de mes oncles. Il fallut revenir.

II.

Je revins par Lyon. Je m'embarquai là sur un de ces bateaux qui remontaient et qui descendaient alors le cours de la Saône, conduits comme des traîneaux sur la glace du fleuve, par des chevaux qui galopaient dans les prairies dont il est bordé.

Couché à la renverse sur le pont entre des ballots et des valises, je regardais la pointe du mât dessiner ses légères ondulations sur le ciel comme une aiguille noire s'avançant, par un mouvement insensible, sur le cadran de ma vie. De temps en temps, je me soulevais à la voix rauque du patron de la barque qui nommait les petites villes et les villages de la rive et qui demandait aux voyageurs si quelqu'un voulait descendre au port devant lequel nous passions. Je reconnaissais les noms familiers à mon oreille de ces charmants villages qui bordent le cours de la Saône, mon fleuve natal, les îles couvertes de forêts de saules et d'osiers, les grands troupeaux de vaches qui les abordent à la nage pour aller paître leurs longues herbes, en ne laissant voir que leurs museaux blancs et leurs cornes noires au-dessus de l'eau, les belles montagnes du Beaujolais et du Mâconnais qui, aux rayons du soleil couchant, deviennent bleues comme des vagues et semblent flotter comme une mer dont le rivage est caché par leur roulis; et à droite ces immenses prairies vertes de la Bresse, parsemées çà et là de points blancs qui sont des troupeaux, et noyées à leurs confins dans une brume qui les fait ressembler aux paysages de la Hollande ou aux horizons de la Chine, sans autres bornes que la pensée.

Ces sites, tant vus et tant revus par moi dès mes premiers regards, me pesaient sur le cœur bien plus qu'ils ne soulevaient mon poids d'ennui. J'étais né pour agir, et la destinée me ramenait toujours, malgré moi, languir et fermer mes ailes dans ce nid, dont je brûlais sans cesse de m'échapper.

Cette fois cependant la douleur m'avait tellement brisé, que j'éprouvais une certaine résignation fatale à rentrer pour n'en plus sortir dans cette maison où j'étais né et où j'espérais bientôt mourir. J'étais convaincu que mon cœur avait épuisé, dans ces treize mois d'amour, de délire et de douleur, toutes les délices et toutes les amertumes d'une longue vie, que je n'avais plus qu'à couver quelques mois le souvenir de Julie sous la cendre de mon cœur, et que l'ange dont ma pensée avait suivi la trace dans une autre vie m'y rappellerait bientôt pour abréger l'absence et pour recommencer l'éternel amour. Cette certitude me consolait et me faisait prendre en patience et en indifférence l'intervalle que je croyais court entre le départ et la réunion. A quoi bon commencer quelque chose, me disais-je, qui sera si vite interrompu? Et qu'importe que je traîne ici ou là-bas les heures suprêmes d'une existence qui s'est éteinte dans cette tombe et qui ne se rallumera jamais?

III.

C'est dans ces pensées d'apaisement découragé et désintéressé de la vie que j'approchais insensiblement de Mâcon. Bientôt j'aperçus les hautes tours tronquées de son antique cathédrale se découpant en blanc sur le fond du ciel, et les treize arches régulières de son pont romain courant sur la largeur du fleuve comme une caravane qui traverse un gué à pas inégaux. La cloche du bateau appelait les voyageurs à monter sur le pont ou à en descendre. On voyait sur le quai des promeneurs insouciants s'accouder un moment sur les parapets pour regarder passer la barque sous l'arche étroite et bouillonnante; deux ou trois groupes de parents ou d'amis qui attendaient des voyageurs pressaient un peu le pas sur la rive pour les devancer et les embrasser plus vite sur la planche du débarquement.

On se saluait, tout en marchant et en voguant encore, du cœur, du regard, de la voix et du geste, du pied du mât sur le rebord du quai. On reconnaissait au rayon de joie sur les visages, à l'impatience des pieds sur le pont de la barque, à l'humidité des yeux, les degrés d'amitié, de parenté ou d'amour qui unissaient les cœurs encore séparés par quelques vagues. Je cherchais des yeux, dans ces groupes debout sur le quai, un visage connu, je n'en voyais point. Personne ne m'attendait à jour fixe. A la fin, et au moment où j'allais débarquer, ma valise légère sous le bras, je sentis mes jambes embrassées par les pattes et par les caresses d'un chien qui m'avait, comme celui d'Ulysse, pressenti et flairé à distance, qui s'était élancé sur la planche, et qui me dévorait de joie au milieu de l'indifférence générale.

Je reconnus le vieux griffon de mon père, un

chien d'arrêt nommé Azor, qui faisait partie de la famille depuis treize ou quatorze ans, et qui m'avait accueilli à mon retour du collége. C'est ce même animal qui m'avait débarrassé, sept ans avant, de mon entretien ossianique avec Lucy. Je l'embrassai, et je lui livrai une des courroies de ma valise pour l'empêcher de bondir entre les pieds des voyageurs. Puisque Azor était là, mon père ne devait pas être loin. Le chien me l'indiqua dès que nous fûmes à terre, en me tirant par sa courroie du côté d'une petite promenade ombragée de tilleuls et garnie de bancs de pierre voisins du lieu de débarquement. Mon père était venu à tout hasard s'y asseoir à l'heure où les barques passaient devant la ville; il m'avait nommé deux ou trois fois à Azor, en lui montrant du geste la barque. Ce fidèle messager avait compris et accompli sa mission. Il me ramenait.

Mon père, qui n'avait alors que soixante-deux ou trois ans, paraissait dans toute la sève et dans toute la majesté de la vie. Il s'était levé de son banc aux hurlements joyeux d'Azor; il avait la vue basse et il regardait du côté du port, sa lorgnette à la main, selon son habitude, pour voir si son chien lui amenait son fils. Je courus à lui et je tombai dans ses bras. Il avait bien la voix un peu émue et les yeux un peu humides en m'embrassant, mais il y avait une mâle fermeté jusque dans sa tendresse; il respectait son ancien uniforme de capitaine de cavalerie; il aurait cru déroger en avouant aux autres ou à lui-même une émotion féminine; c'était un de ces hommes qui ont le respect humain de leurs qualités, la pudeur de leur vertu, et qui, en refoulant tous les signes extérieurs de leur sensibilité dans leur âme, ne font que la conserver plus jeune et plus vierge jusqu'à leurs jours avancés.

Cette habitude de sa nature forte et austère jetait entre lui et moi une certaine froideur de démonstrations qui pouvait tromper au premier coup d'œil. Nous nous aimions sévèrement, comme il convenait à des hommes; lui avec dignité, moi avec respect; le père était toujours père, le fils toujours fils. Sa sensibilité se cachait sous l'austérité et derrière la distance jusqu'à ses dernières années où j'étais devenu homme et où il était devenu vieillard. Alors les rôles changèrent : c'est lui qui se laissait aimer, c'est moi qui aimais. Entre nous la sensibilité déborda.

IV.

Je le regardais tout en marchant un peu en arrière de lui par crainte et par respect. Mon père était alors dans toute la virilité de l'homme. Ma taille, quoique très élevée, atteignait à peine la sienne.

Rien ne fléchissait encore, et rien ne fléchit avant

quatre-vingt-sept ans dans sa stature. Il portait ses années comme un chêne robuste de nos montagnes porte ses soixantièmes feuilles, en s'en décorant et sans plier, ou plutôt ses années le portaient droit et ferme sur la forte tige de vie que Dieu lui avait donnée. Sa figure, sans avoir alors cette pureté délicate de traits et de lignes qui caractérise la beauté de détail du visage humain, avait l'effet de cette beauté en masse qui fait qu'on s'arrête et qu'on dit : « Voilà un noble type de l'humanité, voilà un corps « digne de porter une âme et de s'appeler le temple « de Dieu. »

Le front n'était pas tout à fait assez relevé pour y laisser jouer les ailes d'une imagination à grand vol ; il était seulement large, droit et accentué comme le front romain dans les bustes de l'époque des Scipions. Le nez était court et d'un seul trait ; la bouche bien ouverte, parée de dents petites, régulièrement enchâssées, intactes et éclatantes jusqu'à sa mort ; les lèvres coupées presque à angle droit, d'une expression d'intrépidité sévère quand elles étaient fermées, d'une grâce et d'une courbe exquises quand elles se desserraient et se plissaient légèrement aux deux coins pour sourire ; le menton relevé comme par les muscles bien attachés, les joues plus affaissées que pleines, peu de chair, beaucoup de fibres revêtues d'une épiderme colorée par un sang bouillant et généreux, le tour du visage ni ovale, ni rond, mais presque carré comme dans les races guerrières du Jura, les yeux d'une couleur changeante et d'un vif éclat, ombragés de sourcils noirs et épais qui tendaient à se rejoindre au-dessus du nez quand il plissait le front, formant alors une seule ligne sombre entre le visage et le front. En somme, une superbe tête de chef militaire modelée par la nature ou par l'habitude pour le commandement à ses soldats.

Cette habitude du commandement militaire se révélait également dans toutes ses attitudes. Il portait la tête haute, il regardait en face, il saluait avec dignité, mais sans hauteur; ses membres étaient souples, sa marche ferme, lente, régulière comme s'il eût entendu en marchant le tambour ou le clairon pour mesurer le mouvement et la distance de ses pas; ses habits, de couleur bleue et de forme austère, n'avaient jamais ni recherche, ni couleurs éclatantes, ni négligence, ni abandon dans les plis. On y sentait le souvenir et la ponctualité de l'uniforme; ses souliers à boucles ne lui pesaient pas assez aux pieds; on voyait à sa marche qu'il croyait avoir à soulever encore les lourdes bottes à l'écuyère qu'il avait longtemps portées, et que le cheval d'escadron manquait à ses jambes. Il ne passait jamais devant lui un soldat ou un cheval sans qu'il s'arrêtât un moment et qu'il prît sa lorgnette pour regarder l'homme ou l'animal.

La guerre était sa patrie, la discipline sa vertu ; l'épée, le cheval, la selle, le harnais, son ambition, son souvenir, sa contemplation perpétuels. Au fond il plaignait, sans les mépriser, toutes les autres professions de la vie humaine. Tous les métiers qui ont pour but le gain lui paraissaient assez vils, et, de tous les métiers qui ont pour but de gagner de l'honneur, il n'en connaissait qu'un : offrir ou verser son sang pour son roi ou pour son pays. Entre le militaire et le paysan pour lui il n'y avait rien. Il regardait tout le reste comme les nobles Polonais regardent les juifs de leurs terres, race nomade, mercantile et usurière entre le peuple et eux. C'était le modèle parfait du gentilhomme de province, père de famille, chasseur, cultivateur, ami du peuple après avoir été l'ami du soldat. Tel était l'extérieur de mon père.

V.

Ses camarades de régiment, dont il y avait plusieurs dans la ville, et les hommes de la société, l'appelaient le chevalier de Lamartine. Les hommes du peuple et les hommes étrangers à son intimité l'appelaient M. de Prât. C'était le nom d'une terre de famille en Franche-Comté, dont mon grand-père lui avait donné le titre pour le distinguer de ses frères.

On n'appelait ma mère que madame de Prât, et j'ai moi-même porté ce nom dans mon enfance jusqu'à la mort de l'aîné de mes oncles, à qui seul appartenait le nom de famille.

Mon père, en me ramenant du bateau à la maison, me faisait traverser, avec un certain orgueil de tendresse paternelle, les rues les plus longues et les plus peuplées de Mâcon.

C'était l'heure où les oisifs de la petite ville sortaient, après leur dîner, au coucher du soleil, pour aller respirer la fraîcheur de l'eau en se promenant sur le quai, ou en s'asseyant sous les tilleuls du bord de la rivière. Il rencontrait çà et là quelques-uns de ses anciens camarades de régiment, de ses parents ou de ses amis de la ville. On l'abordait; il me montrait; il semblait fier des regards qu'on jetait sur moi du seuil des maisons ou des boutiques; ce fils, aussi grand que lui, revenant de longs voyages, un peu maigri et un peu pâli par l'absence, mais attirant pourtant les yeux par sa taille, par sa chevelure, par sa ressemblance avec sa mère, par cette mélancolie même des traits qui ajoute un mystère à la physionomie, le flattait évidemment. Il allongeait à son insu la route, il recherchait les rencontres, il prolongeait les entretiens. J'entendais murmurer aux fenêtres : « Voilà le chevalier de Lamartine qui passe « avec son fils; venez voir! » Quant à moi, je supportais ces regards et ces saluts par respect pour mon père, mais je brûlais d'y échapper et d'arriver enfin à la maison.

I.

Nous y arrivâmes enfin ; le chien était allé nous annoncer par ses bonds et ses hurlements de joie ; en passant le seuil, je me trouvai enlacé dans les bras de ma mère et de mes sœurs. Ma mère ne put s'empêcher de pâlir et de frissonner visiblement en voyant combien ma longue absence et mes secrètes angoisses avaient amaigri et fléchi mes traits. Mon père n'avait vu que les belles formes développées de mon adolescence ; ma mère, d'un coup d'œil avait vu les impressions. L'œil des femmes est divinatoire ; il va droit au fond de l'âme de celui qu'elles regardent, ne fût-ce qu'en passant. Qu'est-ce donc, quand celui qu'elles regardent est un fils, un rayon de leur âme ?

VII.

Un changement s'était opéré pendant mes absences dans les habitudes de la vie de famille. Mon père, sollicité en cela par notre mère, avait acheté sur ses longues et pénibles économies une maison de ville à Mâcon, pour y passer la moitié de l'année. L'âge était venu, pour mes sœurs, de recevoir les leçons de ces maîtres et maîtresses d'art d'agrément, luxe d'éducation nécessaire aux femmes d'une certaine aisance, dont la vie ne serait, sans cela, qu'une fastidieuse oisiveté. Le moment était venu aussi de les produire dans ce qu'on appelle le monde, espèce d'expropriation réciproque, où les nouvelles venues dans la vie regardent et sont regardées, jusqu'à ce que les parentés, les relations de famille, les habitudes de société, les convenances de voisinage et de fortune ou l'inclination déterminent les mariages.

Belles, modestes, mais ne pouvant attirer de bien loin des maris par la modicité de leurs dots, ma mère présumait justement que les jeunes hommes de leur rang ne viendraient pas les découvrir dans la solitude de Milly. Elle ne voulait pas les exposer à y fleurir et à s'y flétrir par sa faute sans avoir répandu leur chaste éclat de beauté dans les yeux de quelqu'un. Elle regardait comme un devoir obligatoire de la mère de famille de chercher des occasions d'unions assorties pour ses filles. Les enfanter à la vie, à la religion, à la vertu, pour elle, ce n'était pas assez; elle voulait les enfanter aussi au bonheur.

Mon père avait compris ces raisons, et, bien qu'à regret et par des efforts surhumains d'économie domestique, il s'était décidé à quitter ses vignes, ses chiens de chasse, sa partie de *piquet*, le soir, avec le curé et le voisin, et à s'établir, à Mâcon, au moins pour l'hiver et le printemps de chaque année.

Il était, comme tout nouveau possesseur, fier et amoureux de la maison qu'il avait achetée. A peine étais-je entré, qu'il me la montra de la cave au grenier, en m'en détaillant tous les agréments et tous les avantages.

La maison, qui existe encore, mais qui a été vendue et subdivisée depuis la mort de mon père et la dispersion de la famille, était située dans le quartier élevé, noble et solitaire de la ville que j'ai décrit dans le commencement de ce récit. Elle avait appartenu avant la révolution à une famille patricienne du Mâconnais avec laquelle nous avions des alliances et des intimités de bon voisinage, la famille d'Osenay.

Elle avait sa façade principale par une large rue à pente un peu raide qui débouchait sur quelques tilleuls, dépendance de la grande place de l'Hôpital, et promenade ordinaire des enfants, des nourrices et des vieillards de ce haut quartier. Un linteau de marbre noir, merveilleusement sculpté au-dessus de la porte, annonçait un sentiment d'art et de luxe architectural dans celui qui l'avait bâtie. Cette porte ouvrait sur un vestibule large, profond, surbaissé, humide et sombre. Au fond de ce vestibule on apercevait les premières marches d'un escalier éclairé par un jour indirect et ruisselant d'en haut, comme dans les tableaux d'intérieur de couvent par *Granet,* le peintre du recueillement. A droite et à gauche de ce vestibule s'ouvraient quatre portes ; c'étaient les remises, les bûchers, les cuisines, vastes souterrains qui contenaient encore des puits, des caves, de vastes cheminées pour tous les usages domestiques, mais qui ne recevaient le jour que par des larmiers à fleur de terre du jardin.

L'escalier en pierres jaunes avait été évidemment construit pour un homme âgé. Les marches en étaient si peu hautes et si doucement inclinées que j'en franchissais toujours cinq ou six à la fois. Il ressemblait à ces escaliers insensibles du *Vatican* et du *Quirinal* à Rome qui semblent proportionner leurs degrés de marbre aux pas affaiblis d'une aristocratie de vieillards. Après avoir monté une demi-rampe de ces degrés, on se trouvait en face d'une large fenêtre et d'une petite porte vitrée plus large encore ouvrant sur un jardin intérieur. Ce jardin étroit et profond était encaissé dans de hautes murailles grises tapissées de rosiers et d'abricotiers en espalier. Au milieu s'élevait un arbuste isolé d'aubépine rose qui avait pris, à force d'années, le tronc, la ramure et la portée d'un arbre forestier. De petites allées sablées et encadrées de bordure de buis enceignaient le jardin. Le fond était décoré de volières en treillis de bois peint, dans lesquelles mes sœurs faisaient nicher leurs colombes, et d'une petite fontaine à bassin de marbre et à statue de l'Amour, dont le dauphin à sec ne versait que de la poussière, et n'avait pour écume que des toiles d'araignée. Par-dessus les murs du jardin, on n'apercevait que les toits de tuiles rouges et les dernières mansardes grillées de fer de quelques hautes maisons d'artisans, et d'un couvent de vieilles religieuses. Aspect monastique qui donnait au jardin, quoique très lumineux, le caractère, le silence et le recueillement d'un cloître espagnol.

VIII.

En rentrant du jardin, et en montant de nouveau l'escalier, on se trouvait sur le grand palier du premier étage. Trois hautes portes à doubles battants et à haut entablement, dont l'une faisait face à la rampe, et dont les deux autres s'ouvraient à droite et à gauche, s'y regardaient.

Par la première, on entrait dans une vaste salle boisée de panneaux sculptés et peints en gris à la détrempe. C'était la grande artère de la maison, l'antichambre du salon, la salle à manger, la salle d'études pour les maîtres de dessin, de musique ou de danse de mes sœurs, la salle de travail où les femmes de chambre raccommodaient le linge. Elle était garnie d'un poêle encaissé sous une grande niche, d'une table ovale pour les repas, d'armoires, de buffets, d'un piano, de deux harpes, de petites consoles pour dessiner, pour écrire et pour coudre. Une sombre pendule de *Boule* à caisse d'écaille noire incrustée d'arabesques de laiton, et surmontée d'une statuette du Temps brandissant sa faux, y sonnait mélancoliquement les heures à cette jeunesse qui ne les écoutait pas.

A droite, on passait dans un salon moins vaste et plus recueilli. Une antique et haute cheminée de marbre noirâtre, richement fouillée par le ciseau du sculpteur, et dont les jambages s'écorçaient en feuilles d'acanthe, ouvraient aux bûches un foyer assez large et assez profond pour des troncs entiers de chêne. Le fauteuil de mon père en face de la cheminée, quelques fauteuils de velours d'Utrecht rouge, une table ronde couverte de livres, quelques tables de jeu recouvertes de serge verte, des carreaux rouges et cirés sous les pieds, un plafond à riches moulures, mais noirci par la fumée d'un demi-siècle, les rideaux verts de deux fenêtres ouvrant sur la rue, formaient tout l'ornement de ce salon. On n'y allumait le feu qu'un moment avant le dîner de famille. On dînait alors à deux heures. La pièce qui faisait face au salon quand on avait traversé la grande salle était la chambre d'une tante infirme, sœur de mon père, dont je parlerai tout à l'heure. Elle s'appelait mademoiselle de Monceau.

En revenant sur le palier, on entrait à gauche dans la chambre de notre père ; appartement vaste, mais assombri par les murs noirs d'une maison de religieuses qui empiétait de ce côté sur le jardin et sur le ciel ; à droite, dans la chambre encore plus vaste de ma mère, on y descendait par trois marches d'une porte vitrée dans le jardin. Le soleil l'inondait depuis le matin jusqu'au soir. Une espèce d'aile ajoutée à la maison formait à côté de cette chambre un beau cabinet qu'on appelait le cabinet des Muses. Il servait à ma mère de retraite pour écrire, et d'oratoire pour prier avec ses filles quand elle voulait se recueillir un moment contre les perpétuelles distractions d'une famille jeune et nombreuse, et d'une plus nombreuse parenté.

La boiserie de ce cabinet, sculpté depuis le plafond, formait dix niches contenant chacune une console. Sur chaque console posait la statue en bois d'une des neuf muses avec ses attributs mythologiques. La dixième niche contenait une statue en bois d'Apollon. Le dessus de porte représentait, également sculpté, Jupiter descendant du ciel et ouvrant les rideaux de Danaé, épouvantée de ses foudres. Toutes ces figures étaient recouvertes d'une épaisse couche de peinture à l'huile. Ce vernis gris-blanc leur donnait une apparence de froideur et de mort qui glaçait l'imagination. Mes plus jeunes sœurs n'y entraient jamais sans une religieuse admiration et sans un certain frisson.

Mais ma mère avait sanctifié toute cette fable par son *prie-Dieu* de bois sombre, par son Christ d'ivoire éclatant sur un fond de velours noir dans le demi-jour de ce cabinet toujours fermé au soleil, et par un beau tableau ovale de la Vierge présentant l'enfant Jésus à sa cousine peint par *Coypel*, et copié au pastel par une de ses sœurs, madame de Vaux.

Derrière ce cabinet, il y avait deux ou trois petites chambres à plusieurs lits pour mes sœurs.

Mon père, après m'avoir fait parcourir toutes ces pièces, me fit monter au second étage. Il était composé de grandes chambres nues formant la répétition du premier. Puis il m'ouvrit celle qu'il me destinait à moi-même. Elle était au-dessus de la sienne et prenait jour par deux fenêtres, aussi sur le jardin. Une alcôve pour mon lit, un large cabinet pour le travail, faisant face au cabinet des Muses, une belle lumière, le silence du jardin, un pan plus large du ciel pour horizon, parce que je dominais un peu les toits du couvent, faisaient de cette chambre de ma jeunesse une solitude à la fois sereine et recueillie. Elle n'avait pour élégance et pour décoration que deux beaux dessus de porte sculptés en *biscuit*, d'une pâte éclatante. Ils représentaient, l'un des petites filles se regardant dans le miroir d'une fontaine, et se parant de fleurs qui croissaient au bord ; l'autre, des petits garçons jouant avec des animaux et luttant contre une chèvre qu'ils tenaient cabrée par les cornes.

J'eus le temps, pendant une longue distraction dans cette chambre solitaire, d'étudier ces deux médaillons et les intentions de l'architecte. C'était évidemment la chambre destinée aux enfants, le *gynécée* de la maison primitive. Je remerciai mon père que je n'avais jamais vu si familier et si gracieux, et je m'installai dans l'appartement qu'il m'avait préparé avec tant de bonté. Après souper, j'allai embrasser les autres membres de la famille, qui m'accueillirent avec plus de froideur. Je rentrai et je me couchai rêvant un triste avenir que me faisaient envisager à Mâcon le vide de mon cœur et l'oisiveté de ma vie. La lassitude m'endormit cependant.

Une voix tendre et douce me réveilla sous un beau rayon de soleil levant qui glissait par-dessus le toit du couvent sur mon alcôve.

IX.

Je m'appuyai sur le coude et je reconnus ma mère qui approchait une chaise et qui s'asseyait au chevet de mon lit. Elle était vêtue d'une longue robe de nuit de soie brune montant jusqu'au cou, et nouée autour de la taille par une grande corde de soie enroulée de même couleur dont les glands pendaient jusqu'à terre.

Ses longs cheveux noirs, à peine encore diaprés de trois ou quatre fils blancs, flottaient sur ses épaules et sur ses bras, avec ces belles ondes de chevelure qui viennent d'échapper à l'oreiller et qui en conservent les plis. Ses yeux étaient fatigués par l'insomnie ; ses joues, naturellement pâles, avaient cette légère coloration fiévreuse que donne l'âme inquiète à son enveloppe au moment d'une douleur ou d'une émotion. Ses lèvres, qu'elle s'efforçait de rendre souriantes pour ne pas me troubler le réveil, mais où s'apercevait une contention visible et voisine des larmes, souriaient au milieu et pleuraient aux coins. Ses paroles, toujours sonores et vibrantes comme des cordes du cœur touchées par la main, avaient un rhythme bref, brisé, un peu saccadé, qui ne lui était naturel que dans les vives peines plus fortes un moment que sa résignation. Elle passa sa main droite dans mes cheveux, m'embrassa sur le front, où je sentis la goutte chaude d'une larme mal retenue, et me parla ainsi.

X.

« Te voilà donc revenu, mon pauvre enfant ! » Puis, elle m'embrassa encore et elle reprit : « Te « voilà revenu, tu sais que tout mon bonheur est « de te voir près de nous, et cependant je t'aime

« avant de m'aimer moi-même, et, tout en me sen-
« tant si heureuse de te revoir, je ne puis m'empê-
« cher d'être affligée et effrayée de ton retour. Que
« vas-tu devenir ici?... Hélas, reprit-elle, comme je
« te revois! que tu es pâle! que tu parais triste, quel
« découragement de la jeunesse et de la vie je lisais
« hier dans tes traits! Qui m'aurait dit qu'à vingt-
« deux ans je verrais mon enfant flétri ainsi dans la
« sève de son âme et de son cœur, et le visage ense-
« veli dans je ne sais quelle douleur!... »

Je me soulevai, à ces mots, avec un bondissement
de cœur, comme si ma mère, en me parlant ainsi,
eût manqué de respect à cette douleur que je respectais en moi mille fois plus que je ne me respectais
moi-même.

« Oh! de grâce, lui dis-je, en joignant les mains,
« et avec un accent de supplication sévère, ne me
« parlez pas avec ce dédain d'une douleur dont vous
« n'avez jamais connu l'objet et qui fera éternelle-
« ment agenouiller ma pensée devant un sacré sou-
« venir! Si vous saviez?... »

« Je ne veux rien savoir, dit-elle, en me mettant
« sa belle main sur les lèvres, je sais qu'elle m'avait
« enlevé l'âme de mon fils, je sais que Dieu l'a en-
« levée elle-même à un amour qui ne pouvait pas
« être béni par moi, puisqu'il ne pouvait pas être
« sanctifié par lui... Je la plains, je te plains, je lui
« pardonne, je prie pour elle; bien qu'inconnue, je

« l'aime en Dieu et en toi ! Je ne t'en parlerai jamais,
« il y a des choses qu'une mère doit ignorer toujours,
« ne pouvant ni les approuver dans sa conscience, ni
« les flétrir dans le cœur de son fils, de peur de
« froisser et d'aliéner le cœur lui-même. N'en par-
« lons plus ; n'en parlons jamais. »

Ce respect tendre pour mon sentiment, qui ne sacrifiait rien de sa conscience et de sa dignité de mère, me toucha ; j'embrassai sa main. Elle continua avec plus de liberté et d'abandon. On sentait, dans la plénitude de sa voix, que le sujet délicat était désormais écarté entre nous, et qu'elle allait laisser parler sa seule tendresse.

« Que vas-tu devenir maintenant ? me dit-elle, et
« comment vas-tu supporter cette existence vide,
« monotone, oisive, d'autant plus exposée aux pas-
« sions coupables du cœur qu'elle est moins remplie
« des devoirs et des occupations d'une carrière ac-
« tive ? Je tremble et je pleure toutes les nuits en y
« pensant ; n'aurai-je donc enfanté, mon Dieu ! me
« dis-je souvent, un fils orné de quelques-uns de vos
« dons les plus précieux, et que j'espérais former de
« plus en plus pour mon admiration et pour votre
« gloire, que pour voir vos dons mêmes et ses fa-
« cultés se retourner contre lui et le ranger dans
« l'inaction et dans l'obscurité d'une vie inutile ? Vous
« savez que je donnerais mon sang comme j'ai donné
« mon lait pour en faire un homme, et surtout pour

« en faire un homme selon votre cœur! Mais je ne
« suis pas exaucée », ajouta-t-elle en cessant de
parler à Dieu et en se retournant vers moi avec un
léger mouvement de tête de gauche à droite qui
semblait accuser, pour la première fois, en elle,
une certaine révolte de sa résignation.

« Oh! non; j'ai beau prier, j'ai beau me lever
« avant le jour pour aller à l'église assister, avec les
« servantes, avant l'ouvrage, à ce premier sacrifice
« de l'autel, qui semble plus efficace que les autres,
« parce qu'il est plus matinal et plus recueilli, dans
« l'obscurité, je n'obtiens rien; mais je ne me lasserai
« pas, mon Dieu, reprit-elle; je ferai comme sainte
« Monique, qui pria contre tout exaucement sans
« s'impatienter de votre lenteur, et qui obtint à la fin
« plus qu'elle n'attendait, un saint au lieu d'un fils,
« un guide au lieu d'un disciple, un enfant de Dieu
« au lieu d'un enfant de ses entrailles! »

Elle s'arrêta là un moment comme pour prier tout
bas; je le compris au léger mouvement muet de ses
lèvres, et à l'abaissement de ses longues paupières
roses sur ses yeux. J'étais déjà bien attendri et comme
calmé et résigné d'avance à ce qu'elle allait sans
doute ajouter.

« Il faut que tu saches, dès en arrivant, mon en-
« fant, reprit-elle (et c'est pourquoi j'ai abrégé à
« contre-cœur ton sommeil dont tu avais tant besoin
« hier), il faut que tu saches bien à quoi tu dois t'at-

« tendre ici dans la famille, afin que tu ne te révoltes
« pas contre la destinée, que tu te prépares à beaucoup
« supporter, à beaucoup languir, à beaucoup souf-
« frir, et que tu ne t'aliènes pas par ces impatiences
« et par ces révoltes le cœur de ton père qui souffre
« aussi, mais qui rougirait de se l'avouer à lui-même,
« et les cœurs excellents au fond, mais un peu aveu-
« gles et un peu sourds des autres membres de la
« famille de qui nous dépendons et de qui nous con-
« sentons à dépendre pour votre avenir. Voici la si-
« tuation des choses entre nous :

« Notre fortune très étroite a été encore considé-
« rablement rétrécie et grevée par ton éducation, par
« tes voyages, par tes fautes. Je n'en parle pas pour
« te les reprocher ; tu sais que si les larmes de mes
« yeux pouvaient se changer pour toi en or, je les
« verserais toutes dans tes mains ! L'acquisition de
« cette maison, indispensable pour l'instruction et
« pour les mariages de tes sœurs, l'économie des
« petites dots que nous devons préparer d'avance suc-
« cessivement pour elles, enfin les mauvaises récoltes
« de ces dernières saisons à Milly, qui ont trompé
« nos espérances, ont réduit ton père au plus strict
« nécessaire dans ses dépenses. Il vit d'angoisses ;
« ces tourments d'esprit, cette contention forcée de
« calcul altèrent la grâce et la sérénité de son carac-
« tère. Il craint de laisser sans patrimoine ses enfants
« qu'il aime tant, et qu'il a mis au monde. Il se re-

« proche quelquefois cette nombreuse famille qui lui
« donnait tant de joie et tant d'orgueil, quand vous
« étiez petits. Je suis obligée de le rappeler sans cesse
« à la confiance en Dieu, qui fait pousser une herbe
« pour tous les insectes et une graine sur tous les
« buissons pour tous les nids.

« Depuis quelque temps, afin de calmer ses in-
« quiétudes et de lui élargir le pain quotidien, je me
« suis chargée de tenir à forfait la maison pour une
« petite pension de quatre mille francs qu'il me paye
« en argent chaque trimestre, et à laquelle il ajoute
« le blé, le bois, le foin, les légumes, les fruits et
« toutes les petites récoltes du jardin, des prés,
« des terres non plantées en vignes de Milly. Cela ne
« suffit pas aux gages des domestiques, aux appoin-
« tements des maîtres et des maîtresses de tes sœurs,
« à leur toilette et à la mienne toutes modestes qu'elles
« soient, et à la décence obligée et élégante de la
« maison de mère de famille que je suis obligée de
« tenir, non selon la fortune, mais selon le rang.

« Mais Dieu m'a donné, tu le sais, dans notre voi-
« sine, cette bonne madame *Paradis*, une sœur et
« une amie qui veut partager avec moi, non seule-
« ment les jouissances, mais les peines et les em-
« barras de la famille. Elle est la main invisible de
« la Providence cachée dans toutes mes difficultés.

« Elle est libre, veuve, sans parenté autour d'elle;
« elle n'est pas riche, mais elle a une large aisance

« pour une femme seule et économe. Toutes les fois
« qu'elle me voit un souci sur le front, elle en veut
« sa part; elle ne mesure l'amitié qu'à des sacrifices,
« elle vend le vin d'une vigne ou les fruits d'un
« verger, elle jouit de me prêter ce qui est nécessaire
« pour les circonstances imprévues, pour les dé-
« penses cachées et au-dessus de mes propres forces;
« c'est à l'aide de sa générosité que je supplée, sans
« que ton père s'en aperçoive, à l'insuffisance fré-
« quente des sommes qu'il me donne pour votre en-
« tretien; c'est avec l'or réservé de ce modèle ac-
« compli des amies que j'ai dû payer beaucoup de
« tes fautes, à l'insu de la famille; il n'y a pas une
« de mes peines qu'elle ne devine, il n'y a pas une
« de mes impossibilités qu'elle ne tourne; elle est
« entrée il y a vingt ans dans mon affection par son
« cœur, elle est entrée depuis dans la famille par la
« constance de son dévouement. C'est l'ange des
« difficultés insolubles placé par Dieu comme une
« sentinelle de l'autre côté de la rue, en face de
« notre maison, pour la surveiller de sa tendresse.
« Chaque matin, quand j'ouvre ma fenêtre, je la vois
« à son balcon, qui m'attend, et si j'ai un pli entre
« les yeux, elle franchit la rue et elle accourt pour
« l'effacer. O mes enfants! souvenez-vous toujours
« d'elle! Madame Paradis a été un rayon de la Pro-
« vidence toujours visible et toujours chaud pour
« votre mère.

« Dans une gêne si étroite, tu comprends que ton
« pauvre père ne peut pas te fournir les moyens de
« vivre désormais sans carrière et sans traitement hors
« de la maison. Il est même obligé, sous peine de
« manquer de justice envers tes sœurs (et tu sais que
« son scrupule c'est la justice, et que son excès c'est
« la conscience), il est même obligé de réduire la
« petite pension de douze cents francs qu'il t'allouait
« pour ton entretien et pour tes courses. Ne fais pas
« semblant d'en souffrir, et vas toi-même au-devant
« de cet indispensable retranchement. J'y pourvoirai
« autant que je le pourrai, et madame Paradis sera
« encore là.

« J'avais espéré jusqu'ici que la famille de ton père
« comprendrait ce besoin d'activité qui dévore ta
« jeunesse, et qu'elle se prêterait aux sacrifices né-
« cessaires pour te faire entrer et pour te soutenir
« quelques années dans le noviciat des fonctions
« administratives ou diplomatiques. Je n'ai rien pu
« gagner là-dessus. C'est en vain que j'ai raisonné,
« prié, conjuré, pleuré; c'est en vain que je me suis
« humiliée devant eux, comme il est glorieux et doux
« à une mère de s'humilier pour son fils. Tout a été
« vain; il n'y faut pas penser. Ils sont bons, ils sont
« tendres, ils te chérissent comme leur fils, ils te
« destinent leur patrimoine après eux; mais leur ten-
« dresse qui a un cœur dans le lointain n'a point de
« discernement dans le présent. Ils sont âgés, ils ne

« peuvent se transporter de leurs habitudes d'esprit
« dans les nôtres. Ils ne peuvent se souvenir qu'ils
« ont eu ton âge; ils ne peuvent comprendre qu'un
« jeune homme qui a le toit, la table, le jardin et la
« société de sa maison paternelle, ait encore d'autres
« désirs, et que ses aspirations dépassent les murs de
« la petite ville; ils appellent cela chimères et fan-
« taisies d'un esprit malade; ils ne conçoivent pas
« d'autre ambition pour toi que cette existence oi-
« sive et monotone dans une rue de Mâcon, quelques
« promenades le jour, un salon de siècles attablés
« autour d'un tapis de *boston*, le soir, un mariage de
« voisinage ou de convenance dans quelques années,
« et une terre de la famille à habiter près d'ici le
« reste de tes jours. J'ai eu beau leur dire que Dieu
« donne des vocations différentes aux différentes
« natures d'esprit, et que les aptitudes sont les ré-
« vélations de ces vocations diverses, que ces apti-
« tudes refoulées et comprimées dans l'âme de ceux
« en qui elles se manifestent produisent des suicides
« lents des facultés divines; que les passions légi-
« times de l'esprit, si on leur refuse l'air, se perver-
« tissent en passions coupables; que les refoulements
« préparent les explosions du cœur. Mes paroles et
« mes larmes même n'ont produit que des sarcasmes
« ou des irritations contre moi. Il n'y a rien de plus
« à tenter, il faut se soumettre à la volonté de Dieu!
« Il faut se résigner à végéter et à languir auprès de

« nous. Hélas! tout ce que pourra le cœur d'une
« mère pour t'adoucir cet exil, je l'aurai pour toi;
« je souffrirai plus que toi-même de ton inaction et de
« la perte de tes belles années dans lesquelles, tu le
« sais, j'avais mis mon bonheur, mes espérances,
« ma gloire de mère! Je te plaindrai, car je te com-
« prends, moi; je recevrai, je garderai dans mon
« cœur les tristes confidences de tes aspirations na-
« turelles et trompées; je chercherai, j'épierai, je ferai
« naître les occasions, si la Providence m'exauce,
« de te rouvrir quelque horizon plus large et plus
« digne de toi. Mais, je t'en conjure, mon enfant, ne
« fais ces confidences qu'à moi, ne montre ni tristesse
« ni dégoût de la vie présente sur ton visage ou dans
« tes paroles, surtout à ton pauvre père. Tu le déso-
« lerais, sans rien changer à notre fortune. Il souffre
« lui-même comme moi de nos nécessités et de ton
« oisiveté; mais par amour pour ses enfants et par
« sollicitude pour leur avenir, il est forcé de ménager
« ses frères et ses sœurs, plus riches que lui, et qui
« possèdent tous les biens de la famille; il se soumet
« à leurs idées, ne pouvant leur imposer les siennes;
« ne le contriste pas du spectacle de ton ennui; n'ai-
« gris pas par des dissentiments ou par des mécon-
« tentements ostensibles ceux de qui nous dépendons
« pour nos filles et pour toi! Accepte cette vie inoc-
« cupée et obscure pendant quelques années, je prie-
« rai tant Dieu qu'il fléchira le cœur de tes oncles et

« de tes tantes, et qu'il ouvrira à mon fils la part
« d'activité, d'espace, de gloire et de bonheur qu'il
« est permis à une mère de désirer pour un fils tel
« que toi !

« Voilà ce que je voulais te dire, » ajouta-t-elle en se levant de sa chaise et en me bénissant de l'œil et de la main. Puis elle me dit avec plus d'intimité, d'accent et une onction plus pénétrante et plus sainte quelques mots de Dieu, de la foi de mon enfance, de la pureté de cœur à conserver ou à retrouver par le repentir, de la paix de l'âme qui ne descend jamais que d'en haut, de la résignation, ce sacrifice muet, invisible, perpétuel, le plus beau des sacrifices après celui du Christ, puisque la victime, toujours renouvelée, était nous-mêmes, et que le rémunérateur, toujours présent, était Dieu ! Enfin elle se mit à genoux au pied de mon lit, et pria un moment sur moi avant de se retirer à pas muets. Je crus qu'un ange était venu me visiter, et je restai longtemps immobile après son départ, avec ses paroles dans le cœur et son baiser sur le front.

XI.

Je me levai tard pour aller saluer mon père, et le remercier de la belle chambre qu'il m'avait donnée. C'était un dimanche, les cloches de la seule église qu'il y eût alors à Mâcon sonnaient pour appeler les fidèles à la messe de dix heures.

Je sortis et je suivis la foule dans le parvis. Là, je rencontrai quelques parents et quelques amis de la maison, qui m'arrêtèrent et qui s'entretinrent avec moi pendant les cérémonies, sous les arbres. La messe finie, la foule sortit avec recueillement et passa par groupes sous nos yeux, comme dans une revue des familles ; noblesse, bourgeoisie, artisans en habits de fête, confondus comme l'humanité devant Dieu. On sait que dans les villages et dans les petites villes c'est le jour et l'heure de la semaine où l'on se rencontre, où l'on s'aborde sans se fréquenter habituellement, où l'on échange un moment sur le chemin, sur la place, dans la rue ou à la porte de l'église, un salut, un geste, un regard ; quelquefois une courte conversation entre fidèles d'une même paroisse, entre habitants d'une même ville. C'est l'heure et la place aussi où les oisifs, les curieux, les jeunes gens qui cherchent de l'œil les belles jeunes filles invisibles à la maison les autres jours de la semaine, se forment en groupes ou se rangent en ligne pour voir passer et pour suivre d'un regard et d'un murmure d'admiration les beautés qui sont la grâce et la célébrité du pays. Je regardais machinalement comme tout le monde, mais sans attention et sans préférence, la foule qui sortait en s'offrant l'eau bénite du doigt au doigt. J'attendais ma mère.

Elle parut une des dernières, car elle prolongeait toujours de quelques instants ses pieuses oraisons, inclinée, les yeux fermés, les mains jointes, sur sa chaise, après les offices, pour laisser plus d'adoration de son cœur et emporter plus de bénédictions sur ses enfants. Ce jour-là, elle avait prolongé davantage sa station de prière, car elle avait prié pour moi.

XII.

Le soleil de printemps frappait sur les pierres moulées de la porte; la lumière sereine du matin se mêlait sous le porche avec la lumière lointaine et intérieure des cierges ; ces deux jours confondus et luttant se réverbéraient sur le visage de ma mère, comme la nature et la *grâce* chrétienne se rencontraient et s'harmoniaient incessamment dans son cœur. Ses lèvres commençaient à sourire aux personnes de sa connaissance qu'elle apercevait du haut des marches sur le parvis ; elles gardaient encore cependant la dernière impression de la pensée de Dieu et du recueillement d'où elle sortait. La pâleur et les larmes du matin s'étaient complétement effacées sous la paix qu'elle puisait toujours dans le commerce du ciel, et sous cette animation vermeille que la chaleur de l'église et la contention de la prière répandent sur les traits. Les marches obstruées de mendiants, de pauvres femmes endimanchées, d'enfants et de vieillards infirmes, ralentissaient l'écoulement des assistants, et retenaient ma mère sur cette espèce de piédestal où tout le monde pouvait la regarder.

Elle avait dans l'élévation et dans l'élégance de sa taille, dans la flexibilité du cou, dans la pose de sa tête, dans la finesse de sa peau rougissant comme à quinze ans sous les regards, dans la pureté des traits, dans la souplesse soyeuse des cheveux noirs ruisselants sous son chapeau, et surtout dans le rayonnement du regard, des lèvres, du sourire, cet invincible attrait qui est à la fois le mystère et le complément de la vraie beauté. On la croyait toujours à vingt ans, car elle n'avait que l'âge de ses impressions, et ses impressions avaient l'éternelle fraîcheur de son éternelle virginité d'esprit. Entre elle et ses filles, il n'y avait que la distance de la branche au fruit; le regard les cueillait ensemble et ne les séparait pas.

Ses filles, au nombre de cinq, se groupaient toutes en ce moment autour d'elle, comme dans un tableau de famille ordonné par le plus grand des sculpteurs et le plus pittoresque des peintres, la nature et le hasard. Leurs figures charmantes et diverses, quoique harmoniées par ce qu'on nomme l'air de famille et par la similitude du costume, se détachaient un peu en arrière de leur mère, sur le fond plus sombre du portail de l'église, où les arceaux surbaissés gardaient un peu de nuit. On eût dit un groupe d'anges du matin, sortant à demi des ténèbres pour se mêler un à un au jour, dont ils sont à la fois l'émanation et l'éblouissement. La lenteur du mouvement de la foule, les haltes fréquentes sur la même marche du perron, donnaient le temps de bien contempler ces belles statues animées. Je les revoyais moi-même pour la première fois ensemble, depuis la sortie des plus âgées du couvent. Je ne pouvais m'empêcher de participer au frémissement de faveur générale que je voyais se presser et que j'entendais s'élever autour de moi pour cette admirable réunion de figures, pour ce bouquet de famille auquel je tenais de si près.

L'aînée des filles de ma mère, qui n'avait encore que dix-huit ans, s'appelait Cécile. Sa taille splendide eût été déjà au niveau de celle de ma mère, si l'extrême modestie de sa nature, qui lui faisait redouter l'admiration comme un autre redoute la honte, n'avait un peu penché sa tête en avant et abaissé ses yeux pour échapper aux regards.

Ses traits, qui rappelaient ceux de la famille de mon père, étaient plus ébauchés que finis, plus faits pour le premier coup d'œil que pour le second. C'était l'ensemble qui saisissait, c'étaient les grandes lignes qui éblouissaient, c'était l'expression qui ravissait : le caractère était la bonté. Je ne sais dans quel rayonnement de splendeur douce cette physionomie nageait, mais on n'en discernait que le charme. Les imperfections de détail disparaissaient entièrement, surtout à distance. Elle avait la grandeur, l'unité, la grâce, ces trois beautés capitales de la femme, pour la foule qui n'analyse pas son impression. Aussi était-elle la beauté populaire de la famille, celle qu'on citait, celle qu'on préférait, celle qu'on aimait à voir passer dans les rues. Le peuple de la ville savait son nom. Il la montrait avec une fierté personnelle aux étrangers, à l'église ou dans les promenades. Les passants se retournaient pour la revoir : les boutiques, les murs et les pavés en étaient épris. Elle ne s'en doutait pas, elle avait pour toute coquetterie ses simplicités, ses timidités, ses rougeurs, grandissant encore, en retard sur ses années par l'enfance prolongée de son cœur. Son charme n'était que le naturel, son caractère que le premier mouvement, son esprit que le premier mot, prompt et enfantin, mais souvent d'autant plus frappant qu'il est plus naïf. Elle n'avait aucune disposition pour les arts, ses études étaient du coup d'œil, l'effort la rebutait, elle désolait ses maîtres et elle les charmait. On sentait dès ce temps-là que le ciel l'avait formée pour la famille plus que pour le monde, tige à grappes et non à fleurs, de la race des femmes prédestinées non à enivrer par de stériles parfums d'esprit, mais à fructifier, à enfanter et à couver de riches générations ici-bas.

La seconde s'appelait Eugénie. Elle avait un an de moins ; elle se collait contre sa sœur aînée comme si sa taille, alors frêle et svelte, avait eu besoin d'un appui pour se soutenir contre le vent de la porte ou contre le souffle de cette multitude. C'était une nature entièrement différente, une apparition d'Ossian dans la splendeur du midi, une ombre animée, une forme impalpable, des yeux bleus, larges et profonds comme une eau de mer, d'où le regard semblait remonter de loin comme d'un mystère ou d'un songe ; un ovale de visage écossais, des traits d'une délicatesse fugitive et d'une perfection de lignes idéale, la bouche pensive, les lèvres minces, l'expression grave, les cheveux blonds roulant en longs écheveaux glacés d'un vernis éblouissant sur les deux joues ; une figure norvégienne enfin. Sa nature d'âme et d'esprit correspondait entièrement à ses traits. Plus avancée que ses aînées, apte à tous les arts ; pâlissant au récit d'un héroïsme, à la lecture d'un beau vers, au son d'une corde de harpe ; sensible jusqu'à la souffrance, poétique, musicale, littéraire ; enfermée en elle-même et vivant avec les mondes de son imagination ; moins goûtée de la foule, plus épiée et plus découverte, comme les fleurs de l'ombre, par les regards curieux et passionnés, elle devait charmer les hommes du Nord ; et ce fut plus tard en effet sa destinée. Elle se rapprochait, à cette époque, bien plus de moi que ses autres sœurs, par le développement précoce de son intelligence, par la poésie et par la mélancolie de son caractère. Nous étions deux reflets d'une même teinte qui se rencontraient, l'un chaud et viril sur mon front, l'autre froid, féminin et virginal sur le sien. Elle était très regardée, mais non populaire. On lui croyait dans l'âme un peu de dédain, à cause de sa supériorité.

Après ces deux sœurs aînées, de tailles égales, mais de figures si opposées, on en voyait une troisième, de taille presque aussi grande, quoiqu'elle n'eût pas quinze ans, mais qui se tenait un peu en arrière avec les deux plus petites. Elle se nommait Suzanne. Pour celle-là, tous les regards et toutes les exclamations étaient d'accord. Il n'y avait ni préférence, ni contestation dans la ville. Il n'y avait qu'un cri d'enthousiasme pour sa merveilleuse beauté. C'était la pureté des lignes et la virginité des expressions de visage des madones de Raphaël sur le corps d'une *Psyché* de Phidias : la vierge chrétienne, aussi chaste, aussi pure et aussi céleste qu'il soit donné à l'extase du solitaire le plus pieux et le plus passionné pour le culte de la femme divinisée, de la rêver. On l'appelait, dans le peuple, le *tableau d'autel*, parce qu'il y avait dans le chœur de l'église une figure de sainte, par Mignard, qui lui ressemblait. Cette forme, véritablement trop angélique pour une fille de la terre, et ce visage d'idéale perfection de traits ne contenait que deux empreintes : beauté et piété. Elle n'était évidemment pas née pour plaire aux hommes et pour aimer, mais pour éblouir et pour adorer. C'était un de ces êtres que Dieu montre aux hommes, mais qu'il se réserve pour son culte; une enfant du chœur de son temple surnaturel, une constellation du ciel, des yeux qu'on voit de loin, qu'on ne touche jamais. Elle avait, dès ce monde-ci, l'instinct et comme le pressentiment inné de sa vocation unique de refléter Dieu et de l'adorer. Elle était la prière vivante et la contemplation agenouillée. Ma mère ne pouvait pas l'arracher aux autels. Elle lui avait inspiré de trop bonne heure un souffle trop fort de ses aspirations vers l'infini. Ce souffle l'enlevait entièrement à la terre, et ma mère ne pouvait plus l'y rappeler.

En ce moment, Suzanne sortant de l'église, son vrai séjour, se retournait de moments en moments pour adresser encore du cœur un salut ou un adieu aux tabernacles qu'habitait son âme. Elle baissait les yeux pour que son regard sur la foule qui la contemplait ne laissât pas évaporer une de ses ferveurs. Ses deux mains jointes tenaient sur son sein son livre de prières dans un étui de velours noir. Les regards légers devenaient graves et saints en la regardant. On sentait qu'il n'y aurait pas sur la terre un homme digne de remplacer ce livre sur son cœur, et que l'amour serait pour cette pureté non une flamme mais une profanation.

Dans les deux autres sœurs qui suivaient Suzanne, il y avait une différence de taille beaucoup plus sensible qu'entre elle et ses sœurs aînées. On aurait cru qu'il y avait eu là un intervalle de naissance ou une perte de quelqu'un des enfants de la mère. Ces deux jeunes fronts, au lieu de se niveler, n'atteignaient plus qu'aux épaules de Suzanne. C'était comme un degré auquel il aurait manqué quelques marches.

XIII.

Celle de mes sœurs qui se rapprochait le plus de Suzanne s'appelait Césarine. Elle avait seize ans, un an de plus que sa sœur; mais elle n'était pas destinée par la nature à s'élever en jet aussi flexible et aussi majestueux que les deux premières tiges. Plus formée déjà et moins élancée de stature, elle était une de ces plantes qui mûrissent avant le temps. Rien ne rappelait en elle la jeune fille de ces climats et de ce sang tempéré de la famille où elle était née. Quelque chose de méridional et de chaleureux caractérisait sa beauté. Ses cheveux, châtain foncé, étaient moins soyeux au regard, moins souples à la main que ceux de ses sœurs; ils étaient comme hâlés par le soleil de Naples ou d'Espagne. Ses yeux, presque noirs, tant l'azur en était sombre, larges et à fleur de

tête, étaient recouverts par une frange de cils plus
longs que ceux d'aucune femme que j'aie vue,
excepté en Asie. Son front était raccourci par les
cheveux qui poussaient plus bas, comme celui de
mon père. Son nez était droit, court, un peu moins
effilé que dans notre race ; ses lèvres un peu plus
modelées montraient, quand elle souriait, des dents
d'un émail plus mat, d'une ordonnance plus parfaite
et d'une forme plus petite que les nôtres. L'ovale de
ses joues s'arrondissait davantage ; sa peau, moins
fine et moins blanche, avait les tons chauds et co-
lorés de foyer intérieur que les peintres romains
donnent sous leur pinceau aux figures de Judith ou
de *Sophonisbe*, dans la *Chasteté de Scipion*. Cette
carnation n'était pas de la moire, mais du velours
de fraîcheur et de vie. La voix aussi avait chez elle
un timbre plus mâle et des vibrations plus pleines
que chez ses sœurs. On eût dit qu'elle parlait la
langue de Dante avec l'accent de Sienne ou de Florence. En tout, c'était une jeune fille romaine éclose
par un caprice du hasard dans un nid des Gaules,
un souffle du vent du midi qui avait traversé les
Alpes pour venir animer ce corps, un rayon de la
côte de Sorrente ou de Portici, incrusté en chaleur et
en splendeur sur un front dépaysé dans le Nord. Sa
beauté, bien différente de celle de Suzanne, et bien
supérieure en reflet, bien qu'elle ne l'égalât pas peut-
être en perfection, ravissait par l'éblouissement. On

pouvait contempler à froid les autres ; celle-ci enflammait, car c'était un foyer. On prédisait qu'à l'âge de son développement complet et de son rayonnement dans les âmes, elle serait une des beautés les plus prédestinées à embraser les cœurs et à brûler les yeux, les plus fatales au regard qui oserait s'y arrêter. Son caractère, à cette époque, semblait répondre à ces augures. Elle avait l'attrait soudain, l'abandon naïf, la fougue, l'obstination, les rébellions, les caprices des âmes de feu de l'Italie, avant qu'on jette un aliment de passion à dévorer à leur flamme. On craignait qu'elle ne donnât plus tard bien des difficultés et bien des peines à notre mère. Ces appréhensions étaient vaines. Tout ce feu extravasé de l'enfance s'amortit dans le cœur de la jeune fille. Une inclination combattue et vaincue par la volonté de la famille, un mariage de raison et de devoir pieusement accepté en sacrifice d'obéissance filiale, la langueur et la mort dans un climat qui n'était pas celui de son sang, devaient être toute la destinée de cette sœur. Une larme sur du feu, voilà toute Césarine ! J'y penserai jusqu'au tombeau.

Elle donnait la main en ce moment à la dernière d'entre nous, une sœur plus petite et encore tout enfant, qu'on nommait Sophie. C'était une figure des bords du Rhin, aux yeux d'une eau pâle, à la chevelure humide de plis, à l'expression méditative, sensible et douce. Elle tournait sans cesse le visage et levait ses yeux sur ma mère, pour deviner et pour obéir à ce qu'elle aurait deviné dans ses yeux. Tendresse, ingénuité, obéissance, tous les éléments de son caractère étaient des vertus. Ma mère l'adorait comme toutes les femmes adorent par-dessus tout leur premier et leur dernier enfant, celui qui vient le premier sur leurs genoux pour leur apprendre qu'elles sont mères, et celui qui reste le dernier à la maison pour leur rappeler qu'elles ont été jeunes. Cette faiblesse de ma mère aurait gâté Sophie si Sophie eût été susceptible d'abuser d'un ascendant de tendresse. Mais Dieu n'avait pas mêlé une imperfection à l'argile dont il avait pétri cette enfant des jours avancés de notre père. C'était l'innocence de la famille : elle en avait le visage et la voix, comme elle en eut plus tard la destinée...

XIV.

Ma mère, qui me cherchait involontairement des yeux pour se parer de tout son bonheur groupé ainsi autour d'elle à la porte de la maison de Dieu à qui elle reportait tout, me fit un sourire et un signe. Je perçai la foule, je me joignis à mes sœurs et à elle. Mon père nous attendait un peu plus loin. Nous revînmes lentement tous ensemble à la maison, accompagnés encore de quelques amis de la famille qui nous accostaient de rue en rue. La foule se rangeait et murmurait des demi-mots d'admiration en voyant cette mère au milieu de ce charmant cortége qu'elle s'était fait à elle-même. C'était la *Niobé* des bords de la Saône avant ses malheurs. Je lisais dans tous les yeux la cordialité et la bénédiction intérieure des physionomies du peuple sur cette belle et sainte femme. Je marchais seul à quelques pas derrière ce gracieux faisceau de mes jeunes sœurs, dont je voyais les blondes tresses flotter sur leurs robes de même coupe et de même couleur. Le spectacle de ce père et de cette mère ramenant de la maison de prière à la maison de tendresse cette chaîne d'enfants aimés, aimant, heureux et beaux ; de ces amis, de ces parents, de ces voisins, de ces artisans, de ces serviteurs s'associant des yeux, du sourire et du cœur à cette magnificence de nature, dans une famille aimée de tous, me fit une forte impression, qui ne s'effaça plus. Je comparai, sans m'en rendre compte, cette innocence, cette pureté, cette sérénité, de cette mère et de ses filles, cette majesté du père, cette sécurité de la conscience, du devoir et du bonheur, dans ce cercle d'affections vivantes, ainsi resserré autour de la maison de notre berceau, avec les évaporations, les délires, les plénitudes et les vides désespérés du cœur que je venais d'éprouver tour à tour dans mes premières excursions à travers la vie. Je ne pus m'empêcher de reconnaître en moi-même que si Dieu a mis le délire dans les songes, il a mis le bonheur et la paix de l'âme dans les réalités. Une famille vertueuse et tendre est la racine de l'arbre de vie. Quand la branche se détache du tronc, le vent l'emporte aux tourbillons et aux précipices des passions.

XV.

Mais bien que je sentisse en rentrant sous le vestibule paisible et sombre de la maison de mon père ce que l'on sent quand on entre dans un sanctuaire dont la porte qui nous sépare de la foule se referme sur vous, cependant, tout brisé que j'étais par ma tristesse, j'étais trop jeune et trop tumultueux encore pour ne pas me lasser bientôt de cet asile trop étroit pour mes ailes, et trop monotone pour ma mobilité. Mais au premier moment je ne sentis que l'apaisement pieux, cette douce contagion de l'âme de ma mère qui se répandait sur ses pas comme l'ombre visible de la maternité. Je me fis une retraite, un silence et des occupations uniformes dans ma chambre, à l'exemple de ce que je voyais autour de moi.

Voici ce qu'était alors la maison paternelle, et de qui se composait le reste de la famille.

XVI.

Mon père, ma mère, mes sœurs et moi, nous ne formions pas à nous seuls toute la famille. J'ai dit que mon père avait acheté une maison à la ville pour achever l'éducation de ses filles. C'est celle que nous habitions. Mais il y avait, en outre, dans un quartier plus élevé de la ville, l'hôtel de notre nom, la maison héréditaire de la famille, la demeure de mon grand-père autrefois, et maintenant la demeure du frère aîné de mon père et de ses deux sœurs, plus âgées que mon père aussi et non mariées; maison haute, vaste, noble de site et d'aspect, et conservant ce reste de splendeur un peu morne que la Révolution avait laissé sur les édifices dont elle avait frappé le seuil, immolé ou proscrit les habitants. Une porte massive, un long et large vestibule donnaient naissance aux rampes d'un escalier d'honneur; au rez-de-chaussée, une enfilade de salles d'attente, de salles à manger et de salons magnifiquement pavés de marbre et lambrissés de boiseries sculptées à dessus de portes peintes et à glaces encadrées d'arabesques. Toutes ces pièces ouvraient sur un jardin encaissé, comme à Naples ou à Séville, dans de hautes murailles sur lesquelles des peintres italiens avaient colorié des perspectives. Au premier étage, un salon plus modeste et plus constamment habité, et les appartements des principaux membres de la famille. Au second, des chambres presque nues, destinées aux vieilles parentes religieuses, aux anciens serviteurs retirés, mais encore hébergés dans l'hôtel, aux amis et aux hôtes étrangers qui venaient de temps en temps visiter mon oncle ou mes tantes. Telle était cette maison, telle elle est à peu près encore maintenant que les décès et les héritages successifs l'ont passée de main en main jusque dans les miennes.

Du côté de la rue elle était séparée des remises et des écuries par une petite place solitaire occupée par un puits banal, dont on entendait à toute heure grincer la chaîne. Des fenêtres du premier étage, on voyait à cent pas seulement les cimes encore basses des quinconces de tilleuls plantés sur une large place empruntée aux anciens remparts de Mâcon. Au-delà, la façade noble mais austère d'un vaste hôpital, construit sur les dessins de l'architecte du Panthéon ; des malades et des convalescents prenant l'air et se réchauffant au soleil sur une pelouse verte devant la porte de l'hôpital ; quelques vieillards et quelques enfants se promenant ou jouant sur le sable nu de la place d'Armes ; derrière, les pentes verdoyantes de quelques petits coteaux entrecoupés de jardins et murés de buissons : voilà l'horizon des fenêtres. Il était propre à faire tarir toute imagination, et à refouler toutes les perspectives riantes et grandioses dont elle se nourrit par les yeux. C'était une demeure de gentilhomme espagnol dans quelque petite ville de Castille, moins la solennité artistique et monacale des cathédrales et des antiques mosquées de son pays.

Nous n'y entrions jamais qu'avec un certain respect.

XVII.

Le frère aîné de mon père habitait cette maison la moitié de l'année, et la possédait conjointement avec ses deux sœurs. Il était le seul qu'on appelât du nom de famille. L'aînée des sœurs s'appelait mademoiselle de Lamartine; la seconde s'appelait madame la comtesse de Villars, de son titre de chanoinesse et d'un nom de terre, de Franche-Comté, que lui avait donnée mon grand-père.

Cet oncle avait alors environ soixante ans; il était cassé pour son âge, par suite d'une constitution faible et par des infirmités précoces. Il avait la vue basse et marchait en chancelant. Il n'avait rien de la nature forte, souple, saine et martiale de mon père. Sa taille était moyenne, ses membres grêles, sa taille un peu voûtée par l'habitude de regarder les pavés de près et de passer de longues heures courbé sur les livres de sa bibliothèque. Bien qu'il eût les instincts constitutionnels et libéraux de 1789 dans l'âme, et qu'il fût un ancien disciple et ami de Mirabeau, il avait gardé assez sévèrement le costume extérieur et aristocratique de l'ancien régime. Il portait les souliers à boucles de diamant, les bas de soie, la culotte courte bouclée sur le genou, la veste à longue basque et à larges poches pleines de tabatières, les chaînes de montre en anneaux d'or flottant sur les cuisses, l'habit ouvert, la cravate étroite comme un collier sous le menton, la coiffure en ailes de pigeon, la queue sur le collet, la pommade et la poudre qui voltigeait autour de sa tête à chaque mouvement de sa conversation. Ses traits étaient originairement purs, fermes, fins, les yeux grands et noirs, le nez modelé comme s'il eût été de marbre, les lèvres minces, presque toujours fermées par la concentration de sa pensée, le teint pâle et transparent, les mains délicates, veinées comme dans les portraits de Van Dyck, avec lesquels, en tout, il avait beaucoup de ressemblance. J'ai ce portrait bien gravé dans ma tête, parce que c'est une des têtes que j'ai eu le plus de temps de bien observer dans ma vie, et que c'est un des hommes qui m'a fait, dans mes premières années, le plus de peine et le plus de bien. Il a été la sévérité et souvent la contradiction de ma destinée, quoiqu'il n'ait jamais voulu en être que la seconde paternité et la providence.

XVIII.

Il était en toute chose le contraste de mon père et la nature la plus diverse de la mienne.

Bien qu'il eût été élevé pour la guerre à l'École Militaire, et qu'il eût servi quelques années, comme toute la noblesse de province de son temps, dans les chevau-légers de la garde de Louis XV, ses goûts sédentaires et studieux et son titre d'aîné de famille, destiné à se marier jeune et à posséder seul toutes les terres de sa maison, l'avaient rappelé de bonne heure chez son père. Plus économe, plus réglé et plus laborieux que mon grand-père, homme charmant, mais prodigue, magnifique et embarrassé malgré sa grande fortune, il avait pris un immense ascendant sur lui. Il était devenu le fils nécessaire et bien-aimé, le conseil, l'administrateur des biens nombreux, mais grevés et minés de procès de la maison. Il avait pris aussi naturellement et par le double droit de supériorité d'âge et de supériorité de services, l'autorité et la domination sur la famille. Son mérite n'avait pas tardé à lui conquérir une réputation d'homme de première ligne dans les deux provinces de Franche-Comté et du Mâconnais, où étaient situées les principales terres de mon grand-père. En peu d'années il avait rétabli l'ordre dans les affaires, les bonnes cultures dans les domaines, la régularité dans les recettes et les dépenses, supprimé le luxe inutile dans la domesticité et dans les chevaux, accommodé ou gagné les procès, rédigé les mémoires, fait plaider ou plaidé lui-même devant les parlements de Besançon et de Dijon. Il avait pris à ce métier la connaissance des lois, le goût des affaires, la sûreté de coup d'œil, l'habitude d'écrire, le don de bien parler.

Il avait joint à ses travaux spéciaux pour la fortune et l'honneur de son père les études scientifiques les plus générales et les plus approfondies. Il avait fréquenté M. de Buffon, qui écrivait alors à Montbard son *Histoire naturelle*. Il était là avec Daubenton, le collaborateur de ce grand naturaliste. Il ne négligeait pas non plus la haute littérature, dont le génie de Voltaire avait fait le véhicule de la nouvelle philosophie. Nos terres de Saint-Claude, près de Ferney, lui avaient donné l'occasion d'avoir quelques rapports de voisinage avec l'homme du siècle. Il ne partageait pas toutes les opinions philosophiques de Voltaire, mais il aimait, par similitude de nature, ce bon sens exquis qui exprime l'idée avec la même précision que le chiffre exprime le nombre. Il aspirait comme lui à la réforme des idées arriérées sur l'esprit humain de quelques siècles ; avec la noblesse, il aspirait à la subalternité du clergé comme corps politique et comme corps propriétaire des biens de la nation ; comme provincial, il n'aimait pas la cour et désirait des institutions qui élevassent le pays au-dessus des antichambres et des *œils-de-bœuf* de Versailles; comme philosophe et comme savant, sentant sa valeur, il voulait que le mérite et la considération fussent des titres au pouvoir rivalisant au moins avec la naissance. En un mot, il était de cette vaste et presque universelle opposition, sous les dernières années de la monarchie, qui présageait, en pensant la modérer, une révolution certaine. Il ne désirait pas sans doute un bouleversement, mais un redressement de toutes choses dans l'État. Cependant, il était au fond plus républicain qu'il ne le croyait lui-même, car son esprit éminemment critique et réformateur, et son caractère fier et absolu, s'accommodaient également mal de toutes les supériorités instituées. Il n'était que constitutionnel, mais peut-être eût-il été révolutionnaire plus complet s'il n'avait été aristocrate d'habitude, comme Lafayette et Mirabeau.

XIX.

Aux premiers signes de la tempête, ses talents et sa considération firent jeter les yeux sur lui, et il fut élu de la noblesse aux États de Bourgogne. On pensa à lui pour les États-Généraux; ses infirmités, qui l'entravèrent de bonne heure, l'empêchèrent de consentir au rôle qu'on lui destinait. Il se serait certainement fait un nom à l'Assemblée constituante, sinon comme orateur, parce que la voix et le feu de l'enthousiasme lui manquaient, au moins comme organisateur et réformateur, parmi les Thouret, les Chapelier, les hommes de rédaction, de méditation, et d'action. Son esprit, qui ne brûlait pas, éclairait toujours très haut et très loin. Il ne pouvait pas siéger dans une assemblée sans être aperçu.

XX.

Bien que sa nature fût froide et austère à l'intérieur, il avait eu un long et durable attachement. La volonté de mon grand-père et de ma grand'-mère l'avaient empêché d'épouser l'objet de son attachement. Il s'était refusé à en épouser une autre, et c'est ainsi qu'il était arrivé, quoique riche et favori d'une famille éteinte, jusqu'à quarante ans sans se marier. A cet âge, et déjà valétudinaire, il avait regardé en avant et en arrière, et il avait trouvé le chemin trop court pour s'y engager avec le long cortége d'une femme et d'une postérité à conduire au terme de la vie. Il s'était décidé à laisser le soin du ménage à ses deux sœurs, presque aussi âgées que lui, et à se livrer en paix à ses goûts pour l'indépendance, le loisir et l'étude.

L'objet de son amour, que je rencontrai encore souvent dans le salon de famille, était une de nos parentes, sœur de ce fameux marquis de Saint-Huruge, célèbre par sa turbulence démagogique dans les premières scènes de la révolution, un des *ouragans* de Mirabeau, qu'on déchaînait, comme Camille Desmoulins, Danton et Santerre, au Palais-Royal ou au faubourg Saint-Antoine, sur le peuple, quand on voulait le soulever pour quelque grande manifestation. Le marquis de Saint-Huruge n'était point féroce, pas même jacobin; il était agité et agitateur. Du mouvement pour du mouvement, du bruit pour du bruit, voilà tout. Une célébrité de place publique, un voix de Stentor, une taille de géant, un geste de forcené. Je l'ai encore vu, dans mon enfance, arriver à cheval chez mes parents, accompagné d'un aventurier polonais en costume étrange, à cheval aussi. On le recevait très mal, et on le congédiait très brutalement. Il était redevenu très royaliste; il n'avait jamais été terroriste; il déclamait avec délire contre les scélérats qui avaient immolé Louis XVI, la reine, Madame Élisabeth et tant de milliers d'innocents. Son attitude, ses cris, ses gestes, ses regards égarés, sont restés dans ma mémoire d'enfant. Quelque temps après il devint fou, ou l'on affecta de croire qu'il l'était. Bonaparte le fit enfermer à Charenton, où il est mort.

Ses trois sœurs, douces et saintes filles, étaient le

contraste le plus touchant avec les opinions, les mœurs et la turbulence du marquis de Saint-Huruge. Dépouillées de leur fortune, de leurs asiles dans leurs couvents, elles vivaient pieusement ensemble dans une petite maison qui leur appartenait, à côté de la maison de mon grand-père. La plus jeune de ces trois sœurs était celle qu'avait aimée mon oncle. Douce, triste, gracieuse encore, on voyait dans sa physionomie ce reflet de l'amour refroidi mais non éteint par les années.

XXI.

Les excès et les crimes de la révolution étaient retombés sur la famille comme sur toutes les familles de la noblesse, de la bourgeoisie ou du peuple de Mâcon. Mon oncle avait été emprisonné avec son père, sa mère et ses sœurs. L'échafaud les avait effleurés de près. Mais l'horreur contre ces démences et ces forfaits de la démagogie n'avaient pas altéré en lui l'amour de la liberté et le goût des institutions constitutionnelles, soit sous une monarchie, soit sous une république bien ordonnée. Il gémissait sur la révolution, il ne la maudissait pas dans son principe et dans son avenir. Le despotisme soldatesque de l'empire l'opprimait et l'indignait. Ce triomphe de la force armée sur toutes les idées et sur tous les droits, ce gouvernement sans réplique, ce dernier mot de toute chose en politique, en philosophie, en religion, donné au canon ; cette autocratie de police substituée à toute discussion dans le pays de Voltaire, de Montesquieu et de Mirabeau, lui étaient intolérables. Il ne le déguisait pas. On lui avait offert de le nommer membre du corps législatif, on l'avait tâté sur le sénat ; il avait tout refusé. Il aurait été du petit banc d'opposition des Cabanis, des Tracy ; il n'aurait fait comme eux et leurs amis que s'approcher de plus près de la tyrannie, pour épier dans l'impuissance ses excès et sa chute, avec l'apparence d'une complicité dans la servitude générale. Il aima mieux rester libre, seul et irresponsable dans sa retraite. Lorsque l'empereur vint à Mâcon et s'y arrêta plusieurs jours, en 1809, il fit appeler mon oncle et eut un entretien avec lui, en présence de M. de Pradt, l'archevêque de Malines, et quelques hommes de la cour impériale. L'empereur fut très mécontent de cet entretien. « Que « voulez-vous être, dit-il en terminant.—Rien, sire, » répondit mon oncle. L'empereur se retourna avec un geste de colère. Il se défiait de ceux qui ne lui demandaient rien, parce qu'ils voulaient garder leur âme à eux.

XII.

Tel était le chef redouté et presque absolu de notre famille. Il régnait sur l'opinion du pays par la haute et juste considération dont il était entouré ; il régnait sur ses deux sœurs par le culte d'affection, de respect et d'obéissance qu'elles lui portaient ; il régnait sur mon père par la supériorité d'âge, de fortune, et par cette vieille habitude de déférence que les cadets avaient reçue comme un commandement de Dieu, par tradition, envers les aînés, destinés sous l'ancien régime au gouvernement absolu de la famille ; il régnait sur ma mère par le soin maternel qu'elle avait et qu'elle devait avoir de ménager en lui l'avenir de ses enfants dépendant de lui ; il devait vouloir naturellement régner aussi et surtout sur moi, seul fils de la famille qui pût porter et perpétuer son nom.

XXIII.

Jusque là, enfant ou adolescent encore, j'avais eu peu d'occasions de sentir le poids et le froissement directs de sa volonté sur la mienne. Dans les colléges ou dans mes voyages, je n'avais senti tout cela que de loin et à travers le cœur de ma mère, qui adoucissait tout. Mais maintenant nous allions nous trouver face à face, lui avec son habitude d'autorité, moi avec mon instinct de jeunesse et d'indépendance. Or, il n'y eut jamais, dans une même famille et dans des rapports si intimes, deux natures plus dissemblables que la nature de l'oncle et celle du neveu.

Il était homme de réflexion et j'étais un enfant d'enthousiasme ; il était homme de spéculation et j'étais un enfant de premier mouvement et d'action ; il était froid et j'étais tout feu ; il était savant et j'étais inspiré ; il était économe et j'étais prodigue ; il était borné dans un étroit horizon, bien arrangé, de province, de petite ville, de famille, et j'ouvrais en imagination des ailes larges comme le monde ; il voulait me construire à son image, et la nature m'avait construit à l'image de ma mère, dans un autre moule et d'un autre métal ; il n'estimait que les sciences, et je ne comprenais que le sentiment. Pour tout exprimer en deux mots, il était mathématicien, et j'étais ou je pouvais être poëte. Comment unir ce chiffre et cette flamme ?

Aussi ils se séparaient toujours malgré les efforts que lui et moi nous faisions pour les rejoindre. L'un restait précis, glacé, immobile ; l'autre s'évaporait et courait au vent. Nous ne pouvions pas nous entendre tout en nous aimant. Mais il était mon maître, et, s'il pouvait s'impatienter souvent de trouver en moi une

nature si involontairement rebelle à plier à sa forme
d'esprit, moi, disciple forcé et assujetti, il ne me
restait qu'à me révolter en silence et à maudire ce
hasard malencontreux de famille, qui condamnait à
se toucher toute la vie deux natures d'intelligence
que tout séparait; lui me glaçant, moi le brûlant;
souffrant tous les deux et nous faisant souffrir l'un
l'autre, non par des défauts, mais par des qualités
qui ne s'accordaient pas.

XXIV.

Il en résultait souvent des mécontentements et des
répulsions mutuelles qui lui rendaient la journée
triste et qui me rendaient la vie dure. Ma mère allait
de lui à moi, de moi à lui pour tout raccommoder.
Mon père s'écartait pour rester neutre, redoutant
sa propre vivacité, qui aurait pu aigrir ou blesser
son frère. Sa nature militaire, ouverte et animée,
avait bien plus d'analogie avec la mienne; il m'aurait donné plus souvent raison; mais il devait respecter aussi, dans mon intérêt, l'autorité et la sou-
veraineté de famille. Il s'en allait chasser, s'en
rapportant à ma mère du soin de tout concilier.
Elle y parvenait, mais non sans larmes.

La volonté de mon oncle était de me garder à Mâcon, comme une jeune fille dans un gynécée de province ; de me faire cultiver toutes les sciences froides auxquelles mon esprit répugnait le plus : physique, histoire naturelle, chimie, mathématiques, mécanique ; de se continuer en moi pour ainsi dire ; puis de m'adonner dans un de ses domaines à l'agriculture et à l'économie domestique, pendant que jeunesse se passerait, comme on disait alors ; enfin de me marier et de faire de moi une souche plus ou moins fertile de ce taillis du genre humain, dont aucune tête ne dépasse l'autre, dans une province reculée. Je n'ai rien à dire contre cette destinée, elle est la plus naturelle et la plus heureuse. Plût à Dieu que j'y eusse été prédestiné! Mais chacun a son lot tout tiré dans sa nature, en venant au monde; ce n'était pas le mien, et mon oncle n'avait pas su le lire dans mes yeux. Voilà tout.

XXV.

La vie que nous menions alors à Mâcon, dans ce cercle de maison paternelle, de famille et de société, était monotone, régulière et compassée, comme une existence monacale dont le cloître eût été étendu aux proportions d'une petite ville. Une pareille vie était de nature à faire croupir l'eau même des cascades des Alpes que je venais de visiter, ou à faire

faire explosion par ennui à l'âme d'un jeune homme chargée de malaise, de besoin d'air, et d'énergie sans activité.

Je restais enfermé dans ma chambre haute, avec mes livres et un chien, jusqu'au moment du dîner, qu'on sonnait au milieu du jour. Après le dîner, nous nous rendions respectueusement tous dans le salon du grand hôtel, pour nous réunir au reste de la famille. Là, nous trouvions notre oncle et nos tantes conversant, lisant, filant, après leur dîner. C'était l'heure redoutée, l'heure des remontrances et des reproches qui retombaient sur notre pauvre mère, pour chaque faute légère de ses enfants. Mes tantes étaient bonnes, mais elles étaient oisives, et par conséquent un peu minutieuses. Elles aimaient ma mère, elles la vénéraient même; elles nous regardaient comme leurs propres enfants; mais elles voulaient avoir les droits sans les charges de la maternité. J'allais oublier de faire leurs portraits, qui manqueraient dans ma vieillesse à ce tableau de famille. Reprenons.

L'aînée de ces tantes s'appelait mademoiselle de Lamartine. C'était une nature angélique plus que féminine. Elle avait été la favorite de sa mère, la reine de la maison sous ma grand'mère, qui ne s'amollissait que pour elle, la tutrice de ses sœurs plus jeunes, la médiatrice de ses frères; tout le monde l'adorait. Quoique très jeune jusqu'à vingt-huit ou trente ans, et très recherchée à cause de sa figure, de son caractère et de sa fortune, elle n'avait pas voulu se marier pour rester attachée à sa mère jusqu'au tombeau. Elle l'avait suivie et servie dans la captivité. Après la mort de sa mère, il était trop tard, elle avait vieilli; la révolution avait proscrit le seul homme qu'elle eût jamais aimé d'une inclination aussi pure que son âme. Elle s'était attachée à son frère aîné; elle lui avait remis l'administration de ses biens, confondus avec les siens; elle tenait sa maison, gouvernait comme autrefois ses domestiques, présidait à ses bonnes œuvres, et employait tout le temps et toute l'indépendance de sa vie à des pratiques de dévotion; dévotion douce, mais exaltée et sensible, presque comme celle de sainte Thérèse. Elle était frêle, pâle, languissante; deux beaux yeux et un charmant sourire pétrifié sur ses lèvres, rappelaient sa première beauté; sa voix était faible, langoureuse, et avait des sons imprégnés d'amour divin. On voyait constamment sur son visage le voile transparent du recueillement mystique et de la méditation des choses saintes, d'où elle sortait seulement par condescendance pour son frère. Elle passait la moitié du jour au moins dans les églises, au pied des autels; la lueur pâle et jaunissante des cierges semblait incrustée sur son front. C'était la figure de la contemplation chrétienne.

L'autre, qui s'appelait, comme je l'ai dit, madame du Villars, était d'un caractère plus viril qu'un homme, et plus énergique qu'un héros, mais aussi plus actif, plus dominateur et plus impétueux qu'une bourrasque; d'un fonds généreux, franc, buvant l'oubli après les orages comme le sable boit l'eau, et prête tous les jours à réparer, par des prodigalités de bienfaits et par des dévouements de famille sans mesure, les torts ou plutôt les vivacités d'humeur qu'elle n'avait pu contenir; aimée de loin, parce qu'on ne sentait ses boutades qu'à travers ses qualités solides; redoutée de près, parce que ses petits défauts en saillie se faisaient trop sentir au contact de tous les jours. Il en était d'eux comme de ces peaux rudes qui recouvrent de belles formes; les femmes qui en sont revêtues ne sont belles qu'à distance.

Elle avait été moins agréable que sa sœur dans sa jeunesse, mais plus vive, plus spirituelle et plus instruite. Elle avait dans la génération précédente une renommée de distinction et d'esprit qu'elle maintenait avec une coquetterie d'engouement qui plaisait encore. C'était elle surtout qui tenait le salon commun et qui se chargeait de faire aller la conversation et de la relever quand elle languissait, comme ces personnages de théâtre qui font la question nécessaire, ou qui donnent la réplique pour faire parler et agir la pièce.

XXVI.

A quinze ans on l'avait fait entrer au chapitre de chanoinesses auquel elle appartenait, espèce de couvent mondain qui interdisait le mariage, mais qui permettait le monde. Ses vœux avaient été moralement forcés.

Elle n'avait cessé de protester dans son cœur contre la contrainte semi-monacale et contre la cruauté du célibat, à laquelle elle avait été condamnée ainsi avant l'âge de raison et de volonté. Quand la révolution était venue ouvrir les cloîtres et racheter ces canonicats de femmes, il était trop tard, elle avait passé trente ans, et ses vœux étaient irrévocables. Elle les maudissait, mais elle les gardait par honneur et par vertu plus encore que par religion. Pendant les longs loisirs de son couvent, elle avait lu beaucoup les philosophes dont les livres passaient alors à travers les grilles très larges de ces demi-cloîtres. Il lui était resté un besoin de discuter avec elle-même et avec les autres les choses de foi, qui renaissait tous les jours malgré sa volonté systématique de croire ce qu'elle s'imposait comme autorité divine. Cette volonté de croire sur parole, et ce besoin de discuter toujours, formaient un plaisant contraste avec sa profession de religieuse sécularisée. Elle se donnait le matin les raisons de douter qu'elle se donnait ensuite à réfuter le soir. Sa pensée était un combat sans fin entre les doutes qu'elle chassait et la lumière qu'elle ne voulait pas admettre. Son esprit rebelle était un ressort d'acier toujours élastique ; elle le pliait en vain de tout le poids de sa volonté, il se redressait de toute la vigueur de son intelligence. Ce conflit intérieur, qui a duré quatre-vingt-dix ans en elle, avec toute la ténacité d'un esprit jeune, aigrissait souvent son humeur. Elle avait souvent des révoltes dans la foi et des remords dans le doute. Mal partout, parce qu'elle n'était tout entière ni dans la raison ni dans la foi.

Cette situation de son esprit ne la rendait pas plus tolérante pour cela en matière de dévotion, de cérémonies religieuses, de sermons à entendre, de carêmes à suivre, d'abstinences à observer, de livres orthodoxes ou non orthodoxes à lire. Elle avait la sévérité tracassière d'un docteur ou d'un casuiste sur toutes choses, matières ordinaires de la conversation intime de l'après-dîner dans le salon de mon oncle, pendant la visite obligée à la famille. Le ton de cette conversation était souvent aigre et blessant de sa part vis-à-vis de notre mère. C'étaient des leçons, des allusions, des insinuations, des reproches, des ironies amères et provocantes sur les plus futiles sujets ; tantôt sur la religion trop facile et trop séduisante que notre mère faisait aimer au lieu de la faire redouter de ses filles ; tantôt sur leur éducation trop élégante ; tantôt sur leur parure trop soignée ; tantôt sur la dépense de notre maison, qui dépassait, disait-on, les ressources bornées de mon père ; tantôt sur les personnes de condition trop plébéienne que nous y recevions ; tantôt sur les livres d'instruction trop peu épurés qu'on y lisait ; tantôt sur l'excès de tolérance d'opinions qu'on y pratiquait ; tantôt sur les faiblesses de mon père et de ma mère à mon égard, sur les absences fréquentes qu'elle me permettait, sur les séjours à Paris ou sur les voyages à l'étranger qu'elle favorisait de ses épargnes au-dessus de nos forces. Notre mère écoutait d'abord, avec une patience souriante et véritablement surhumaine, tout cet examen quotidien de conscience fait par ses belles-sœurs et par son beau-frère ; elle palliait, elle excusait, elle réfutait avec grâce, humilité et douceur ; mais si une parole un peu vive et un peu défensive venait à lui échapper dans sa réfutation, la contradiction se ranimait, s'irritait, s'échauffait ; les trois antagonistes qu'elle avait toujours réunis devant elle ne faisaient plus qu'un esprit et qu'une voix pour la condamner ; chacun avec son caractère, mon oncle avec autorité, mademoiselle de Lamartine avec douceur, madame du Villars avec obstination et emportement. Notre mère, affligée à cause de nous, finissait quelquefois par se révolter, souvent par pleurer de ces injustices ; je prenais vivement et passionnément le parti de ma mère, je laissais échapper par demi-mots contre ces oppressions la colère qui grondait sourdement dans ma poitrine. On s'expliquait, on s'adoucissait, on s'excusait, les femmes échangeaient quelques larmes et quelques caresses, puis on sortait, plus ou moins bien réconciliés, pour recommencer exactement le lendemain les mêmes froissements, les mêmes récriminations et les mêmes réconciliations de famille. Voilà pourtant ce qu'une pauvre mère, femme supérieure, fière et digne, était forcée de subir tous les jours dans l'intérêt de l'avenir de ses enfants, qui dépendait de ces trois têtes de la famille. Nous appelions cette heure l'heure du martyre, et nous la compensions par nos redoublements de tendresse envers elle quand nous étions sortis; car c'était toujours pour nous, et pour moi surtout, qu'elle avait à accepter cet assaut d'humeur. Plus tard, cette humeur, qui n'était au fond que le désœuvrement de trois esprits inoccupés, et que la sollicitude un peu trop souveraine et un peu trop tracassière de la parenté, a bien réparé tous ces petits torts de caractère et de situation envers ma mère et envers nous, par des sentiments et par des bienfaits qui nous ont donné dans ces tantes et dans ces oncles de secondes mères et de seconds pères.

XXVII.

Après cette rude séance, qui se prolongeait une heure ou deux, et dont nous comptions les lentes minutes sur le cadran de la cheminée, dont l'aiguille nous semblait paralysée, ma mère rentrait chez elle avec ses filles pour assister aux leçons de leurs maîtres, ou bien elle recevait à son tour les visites incessantes des personnes de la ville qui préféraient sa maison et son entretien gracieux et tendre à l'austérité un peu trop majestueuse de l'hôtel de la vieille famille. Mon père allait faire sa partie d'échecs, de trictrac ou de boston chez quelque douairière de l'ancienne génération de Mâcon, ou chez quelque officier de son régiment, marié et retiré comme lui, depuis l'émigration, dans sa ville natale. Quant à moi, je remontais dans ma chambre, ou j'allais me promener seul et mélancolique dans les sentiers déserts qui coupent les champs, derrière l'hôpital. On voit de là les toits de la ville, le cours de la Saône, ses prairies à perte de vue, semblables aux steppes du Danube sortant de la Servie pour entrer en Hongrie, et enfin le Jura et les Alpes; les Alpes, d'où mon regard ne pouvait se détacher comme ceux du prisonnier ne peuvent se détacher du mur derrière lequel il a goûté le soleil, l'amour et la liberté.

XXVIII.

Ces promenades, pendant lesquelles je portais sur le cœur des montagnes de tristesse et d'ennui, n'étaient diversifiées ni par ces accidents de paysage, ni par cette animation de la vraie campagne, ni par ce sentiment de la vraie et profonde solitude savourée avec sécurité au fond des bois, ni par les eaux, ni par les arbres, ni par les rochers. C'était une nature de faubourg, la plus morne et la plus désenchantée de toutes les natures; non une campagne, mais un préau où l'on fait des pas pour se fuir, non pour chercher quelque chose ou quelqu'un. On y voyait ces toits de Mâcon que j'avais en horreur à cette époque de ma vie où ils me représentaient ma captivité, et qui ne me sont redevenus chers que plus tard, quand ils m'ont rappelé mon père, ma mère, mes sœurs, mon berceau ! Je ne rencontrais que quelques femmes de caserne, à l'air effronté, ramassant des violettes sur le talus de gazon des sentiers ou des épines en fleur sur les buissons. Depuis ce temps-là, l'odeur des violettes et la neige parfumée de l'aubépine, ces deux symptômes précurseurs du printemps, me sont demeurées en dégoût dans l'odorat et dans les yeux, parce que ces deux fleurs me rappellent toujours ces promenades moroses, ces haies monotones, ces femmes sordides suivies à distance d'ouvriers ivres ou de soldats désœuvrés. Le paysage des alentours immédiats de Mâcon a beaucoup de ressemblance avec les paysages sans accent et sans cadre de la Lombardie. Un Virgile pouvait naître dans cette Mantoue. Cela respire l'immensité, l'uniformité, la majesté, la lumière et l'ennui; un splendide ennui, voilà le caractère du lieu. Je puis dire que pendant ces années de ma jeunesse j'ai exprimé jusqu'à la lie tout ce que ce paysage contient de fastidieux dans sa beauté. Combien de fois n'ai-je pas reproché à la nature de m'avoir fait naître au bord de ces plaines, où l'âme s'extravase comme le regard, au lieu de m'avoir fait naître à Naples, en Suisse, en Savoie, dans l'Auvergne, dans le Dauphiné, dans le Jura, dans la Bretagne, pays à physionomies profondes et à caractères variés! Aussi, quelle joie pour moi quand je sortais enfin de cette platitude du paysage de Mâcon, pour entrer dans les véritables collines du Mâconnais, tout à fait semblables aux immortelles collines d'*Arquà*, où vécut et mourut Pétrarque! C'est là qu'est Milly; voilà mon pays! J'ai toujours abhorré les villes, j'adore le Mâconnais montagneux.

XXIX.

Cette petite ville de Mâcon, située dans ce pays anti-pittoresque et au bord d'un fleuve qui n'a pas même le mouvement et le murmure de l'eau, était cependant à cette époque le séjour d'un peuple doux, aimable, gracieux, spirituel, et d'une société d'élite véritablement digne de rivaliser avec les salons les plus aristocratiques et les plus lettrés que j'aie abordés plus tard dans toute l'Europe. C'était un *Weymar* français, une *Florence* gauloise, un centre de bon goût, de bon ton, de loisir, d'aisance, d'arts, de littérature, de science, et surtout de société et de conversation. Le hasard avait rassemblé ces éléments à Mâcon, pendant les quelques années qui suivirent la révolution et qui commencèrent ce siècle. C'était une alluvion de l'ancien régime et de l'ancienne société déposée par la révolution sur ce bord de la Saône. Voici comment cette alluvion s'était tout naturellement formée là.

Il y avait à Mâcon, avant 1789, un évêché immensément riche, dont le titulaire présidait les états du Mâconnais, et rassemblait dans son palais épiscopal toutes les notabilités de la province. Le dernier évêque était un homme d'esprit, de plaisir et de luxe beaucoup plus qu'homme d'Église. Sa maison était un centre de délicatesse, de galanteries, d'élégance et de lettres : *arbiter elegantiarum*. Il dépensait quatre cent mille livres de rentes ecclésiastiques en munificences et en fêtes. Il écrasait de son luxe la noblesse du pays, qui s'efforçait de rivaliser avec lui de splendeur et qui aurait voulu l'effacer.

Il y avait de plus deux chapitres de chanoines nobles qui possédaient des revenus considérables en canonicats, en prieurés, en prébendes, budget territorial immense alors du culte de l'État. Ces chanoines, appartenant en général aux grandes familles de la ville, de la province ou des provinces limitrophes, étaient désœuvrés, riches, amateurs de plaisir et de réunions à la ville et à la campagne, toujours prêts à faire nombre, mouvement et joie dans la société. C'était une permanente garnison de l'Église, composée d'abbés de tout âge et de toutes mœurs, qui recrutait les châteaux et les salons.

Il y avait, en outre, deux maisons de haute noblesse qui dominaient tout et qui égalaient le luxe des princes. L'une de ces maisons était celle du comte de Montrevel, qui n'allait jamais à la cour, et qui mangeait six cent mille livres de rentes à Mâcon. Il avait une écurie de cent chevaux de chasse, un théâtre et une musique à sa solde, qui rivalisait avec la musique des Condé à Chantilly.

Il y avait une seconde noblesse peu antique, peu illustre, mais composée de sept ou huit maisons tout à fait locales, qui tâchaient d'égaler en magnificence l'évêque et ce qu'on appelait la noblesse de cour.

Enfin, il y avait une bourgeoisie propriétaire et oisive, vivant de la terre et nullement du commerce ou des professions libérales. Aussi ancienne et plus ancienne même que la noblesse, cette bourgeoisie se confondait entièrement avec elle, dans les mêmes salons, dans les mêmes châteaux, dans les mêmes opinions, dans les mêmes plaisirs. Un titre ou une particule faisait toute la différence.

XXX.

La révolution, après avoir dispersé, ruiné, emprisonné ou fait émigrer toute cette société, en avait rejoint de nouveau presque tous les débris depuis la terreur, le directoire et le consulat. Le comte de Montrevel avait seul payé de sa tête son immense fortune et son grand nom. L'évêque était tombé à l'aumône des fidèles; il vivait du pain d'un de ses anciens serviteurs, qui l'avait recueilli sous son toit, aussi résigné et aussi serein dans sa misère qu'il avait été jadis magnifique et prodigue dans son opulence.

Les chanoines et les abbés vivaient de petites pensions du gouvernement et des secours de leurs familles. Les émigrés, pour la plupart jeunes quand ils avaient quitté la France pour l'armée de Condé, avaient retrouvé chez leurs pères encore vivants leurs biens qu'on n'avait pas pu confisquer. La bourgeoisie n'avait perdu qu'un an de sa liberté dans les prisons; ses biens étaient intacts, ses loisirs et ses mœurs étaient les mêmes qu'avant 89; le luxe renaissait; on bâtissait, on plantait, on se donnait des fêtes à la campagne, des dîners et des bals à la ville; les années de dispersion et de transes que l'on avait traversées semblaient donner à la vie sociale la fraîcheur de la nouveauté et le prix d'un bien un moment perdu.

Le caractère des habitants du pays se prêtait admirablement à ce genre de vie. Une bienveillance à peu près générale en fait le fond. Ce caractère est tempéré comme le climat : il n'a pas d'ardeur, encore moins de feu, mais il a une bonne grâce, une intimité de rapports, une égalité d'humeur, une sorte de parenté générale entre les familles et entre les classes, qui font le charme habituel de la contrée. Le pays n'était donc qu'une sorte de famille dont les diverses branches n'étaient occupées qu'à se rendre la vie douce pour eux-mêmes, agréable aux autres. C'était un morceau du faubourg Saint-Germain, moins ses grands noms, ses grands préjugés et ses grands orgueils, relégué au fond d'une province.

XXXI.

Un salon s'ouvrait tous les soirs, tantôt dans l'une de ces maisons, tantôt dans l'autre, pour recevoir cette nombreuse et élégante société; des tables de jeu y groupaient tout le monde, à l'exception de deux ou trois retardataires qui, arrivés après les parties commencées, échangeaient à voix basse quelques mots auprès de la cheminée, et des jeunes personnes assises en silence derrière leurs mères, qui chuchotaient entre elles, comme à l'église ou au couvent. Un silence austère et religieux s'établissait dans tous les salons pendant ces *whists* ou ces *reversis* sempiternels. Le jeu, tout modéré qu'il était, courbait toutes ces têtes, passionnait tous ces esprits d'hommes et de femmes dans un recueillement presque grotesque, qui ne se démentait que par des demi-mots, des expressions de visage et des gestes tour à tour rayonnants ou désespérés. Il s'agissait de cinq sous par fiche, quelquefois moins; mais l'homme est un être tellement passionné qu'il met de la passion aux puérilités, quand il ne peut pas en mettre aux grandes choses. D'ailleurs, le jeu des soirées dans ces salons était une habitude d'ancien régime à laquelle on tenait par respect pour les traditions d'un autre temps. Le jeu avait tout le sérieux d'un devoir de bonne compagnie, qu'il fallait accomplir ou se déclarer homme mal élevé, femme inutile; les cérémonies religieuses du matin, à l'église, n'étaient pas imposées ni suivies avec plus de solennité. On était méprisé si on le négligeait, estimé et recherché si on y excellait. Je me souviens de cinq ou six hommes de la dernière médiocrité dont on ne parlait qu'en inclinant la tête, parce que, disait-on avec plus de respect qu'on n'en aurait eu pour un grand artiste, ils jouaient supérieurement le boston et le reversis. On vivait et on mourait très bien sur cette réputation. Ma mère et mes tantes m'encouragèrent de leur mieux à la mériter, à me rendre utile et agréable aux maîtresses de maisons en faisant le quatrième de quelque table boiteuse de joueuses et de joueurs dépareillés; elles échouèrent. Quoique très complaisant de mon naturel, je ne pus jamais supporter l'insupportable ennui de manier deux heures par jour des cartes toujours les mêmes dans mes mains, n'ayant pour horizon de mon esprit et pour diversion de mon cœur que ces abominables figures de rois, de reines et de valets bariolés à jeter les uns sur les autres dans cette mêlée de morceaux de carton, sur un tapis vert, pour les ramasser ensuite et recommencer le même exercice jusqu'à ce que la pendule sonnât la délivrance de mon esprit! Il fallut y renoncer. Ma patience, ma bonne volonté, ma jeunesse, ma figure n'y firent rien. Cela me fit mal noter dès mon début dans l'estime des vieilles femmes qui gouvernaient majestueusement ce monde de cartes, de fiches et de jetons. Leurs figures se glacèrent et se rembrunirent pour moi. L'obligation d'accompagner régulièrement chez elles ma mère et mes sœurs aînées devint, pour moi un supplice quotidien. J'abrégeais le martyre en m'échappant après les parties commencées.

XXXII.

Il y avait un seul salon où l'on ne jouait pas, et qui s'ouvrait tous les soirs à un petit nombre d'habitués et d'amis de la maison ; c'était le salon de mon oncle. J'y allais le soir avec beaucoup moins de répugnance que le matin. C'était un petit cercle intime, politique, littéraire, scientifique, où l'esprit stagnant d'une petite ville participait du moins, le soir, au mouvement des idées, des faits et du temps. Mon oncle, homme de connaissances très variées et d'une causerie très souple à toutes les ondulations d'une soirée oisive, était le centre de ce salon. Les femmes n'y paraissaient jamais ; les huit ou dix hommes qui y venaient assez régulièrement tous les jours y étaient attirés les uns vers les autres, et tous vers le maître de la maison, par cet attrait volontaire et naturel qui entraîne les pas à l'insu de la volonté là où l'esprit se trouve bien. Il n'y avait d'autre rendez-vous que ce plaisir réciproque et cette conformité de goûts, d'études, d'opinions, rehaussée par une complète liberté de discours. C'était, en général, tout ce que le pays comptait d'hommes éminents, intéressants ou spirituels dans tous les rangs de la société. On n'y reconnaissait d'autre aristocratie que celle de l'intelligence et du goût. J'ai vu bien des salons dans ma vie de voyageur, de diplomate, d'homme du monde, d'homme politique ou d'homme de lettres, je me souviens toujours de celui-là comme d'un modèle accompli de réunion, et les principales figures qui s'y dessinaient en demi-cercle, en face du feu, sont restées pétrifiées avec leurs costumes, leurs physionomies, leurs sons de voix, leurs gestes, leurs attitudes et leurs différentes natures d'esprit, dans ma mémoire et dans mes yeux.

XXXIII.

C'était d'abord un vieil abbé vénérable et vénéré dans la province et au-delà, avec une perruque fauve, une longue et grave figure de parchemin, une loupe énorme sur la lèvre inférieure, une pose de commandement, une voix de siècle sortant du fond d'une bibliothèque où l'on remue des in-quarto poudreux. Il s'appelait l'abbé Sigorgne ; il avait occupé, avant la révolution, quelque haute et souveraine fonction sur les prêtres du diocèse, dont j'ai oublié la nature et le nom. Il avait beaucoup écrit, et entre autres un livre intitulé le *Philosophe chrétien*, qui a encore une réputation de séminaire et de théologie. Il était prodigieusement savant dans toutes ces choses que personne ne se soucie de savoir aujourd'hui : *blason, droit canon*, questions de bénéfices ecclésiastiques, questions de casuiste, etc. ; mais il cultivait en outre avec succès les mathématiques, les sciences naturelles, la chimie. Les prêtres de ce temps-là ne ressemblaient en rien à ceux d'aujourd'hui ; ils étaient du monde : ceux de ce temps-ci sont du sacerdoce seulement; c'est mieux, mais c'est autre chose. L'abbé Sigorgne avait été toujours du monde le soir, tout en étant de la science et de l'église le matin. Il avait voyagé, il avait habité longtemps Paris, il y avait été docteur en Sorbonne; il avait fréquenté les salons de madame Du Deffant et de madame Geoffrin; il y avait connu les écrivains et les philosophes du dix-huitième siècle. Ses rapports avec d'Alembert et Diderot n'avaient altéré en rien ses opinions religieuses. Il discutait avec eux sans les haïr, mais sans leur rien céder de ses convictions. Son caractère était une de ces trempes sur lesquelles tout glisse sans altérer le tissu de l'acier : doux au contact, ferme à frapper. Il avait eu avec Voltaire une correspondance et avec Jean-Jacques Rousseau une discussion imprimée dans laquelle le philosophe de Genève et le philosophe de Mâcon s'étaient combattus en présence du public avec talent, politesse, dignité, estime mutuelle. L'abbé Sigorgne était naturellement fier de cette lutte avec un si célèbre adversaire. S'être mesuré avec Jean-Jacques Rousseau était une gloire même pour un orthodoxe et pour un vaincu. Il rejaillissait de tout cela une haute considération sur le nom de l'abbé Sigorgne dans son ordre et dans le pays. Sa vertu rehaussait encore sa renommée et sa vieillesse. Il donnait le matin, gratuitement, et pour le progrès seul de la science, des leçons dans sa bibliothèque aux jeunes gens d'espérance. M. Mathieu, dont le nom illustre à son tour la science et le pays où il est né, fut un de ses disciples. L'abbé Sigorgne, malgré ses quatre-vingts ans passés, causait avec cette indulgence, seconde grâce de la vieillesse presque aussi touchante que la grâce de la jeunesse; car, si l'une est une timidité, l'autre est une condescendance : toutes les deux intéressent. On l'écoutait avec déférence. Sa conversation était abondante comme un livre, divisée et distribuée comme un sermon; on y sentait le professeur écouté; mais il mêlait à l'enseignement une grande variété d'anecdotes sur les femmes et les hommes célèbres du dernier siècle, qui réveillaient puissamment l'attention. Il déridait aussi l'entretien par des citations de ses poésies et de ses couplets de société, essais malheureux qui sont restés dans ma mémoire comme les fameux vers de Malebranche. Il est presque impossible de faire comprendre à un savant que la poésie n'est pas la rime. L'abbé Sigorgne, qui mourut longtemps après, laissa son nom à la rue de la ville qu'il avait habitée. Quand on n'a pas de famille, c'est quelque chose que de donner son nom à des pierres.

XXXIV.

Un autre abbé, nommé l'abbé Bourdon, figurait tous les soirs dans le salon de mon oncle. Abbé de cour, ancien grand vicaire, homme de table et de boudoir dans sa jeunesse, homme d'aventure ensuite pendant une longue émigration, il avait fréquenté les salons du cardinal de Bernis et de madame de Pompadour plus que les salles de la Sorbonne. Gros, court, joufflu, goutteux, d'une figure qui avait dû être aussi agréable que spirituelle, il y avait en lui de l'abbé de Chaulieu plus que du prêtre martyrisé par une révolution pour sa foi. Mais le temps et le *décorum* des émigrations et des spoliations de *bénéfices* subies pour son état, lui en donnaient le maintien et la gravité. Il ne l'oubliait que dans la chaleur de la conversation et dans l'espèce d'enthousiasme que lui inspiraient le monde élégant et la bonne chère. Là, tous ses souvenirs de Paris, de cour, de noms historiques, d'exils illustres, se répandaient avec des flots de récits étincelants de sa mémoire. On comprenait qu'il eût été quinze ou vingt ans avant un des abbés les plus recherchés de ces salons de Versailles et de Paris où son âme vivait toujours. Les dévotes ne l'aimaient pas, comme un fâcheux vestige de l'ancien sacerdoce, mauvais à produire dans le nouveau. Mais son caractère, son habit et son orthodoxie officielle, prouvée par la persécution, les forçaient au silence, et il finissait par obtenir les apparences de la vénération. Il m'aimait beaucoup, et je ne me lassais pas de l'écouter raconter un monde sur lequel le rideau de la révolution s'était tiré, et dont il restait un des plus légers, des plus gracieux et des plus spirituels acteurs.

Un homme, mystère pour tout le monde, même pour mon oncle qui le recevait tous les soirs, venait régulièrement à ces réunions. C'était un vieillard aussi, mais un vieillard vert et fort, dont on supposait plus qu'on ne devinait les années. Sa physionomie était scellée comme un testament à triple sceau. Les yeux seuls étaient entr'ouverts plus pour observer les pensées d'autrui que pour laisser lire dans les siens. Son attitude était gênée et contrainte : on voyait qu'il se sentait mal à sa place dans un monde supérieur à lui par la fortune et par la naissance.

Ses habits étaient pauvres, négligés, presque sordides ; il paraissait susceptible et fier naturellement ; mais, comme le cynique d'Athènes visitant Platon, il foulait le tapis d'orgueil du maître par un orgueil plus grand encore. Tout son passé était une énigme. On ne savait ni quelle était sa famille, ni quelle était sa patrie. On savait seulement qu'il vivait l'hiver dans une mansarde d'un quartier pauvre de Mâcon, ayant pour toute société un chien, une chèvre et quelques livres. La chèvre le nourrissait, le chien l'aimait, les livres l'entretenaient des siècles et du monde. L'hiver écoulé, il allait vivre dans un village des montagnes du Mâconnais, appelé Bussières, à côté de Milly, chez deux demoiselles d'un âge déjà mûr, aussi solitaires et aussi étranges que lui. Personne n'entrait jamais ni dans leur petite maison aux volets toujours demi-clos, ni dans leur jardin entouré de hautes murailles. Quand je passais à cheval par un petit sentier qui longeait cet enclos, et que je m'élevais sur mes étriers pour voir dans le jardin, j'apercevais quelquefois ces trois sauvages civilisés groupés avec leurs animaux, ramassant de l'herbe pour la chèvre, ou lisant au soleil sur le gazon d'une allée. On avait une impression de mystère inexplicable en regardant cette maison. Était-ce une parenté? Était-ce une liaison? Était-ce une secte? Les voisins, même les plus rapprochés et les plus curieux, n'ont jamais pu le deviner.

Ce vieillard s'appelait M. de Valmont. Il parlait rarement, mais il parlait avec une maturité de sens, une connaissance des choses et une propriété de termes qui faisaient faire silence dès qu'il entr'ouvrait les lèvres. Il ne cachait pas qu'il avait été employé dans de hautes missions diplomatiques secrètes par les ministres de Louis XV, et peut-être par ce roi lui-même, qui avait une diplomatie en dehors de ses ministres; on savait aussi qu'il avait habité Constantinople, l'Italie, et surtout la Russie et la Prusse.

Il racontait le grand Frédéric, aussi bien que Voltaire et les philosophes de la colonie de Potsdam pouvaient le raconter eux-mêmes. La conversation ne tombait jamais sur ce roi, sur ce temps, sur cette cour, sans que M. de Valmont ne l'intéressât et ne l'enrichît aussitôt des récits les plus intimes et les plus neufs. C'était une chronique vivante des soupers philosophiques du roi de Prusse, des amours babyloniens de la grande Catherine, et des mœurs mêmes du sérail. Quant à la politique de la France et du moment, il n'en parlait jamais. On était à une époque de réaction religieuse et aristocratique de l'opinion contre les principes de la révolution française. On voyait à sa physionomie, à son silence et à son sourire mal contenu, quand la conversation tombait sur ce sujet, qu'il était resté ferme dans la philosophie de sa jeunesse, et qu'il avait intérieurement pitié de ce commencement du dix-neuvième siècle, qui répudiait tout l'héritage du siècle précédent, sans choisir entre la liberté et la servitude, entre la raison et l'impiété.

On l'écoutait avec intérêt, mais avec une certaine défiance. Quelques personnes avaient d'abord reproché à mon oncle de l'admettre à cette intimité d'entretiens très libres sur le gouvernement; elles craignaient qu'il ne fût un observateur politique soldé en secret par la tyrannie ombrageuse de Bonaparte. Sa mort, qui arriva peu de temps après, prouva bien que ces soupçons étaient des chimères. Je le vis mourir à l'hôpital de Mâcon, sur un grabat, ayant toute sa richesse sur une chaise au pied de son lit, avec son chien blanc. Mon oncle m'y conduisit; il allait lui offrir un asile et des secours. M. de Valmont refusa tout avec des larmes de reconnaissance, mais avec la dignité fière d'un stoïcien. Il me pria seulement, comme le plus jeune, d'avoir soin, après lui, du pauvre animal qui lui tenait compagnie jusqu'à l'agonie. Il y touchait : il mourut le surlendemain.

XXXV.

Un des hommes les plus remarquables de cette société du soir était un gentilhomme franc-comtois, marié à Mâcon, nommé M. de Larnaud. C'était un homme d'une taille colossale et d'une voix tonnante, quoique d'une physionomie très intelligente et très douce; un ancien Germain aux cheveux blonds et aux yeux bleus, plongé dans la civilisation moderne. Je n'ai jamais vu réunies dans une même nature et à plus grandes doses deux qualités qui, ordinairement, sont exclusives l'une de l'autre : l'érudition de l'esprit et la fougue de l'imagination. Il savait tout, et il passionnait tout. Jeune, riche et oisif au moment de la révolution, il s'y était précipité avec les délires d'une belle âme enivrée de ses espérances pour l'humanité. Il avait brûlé ses vaisseaux alors avec le trône, l'aristocratie, les superstitions du passé. Il n'avait pas été jusqu'au crime, parce qu'il était la conscience, la vertu désintéressée et l'humanité mêmes; mais il avait été jusqu'aux vertiges, et l'on citait encore dans le pays et à Paris les exaltations d'actes et de discours qui avaient signalé son fanatisme de cœur dans les premières cérémonies populaires de 89, de 90 et de 91. Homme de bonne foi, il ne les reniait pas; une âme comme la sienne, qui n'a rien à cacher, n'a rien à désavouer. Il disait simplement, comme le poëte Alfieri, témoin des orgies sanglantes de 1793 : « Je connaissais les grands, je « ne connaissais pas le peuple. Je me repens d'avoir « cru les hommes meilleurs qu'ils ne le sont. Si c'est « un crime, c'est le crime d'une âme honnête! »

C'était l'âme de M. de Larnaud. Aussitôt après le 10

août et les persécutions contre la famille royale, il s'était rangé avec la même passion du parti des victimes. Il s'était lié avec les Girondins, avec madame Roland, avec Vergniaud surtout, pour partager leurs dangers et leur gloire. Il était intarissable sur ces hommes que la révolution avait dévorés parce qu'ils osaient lui disputer ses crimes. Il était resté fidèle à leurs doctrines de sage et pure liberté. Il ne gémissait pas sur leur échafaud, qui était leur piédestal pour l'histoire, mais sur le vote de quelques-uns d'entre eux, contre leur conviction, de la mort du roi pour sauver le peuple. Il savait qu'on sauve souvent une nation par un martyre, jamais par un crime. C'est M. de Larnaud qui a le premier imbu mon imagination de ces grandes scènes, de ces grandes physionomies, de ces grands noms, de ces grandes éloquences de la seconde période de la révolution, à laquelle il avait participé, qu'il peignait en traits de feu, et que je devais peindre moi-même longtemps après dans une page d'histoire : *Les Girondins.*

Il n'avait pas moins d'enthousiasme pour la littérature et pour la poésie que pour la politique. Compatriote et camarade de Rouget de Lisle, auteur de la *Marseillaise,* ami et admirateur de Nodier, de Chénier, de Delille, de Fontanes, assistant à toutes les séances des académies, membre de tous les cercles, suivant tous les cours, visiteur de tous les salons, assidu à tous les théâtres, c'était l'éponge intelligente des deux siècles, mais une éponge qui retenait tout, une mémoire qui ne perdait rien, une expression et un geste qui faisaient tout entendre et tout revoir : prose, vers, anecdotes, physionomies, discours, scènes, citations ; on retrouvait l'antiquité, le passé, le présent dans son entretien ; on n'avait qu'à feuilleter. Dictionnaire universel relié sous forme humaine, toute la cendre de la bibliothèque d'Alexandrie contenue dans le crâne d'un homme vivant ! Il remplissait à lui seul ce salon. Il m'aima promptement à cause de ma jeunesse, de ma curiosité, de mon attention à l'écouter, de l'enthousiasme que sa passion allumait dans mon regard. Bien qu'il eût trente ans d'avance sur moi dans la vie, il me croyait de son âge et je me sentais du sien, car il était de ces natures qui ne vieillissent pas, même dans leur caducité, et j'étais de celles qui devancent la vieillesse par la réflexion. Il me traitait en égal d'années et d'intelligence. Il venait souvent, le matin, achever dans ma chambre la conversation de la veille. Il se livrait plus librement, alors, à son inspiration intime ; il découvrait les cendres de son enthousiasme pour les grands hommes et les grandes choses du commencement de la révolution, qu'il osait moins soulever chez mon oncle, en présence de mes tantes pieuses et de quelques gentilshommes royalistes et émigrés. Le philosophe réapparaissait sous l'homme du monde. Son antipathie contre l'empire et contre cette oppression muette de la pensée, éclatait en foudres de paroles qui grondaient éternellement dans son sein. Il me récitait les imprécations de Chénier et celles de Nodier contre le mutisme de l'époque :

>   Que le vulgaire s'humilie
> Sous les lambris dorés du palais de Sylla,
>   Au devant du char de Julie,
> De Claude ou de Caligula! etc., etc.

Il me continua la même amitié jusqu'à ses derniers jours, et sa mémoire est une de celles qui me repeuple de plus de souvenirs et de plus de regrets les rues maintenant désertes pour moi de cette petite ville, qu'il animait de son pas et qu'il remplissait de sa voix.

A côté de lui s'asseyaient ordinairement, dans le même salon, deux habitués d'un caractère et d'un entretien également attachants pour un jeune homme. C'étaient deux émigrés, officiers de marine.

L'un était le marquis Doria, qui fut plus tard longtemps et honorablement député de Mâcon. Nature italienne par la fécondité, la mobilité, l'élocution, l'abondance; française, par la franchise, la noblesse, la cordialité, le désintéressement, le patriotisme. Il parlait beaucoup, il causait bien, il écoutait mieux; il lisait immensément, il jugeait avec réserve et avec froideur. C'était un de ces esprits justes, fins, éclectiques, observateurs des convenances, même en matière d'idées, qui n'osent rien seuls et qui ont besoin de sentir leur pensée dans beaucoup d'autres têtes pour la professer tout haut. On pourrait dire d'eux que ce sont les hommes de bonne compagnie dans la société des intelligences; ils écoutent, ils regardent, ils lisent leur journal le matin et se laissent rédiger leur opinion comme ils se laissent couper leur habit par leur tailleur. Cette réserve d'esprit venait, chez le marquis Doria, de modestie et non de stérilité; c'était un homme d'un commerce très lettré et très agréable : une bonne fortune de tous les soirs dans une ville écartée du centre. Son caractère était plus charmant et plus sûr encore que son esprit : la chevalerie antique dans la grâce moderne, les formes de cour sur un fond de vertu. Il n'avait jamais été révolutionnaire. Sa naissance et son titre de chevalier de Malte le rangeaient dans la haute aristocratie. Mais il comprenait parfaitement que l'avenir dépouillait les aristocraties immobiles et héréditaires comme l'arbre son écorce, et que s'il y avait un préjugé légitime et favorable pour les noms, il n'y avait plus de rang que pour les esprits. Comme royaliste constitutionnel, il partageait la haine d'opinion de cette société contre l'empire.

L'autre était un de nos parents et un de nos amis les plus intimes, camarade du marquis Doria dans la marine, émigré à dix-huit ans comme lui, ayant vécu pendant longues années de cette vie d'aventures de l'émigré qui aiguise l'esprit, assouplit les idées, diversifie les mœurs, et donne à la vie d'un simple gentilhomme de province l'originalité et l'intérêt d'une odyssée. Il s'appelait M. de Saint-L.... (J'efface le nom parce qu'il vit encore.) Sa conversation avait la variété et le pittoresque des récits de camps, de voyages, de navigations, de fortunes et d'infortunes diverses dans les péripéties des longs exils. Soldat, marin, courtisan, voyageur, marchand, il avait eu tous les rôles à l'étranger en un petit nombre d'années. Il racontait avec imagination ; il savait l'Europe des salons, des armées et des cours comme on sait sa rue. Ses récits, quelquefois brodés, toujours intéressants, entrecoupaient à propos les discussions littéraires ou politiques. Il était l'épopée courte et accidentelle de ces dialogues. En outre, il était d'une belle figure, encore jeune; il lisait avec intelligence et avec sentiment; il savait par cœur les tragédies de Racine et de Voltaire; il les déclamait à l'imitation des plus grands acteurs. On pouvait soupçonner que, parmi les talents divers qu'il avait exercés pendant son émigration, pour se soustraire à l'indigence de l'exilé, celui de lecteur ou de récitateur de poésie française dans les cours d'Allemagne avait été une des ressources de son esprit.

Le reste de cette société se composait d'autres parents ou amis de la maison qui se choisissaient d'eux-mêmes par la conformité d'opinions, de goût pour la conversation sérieuse, pour la littérature, la science ou l'art. Deux frères, émigrés rentrés, cousins de la famille, M. de Davoyé et M. de Surigny, tous deux distingués, le premier par l'esprit cultivé et par la passion politique, le second par un rare talent de peintre, y venaient assidûment. Tous les hommes éminents du pays dans le barreau, dans la médecine, dans l'agriculture, qui cultivaient en même temps leur esprit, ou qui aimaient cette culture dans les autres, étaient admis et recherchés dans ce salon. C'était une oasis dans cette aridité des sociétés de province, un souvenir vivant de ces réunions d'hommes lettrés, oisifs et insouciants de la vie vulgaire que Boccace montre rassemblés par attrait ou par hasard dans quelque *villa* de la Toscane, autour de Florence ou de Fiesole.

XXXVI.

Quoique je n'y jouasse, à cause de ma jeunesse, aucun autre rôle que celui d'auditeur timide et silencieux, on conçoit que ces heures de soirées ainsi passées à entendre des hommes distingués parler librement de toutes choses, me consolaient un peu de la tristesse de la résidence et de la journée. J'y puisais de plus ce sentiment d'opposition raisonné

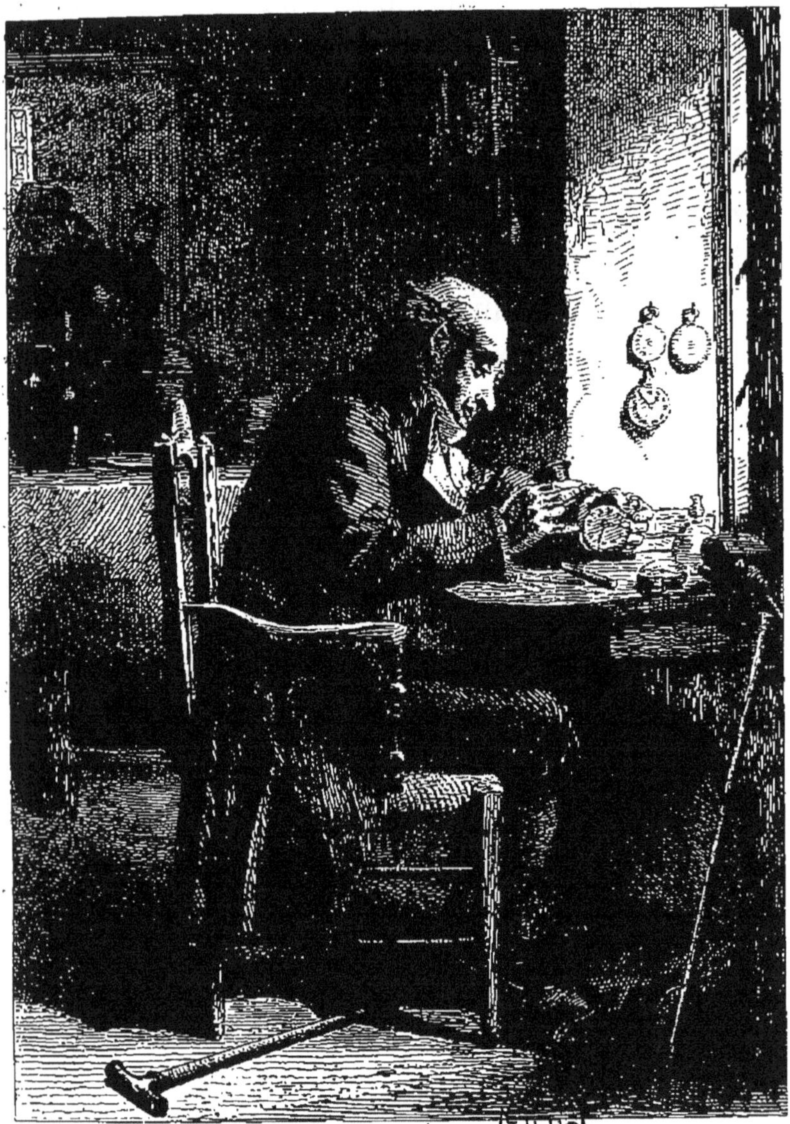

V. Foulquier del. et sc. Imp. Ch. Chardon aîné Paris

NOUVELLES CONFIDENCES.

Le Chevalier de Senneçey, assis à côté de sa fenêtre, devant son établi d'horloger.

Liv. 2. Chap. [illegible]

à l'opposition brutale du gouvernement militaire, cette indépendance d'idées et cette dignité de résistance sans faction aux partis triomphants, qui étaient l'âme de ces entretiens, comme ils étaient l'âme de mon père et de mon oncle. L'ennui me ressaisissait à la porte.

XXXVII.

L'ennui était alors le mot de ma vie, le mal incurable de mon âme. Je ne sentais plus tant la douleur; elle avait brûlé en moi toutes les fibres sensibles. Mon cœur s'était ossifié, du moins je le croyais; mais je sentais le vide, un vide que rien ne pouvait remplir, un vide si profond et si vaste qu'il aurait englouti un monde. Je n'aimais rien, je ne voulais rien aimer, je n'avais rien à aimer d'amour. L'absence totale d'intérêt dans ma vie habituelle était telle, pendant ces mois de printemps et d'été passés ainsi forcément à Mâcon, que je cherchais inutilement les moyens les plus puérils et les plus mécaniques de passer les heures éternelles.

Il y avait à l'hôpital de la ville un vieil émigré infirme, ancien camarade de mon père dans son régiment, rentré depuis peu de temps d'Angleterre. Il était privé de l'usage de ses jambes; il n'avait pour toute fortune qu'une petite pension que lui faisait sa famille pour son entretien et pour celui d'un vieux domestique, son compagnon d'émigration et de malheur. Il s'appelait le chevalier de Sennecey. Mon père, qui l'aimait beaucoup, m'y mena un jour. Son isolement m'intéressa, j'y retournai. Il était simple d'esprit, comme un soldat qui n'a connu de la vie que son cheval et son sabre; mais il était sensible, bon, affectueux. Il me recevait comme les solitaires forcés, désertés du monde, reçoivent ceux qui viennent par charité ou par amitié diversifier un peu leur solitude. On voit sur leur visage se répandre le rayon intérieur de leur joie secrète. On sent le plaisir qu'on leur fait, on s'attache soi-même à eux par le bonheur qu'on leur apporte. Je m'attachai ainsi à ce pauvre homme.

Tous les jours, après le dîner de famille et après une promenade solitaire derrière les monotones jardins de cet hôpital, j'y entrais; je traversais les files de convalescents assis sous le portique, j'entrevoyais les longues rangées de lits blancs des salles et la lueur éternelle des cierges qui brûlent au centre de l'édifice, sur l'autel qu'on aperçoit de tous ses rayons; je montais le large et sonore escalier, où je rencontrais les sœurs hospitalières dans leur costume de pieux service; je suivais un immense corridor à l'extrémité duquel se trouvait la petite porte de la cellule du pauvre chevalier.

Je le trouvais assis à côté de sa fenêtre, devant son

établi d'horloger, comme ces chartreux dont j'avais visité autrefois la petite chambre, le petit jardin et le petit laboratoire ; diversion obligée de l'homme qui a besoin, sous peine d'ennui mortel, de travailler ou de corps, ou d'esprit, ou des deux, tour à tour ; c'est sa loi.

Le chevalier de Sennecey, pour vivre à Londres pendant une longue émigration de douze ans, avait appris l'état de bijoutier et d'horloger. Il y avait ajouté l'état de tourneur, afin de faire lui-même les boîtes, les tabatières, les écrins, les étuis des portraits qu'il montait, des montres qu'il fabriquait. Il était adroit et patient comme un homme qui, ayant perdu la faculté de se servir de tous ses membres, concentre dans ceux qui lui restent tout ce qu'il a d'activité et d'énergie. Son travail l'avait largement soutenu à Londres, et il avait même soutenu, du seul travail de ses mains, plusieurs de ses compagnons d'infortune doués de moins de talent et de moins de bonheur que lui.

Depuis qu'il était rentré en France, rappelé par cet attrait irréfléchi du pays qui devient malaise chez le Français, et qui ne lui permet presque jamais de jouir de son bien-être sous un autre ciel, le chevalier de Sennecey avait continué son état. Mais il l'exerçait gratuitement pour les sœurs de l'hôpital, pour les malades, pour ses amis et ses connaissances dans la ville, qui empruntaient ses talents d'horloger ou de bijoutier. Il passait sa journée entière à démonter, à remonter des pendules, des montres, à encadrer des miniatures, à tourner en métal ou ivoire des ornements ou des parures de femmes. Il prenait son métier au sérieux, bien que ce métier ne fût plus pour lui qu'un divertissement; il allégeait sa solitude. De temps en temps, un vieux camarade d'émigration ou de régiment venait charitablement passer une heure avec lui, pour causer de l'armée de Condé, du comte d'Artois, du duc d'Enghien, ou du prince régent d'Angleterre, la providence des émigrés.

L'attrait que j'éprouvais pour cet excellent homme, le sentiment des heures de distraction que ma présence et ma conversation lui donnaient, et enfin le désœuvrement qui met les pas de demain sur ceux d'hier, me ramenaient régulièrement tous les jours à l'hôpital. A force de voir limer la lime, serrer l'écrou, tourner le tour, pivoter le poinçon, grincer la scie d'acier, je voulus travailler aussi moi-même. Le chevalier m'enseigna l'horlogerie et le tour. Je maniais ses outils sous sa direction, je préparais, je dégrossissais le bois ou le cuivre; il y donnait le dernier fini. Nos conversations, bientôt taries une fois qu'il m'eut dévidé l'écheveau de ses souvenirs un peu monotones, se soutenaient ainsi à peu de frais, grâce à notre commune occupation. On n'entendait dans sa chambre que le bruit uniforme de la corde à boyau qui sifflait sur la poulie du tour, le frottement de la râpe ou du polissoir sur le bois, les coups réguliers du petit marteau d'acier sur l'or ou sur l'argent concave des boîtes de moutres, quelques mots rares et courts échangés entre nous, ou le chant à demi-voix de l'homme qui distrait son oreille en se servant de ses mains. Notre atelier, au midi, éclairé d'une large fenêtre à balcon, était inondé de lumière et retentissait d'un murmure de vie. Ce travail, ce murmure, cette lumière, cette monotonie occupée, ce pauvre infirme soulageant ses maux et abrégeant ainsi sa journée par la fatigue, m'apaisaient et m'assoupissaient à moi-même mon propre ennui. J'avais fini par prendre une véritable amitié pour le chevalier. Il était devenu une des heures de ma journée. J'y dînais quelquefois, comme le compagnon avec le maître. Ces dîners, servis à l'heure du repas de l'hospice et tirés de la marmite commune, consistaient toujours et uniquement en deux rations de bœuf bouilli, sec et maigre, coupées carrément en deux petites tranches, comme celle de l'ordinaire du soldat; des fruits secs et une bouteille de vin de l'hôpital complétaient le repas. Nous nous remettions à l'ouvrage aussitôt après. Quand le jour baissait, nous rangions avec soin l'établi, les outils dans les tiroirs; je balayais les copeaux de bois ou les limailles de fer qui jonchaient le plancher, et nous causions un moment. Tout l'esprit du chevalier était dans son cœur. Excepté des sentiments et des aventures, il n'y avait rien à en tirer. Mais c'est avec cela qu'on fait les épopées. Tout homme simple est un poëme pour qui sait le feuilleter. L'intérêt est dans celui qui écoute, bien plus que dans celui qui raconte. Il ne m'ennuyait jamais.

Qu'on se figure cependant un jeune homme de vingt ans, ayant déjà goûté des calices, épuisé des ivresses et des larmes de la vie, fermentant d'imagination, consumé de passions ou à peine écloses ou mal éteintes, dévorant le monde par la pensée et réduit pour toute occupation de ses journées à tailler des morceaux de bois et à limer des morceaux de métal dans l'atelier d'un vieil invalide, sans autre charme d'esprit que son malheur et sa bonté !

XXXVIII.

J'avais un autre ami cependant que je ne pourrais jamais oublier, tant il m'aimait et tant il descendait avec indulgence et avec grâce du haut de ses années pour se placer au niveau de ma jeunesse.

C'était un vieillard beaucoup plus âgé que le chevalier de Sennecey, le plus jeune et le plus gracieux vieillard que j'aie jamais vu dans ma vie. Il était l'amour, l'adoration de toute la ville, et greffé pour ainsi dire par sa bienveillance tendre et universelle sur toutes les familles, dont il semblait être membre par le cœur, bien qu'il y fût tout à fait étranger par la parenté. Il avait été l'ami et le mentor de mon père dans ses plus jeunes années. Il avait plus de quatre-vingts ans. Il n'avait jamais été marié. Il vivait seul d'une rente viagère de quelques mille livres dans une médiocrité élégante et dans ce luxe d'arrangement et de bien-être habituel aux célibataires. Il avait été très beau et il l'était encore, car c'était une de ces beautés de sentiment qui subsistent tant que le cœur envoie un rayon de bonté sur la figure. Riche, indépendant, recherché du grand monde, aimé des femmes dans sa jeunesse, il avait généreusement et noblement prodigué de bonne heure une assez grande fortune à ses amitiés, à ses amours, à ses voyages. Il s'était arrêté à temps sur les limites où la fortune qui finit touche à la ruine qui commence. Il avait placé le peu qui lui restait à fonds perdu. Il s'était arrangé une jolie retraite dans un petit appartement, sur un petit jardin, au centre de la ville. Il y vivait, le matin, dans sa bibliothèque, sauvée tout entière de ses désastres ; le jour, en visite chez ses innombrables amis ; le soir, dans les salons ouverts de la ville ; l'été et l'automne dans les maisons de campagne des environs. Il s'appelait Blondel. Il avait une chambre marquée de son nom dans tous les châteaux, un couvert à toutes les tables dans les réunions de famille. C'était l'hôte recherché de tout le monde. Les enfants mêmes le connaissaient.

Il m'avait aimé tout petit. Quand je revins de collége, de Paris, de voyage, il m'aima davantage encore. Ma figure lui plaisait parce qu'elle lui rappelait, disait-il, celle qu'il avait à mon âge. Il bâtissait d'avance de grandes espérances sur mon avenir. Il déplorait l'obstination de mon oncle à me retenir oisif dans cette prison domestique d'une petite ville. Il aurait voulu qu'on m'ouvrît l'horizon de la vie active. Il me croyait capable d'agrandir dans la carrière militaire, la seule qui fût alors, la modeste considération de mon nom. Il gémissait de me voir m'éteindre entre quatre murs. Sa bourse m'était ouverte, toute tarie qu'elle fût, toutes les fois que j'avais un voyage à faire, un ouvrage à me procurer. Sa bibliothèque était la mienne; j'y passais des matinées avec lui. Il me gardait souvent à dîner; il m'entretenait avec cette confiance sérieuse d'un homme qui oublie l'inégalité qu'une différence de soixante années met entre les esprits. Mais il était pour moi un livre charmant, et, qui plus est, un livre aimant. Les heures, avec lui, ne me paraissaient jamais longues. Il n'avait rien du découragement et de la morosité de l'âge avancé. C'était un Aristippe de la vie humaine, toutes les années lui convenaient. Il ne voyait que le côté favorable des choses et des caractères. La nature avait complétement oublié le fiel dans la composition de son être. Optimisme vivant, sa philosophie, qu'il entretenait par la lecture et par la réflexion, était celle du dix-huitième siècle, tempérée par un grand sentiment de la Providence, philosophie qui s'en rapporte au créateur de la créature, et qui a pour morale le *quod dicet* des anciens, la convenance, cette morale de ceux qui ne veulent rien choquer. En politique, il était indifférent; il ne croyait pas qu'un système valût la perte d'un ami. Tel était le charmant vieillard qui vécut encore douze ans après l'époque dont je parle, et qui réflétait sur moi la douce lueur d'un autre siècle. La poésie de la vieillesse ne m'a jamais mieux apparu qu'en lui; une vie qui se couche dans la même sérénité et dans la même rosée où elle s'est levée à son matin.

XXXIX.

Voici ce qu'était alors cette charmante petite ville : mon oncle, l'abbé Sigorgne, M. de Larnaud et cinq ou six hommes lettrés du pays y avaient, récemment encore, jeté les fondements d'une institution de nature à y accroître et à y perpétuer le goût des sciences, des arts et de la haute littérature. Ils y avaient institué une académie. Cette académie avait donné un petit centre et un motif d'activité locale à tous les talents épars et oisifs de la ville et de la province environnante. Tous les mois, les trente ou quarante membres de cette académie se réunissaient en séance, dans la bibliothèque de la ville, lisaient des rapports, des recherches, des projets d'amélioration agricole, se donnaient des motifs de travail, de discours, de compositions littéraires, quelquefois même de poésie. Une douce émulation s'établissait ainsi entre ces hommes que l'inertie aurait stérilisés. Ils ne s'exagéraient pas l'importance de leurs travaux, ils ne visaient à aucune gloire extérieure ; ils tiraient le rideau de la modestie sur eux. Ils avaient pour mot d'ordre : « Le beau, le bon, l'utile désintéressés. » Cette institution, qui commençait et qui a conservé longtemps le même esprit, s'est illustrée depuis par l'adjonction successive de plusieurs noms éclatants, et par une succession non interrompue d'hommes d'élite. En les groupant, il n'est pas douteux qu'elle ne les ait multipliés. L'Académie de Mâcon a remplacé pendant plusieurs années cette Académie de Dijon, foyer littéraire de la Bourgogne, berceau du nom de J.-J. Rousseau et de Buffon.

Malgré mon inexpérience et mes années, mon oncle voulut m'y faire recevoir. On m'y reçut sous son patronage, à cause de lui et non à cause de moi. J'y fis un discours de réception, ma première page littéraire publique, sur les avantages de la communication des idées entre les peuples par la littérature. J'ai retrouvé, il y a peu de temps, le manuscrit de ce premier discours, et je l'ai brûlé après l'avoir relu, pour bien effacer les traces du chemin banal par où j'avais conduit ma pensée. Depuis j'ai été un membre peu assidu, mais fidèle de ce corps littéraire qui avait daigné m'accueillir par anticipation sur le temps et sur la renommée. Je lui devais plus que des heures de gloire, je lui devais des heures d'amitié.

XL.

Quant aux jeunes gens de mon âge à cette époque, aucun rapport de vie, de goûts ou d'études, ne m'attirait vers eux ou ne les attirait vers moi. A l'exception de trois d'entre eux dont j'avais été le camarade de collége, je n'en fréquentais aucun. Ils s'occupaient de plaisirs, de festins, de bals, de chasses. J'étais trop triste pour m'évaporer à ces joies. Je n'en connaissais point qui cultivât alors sa pensée. L'empire matérialisait toute la jeunesse qu'il ne consommait pas dans ses camps ou dans ses antichambres. La noblesse combattait ou chassait; la bourgeoisie buvait ou mangeait; la pensée s'était réfugiée dans les professions libérales. Le barreau, la médecine, la magistrature, comptaient quelques hommes de goût intellectuel. Ce fut parmi les avocats et les médecins que se conserva quelque étincelle du feu sacré de la France, le sentiment littéraire. C'est toujours celui-là qui rallume le feu sacré de la liberté. Le hasard me fit rencontrer un jour, dans une de mes promenades solitaires hors de la ville, un jeune avocat né dans le Jura, et établi récemment à Mâcon. Je le connaissais seulement de nom et de visage, parce qu'on me l'avait montré du doigt dans les rues comme un homme d'espérance dans le barreau. Il avait entendu parler de moi aussi comme d'un jeune homme qui, au milieu de la trivialité de vie de la jeunesse du lieu, se sentait une âme, et cultivait plus ou moins heureusement ce germe étouffé dans tous. Il avait en ce moment un chien sur ses traces; le mien ne me quittait jamais. Les deux chiens s'abordèrent, grondèrent, jouèrent ensemble, et forcèrent ainsi leurs maîtres à s'aborder.

Après l'échange de quelques paroles de circonstance entre deux promeneurs qui désiraient également une occasion de se rencontrer, la conversation s'engagea entre nous sur les livres, la littérature, la poésie. Je trouvai avec bonheur dans M. Ronot (c'est ainsi qu'il s'appelait) une imagination naïve et fraîche, une mémoire riche de tous les souvenirs classiques, une passion désintéressée du beau qui allait jusqu'à l'enthousiasme, un besoin d'admirer qui révèle en général le besoin d'aimer ce qu'on admire et l'impossibilité de l'envie. Les longues haies de buissons en fleur qui ombragent encore aujourd'hui les chemins creux des prairies de Mâcon, entre le joli village de Saint-Clément et la Saône, entendirent longtemps notre entretien, qui se prolongeait avec une surprise et un charme mutuels. Nous nous séparâmes ce soir-là, et, sans nous être donné de rendez-vous, nous nous y retrouvâmes souvent aux mêmes heures, le lendemain et les jours suivants. N'ayant aucune occasion de nous rencontrer dans les mêmes salons, nous prîmes pour salon cette riante nature. Nous descendions et nous remontions nonchalamment le cours de la Saône, aussi paresseux que nos pas, aussi rêveur que nos imaginations, aussi murmurant que nos lèvres. En quelques jours nous étions liés, en quelques années nous fûmes amis. Les années et les années coulèrent ensuite sur notre amitié comme l'eau de la pluie sur les vieux murs, en consolidant leur ciment, et en les revêtant de mousses et de lierres qui parent leur vétusté. Souvent absent de ce pays de ma naissance, même après que la mort y avait desséché toutes mes racines de famille, je savais que quelqu'un attendait mon retour, suivait de l'œil mes vicissitudes, combattait du cœur les envies, les haines, les calomnies, qui rampent sur le sol de notre berceau, hélas ! comme autour de la pierre de nos tombes, et prenait pour lui en joie tout ce qu'il y avait d'heureux dans ma vie, en douleur tout ce qu'il y avait de triste.

Une dernière fois je suis revenu à Mâcon; il n'y était plus! Mon nom, associé aux noms de sa femme et de ses deux enfants, avait été mêlé sur ses lèvres à ses derniers soupirs. Pendant que la mort m'enlevait ainsi un de mes derniers amis sur mon sol natal, l'adversité déracinait du sable des cœurs faibles les amitiés sur lesquelles je devais compter.

XLI.

Mais ces désœuvrements trompés de ma vie, pendant les séjours de mon père et de ma mère à la ville, ne suffisaient pas pour faire évaporer les tristesses, les mélancolies et l'insupportable ennui que les murs de la ville, et d'une ville quelconque, ont toujours exhalés pour moi. Je hais les villes de toute la puissance de mes sensations, qui sont toutes des sensations rurales. Je hais les villes, comme les plantes du Midi haïssent l'ombre humide d'une cour de prison. Mes joies n'y sont jamais complètes, mes peines y sont centuplées par la concentration de mes yeux, de mes pas, de mon âme, dans ces foyers de regards, de voix, de bruit et de boue. J'analyserais et je justifierais en mille pages cette impression des villes, ces réceptacles d'ombre, d'humidité, d'immondices, de vices, de misère et d'égoïsme, que le poëte Cowper a définis si complétement pour moi en un seul vers :

C'est Dieu qui fit les champs, c'est l'homme qui fit les villes.

XLII.

Enfin arriva l'heure d'en sortir et de retrouver, avec ma mère et mes sœurs, l'asile de notre cher et pauvre Milly. Ma mère et mes sœurs partageaient mon sentiment en rentrant dans ces vieux murs, dans ce jardin, dans ce creux de montagne, dans ces sentiers, dans ces petits prés ombragés de saules au bord de ces ruisseaux entrecoupés d'écluses et de moulins.

La paix rentrait dans mon cœur par toutes les fentes de ce ciel, par toutes les bouffées de cet air libre, par toutes les palpitations de ces feuilles, par tous les gazouillements de ces eaux. Ma mère, heureuse, sereine comme nous, y puisait de plus, dans son allée de charmille, cette piété sensible et lyrique qui faisait chanter éternellement son âme, ou qui plutôt était la seconde âme de cette femme, véritable instrument d'adoration !

Elle y reprit ses habitudes de recueillement, interrompues par la société et la charité, qui se disputaient trop ses heures à la ville. Elle y continuait à mes sœurs, dans les livres d'étude, sur les sphères, sur le piano, devant les modèles de sculpture chaste ou de dessin, les leçons de leurs maîtres. Elle y visitait après ces leçons les malades ou les indigents avec ses filles. Elle y passait ensuite les heures tièdes de l'après-dîner, sur le banc sous les tilleuls, en travail des mains, en lectures à voix basse, en causeries avec quelques bons voisins de campagne qui venaient la visiter de loin, quelquefois en promenades avec nous et en visites à pied dans le voisinage. Ce voisinage était animé, amical, presque une parenté générale entre tous ceux qui l'habitaient. On eût dit qu'elle avait répandu de son âme la simplicité, la candeur, l'affection sur toute la contrée. Elle était en effet pour beaucoup dans cette harmonie générale des cœurs qui s'ouvraient tous devant sa grâce et sa beauté. Il n'y avait pas d'ombre dans l'esprit qui ne s'éclairât quand elle paraissait. Elle réconciliait tout en elle ; c'était la femme de paix. Une haine dans l'âme de quelqu'un contre quelqu'un l'affligeait presque autant qu'une haine qu'elle aurait sentie naître dans son propre cœur ; elle n'avait pas de repos qu'elle ne l'eût dissipée. On l'appelait, parmi les

paysans, la justice de paix de l'amitié. Le curé disait : « Ce n'est pas la justice de paix, mes amis,
« c'est bien mieux; c'est la justice d'amour! c'est
« l'Évangile que je vous prêche et qu'elle vous mon-
« tre en visage et en action. Si vous ne voulez pas
« m'écouter, regardez-la ! sa grâce est si belle qu'elle
« vous fera comprendre la grâce de Dieu! »

Ce curé-là était le curé de Bussières, cet abbé Dumont qui m'a servi de type dans le poëme de *Jocelyn*, et qui devint mon ami plus tard. Il n'avait pas la piété de ma mère, mais il avait l'enthousiasme de sa vertu.

XLII.

Les deux villages, dans le voisinage de Milly, où ma mère dirigeait le plus souvent et le plus naturellement ses pas, étaient Bussières et Pierreclos. Le château antique et pittoresque de Pierreclos était habité par le comte de Pierreclos, ancien seigneur de toute cette gorge à la naissance des montagnes de Saint-Point. Figure des romans de Walter Scott dans un pays parfaitement semblable de physionomie à l'Écosse; vieillard illettré, rude, sauvage, absolu sur sa famille, bon au fond, mais fier et dur de langage avec ses anciens vassaux, qui avaient saccagé sa demeure pendant les premiers orages de la révolution, ne comprenant absolument rien ni à la marche, ni aux idées de son siècle, ou plutôt ne sachant pas ce que c'était qu'idée; treizième siècle empaillé dans un homme; bizarre, original, grotesque de costume autant que d'esprit, et de plus goutteux, ce qui ajoutait encore à l'âpreté de son humeur; mais aimant le monde, gourmand, voluptueux, tenant table ouverte, et accueillant bien dans son château nonseulement ses voisins, mais tous les aventuriers d'émigration, de guerre civile, de Vendée ou d'aristocratie qui se recommandaient du titre de royalistes. Il avait perdu sa femme de bonne heure. Sa famille se composait de son frère cadet vieillissant à la maison comme son premier domestique, d'une vieille sœur, veuve, appelée madame de Moirode, femme aussi étrange de costume et d'habitudes que lui, mais d'un esprit piquant et inattendu. Elle habitait dans le vaste salon démeublé de son frère une espèce de tente roulante avec un ciel de lit et des rideaux pour se garantir du froid; elle ouvrait ses rideaux et faisait rouler sa tente vers la table de jeu quand l'heure du reversis ou du tric-trac sonnait, et elle sonnait avec le jour, car depuis huit heures du matin on jouait au château jusqu'à midi, heure du dîner. Après dîner, on se remettait au jeu jusqu'à quatre heures; on se promenait alors un moment sur les hautes terrasses qui dominent les prairies et les champs. Le maître du château, armé d'un porte-voix, donnait ses ordres du haut de ces terrasses à ses bergers et à ses laboureurs dispersés dans la vallée; puis on rentrait au salon et l'on se remettait au jeu jusqu'au souper, et ainsi de suite tous les jours de l'année. Il n'y avait que deux livres dans tout le château : le compte rendu de M. Necker, ennuyeux budget raisonné des finances pour servir de texte aux états généraux, et l'almanach de l'année courante sur la cheminée. C'est avec ces deux livres que le comte de Pierreclos nourrissait l'intelligence de deux fils et de cinq filles. L'un des deux fils, qui avait déjà trente-six ou quarante ans, était encore émigré; le second, avec lequel la chasse, le voisinage et le plaisir me lièrent depuis, avait environ vingt-cinq ans. Deux des filles du comte étaient déjà mariées; les trois plus jeunes faisaient la grâce et l'attrait de sa maison. Elles étaient toutes très jolies, quoique de beautés diverses; leur père les aimait, mais il croyait que leur part dans sa fortune et son nom leur suffisaient; elles étaient les belles servantes de leur père, surintendantes chacune d'une partie de sa domesticité. Leur père n'était pas seulement un père pour elles, mais une espèce de dieu absolu, servi et adoré jusque dans sa mauvaise humeur. Le fils excellait à monter à cheval; il était brave comme un chevalier, seule vertu que le vieux père exigeât de sa race. Son esprit eût été supérieur s'il eût été cultivé; son cœur était noble, généreux, aventurier : véritable nature vendéenne qui m'attacha à lui. Dans le temps dont je parle, il était amoureux, à l'insu de son père, d'une jeune personne d'une rare beauté, qu'il épousa depuis et qui était digne, par sa merveilleuse séduction, d'être l'héroïne de bien des romans. Elle était fille d'un général qui s'était rendu célèbre dans les derniers troubles et dans la pacification de la Vendée. Bonaparte l'avait exilé dans une terre qu'il possédait en Bourgogne, au château de Cormatin, ancienne et splendide résidence du maréchal d'Uxelles. Le château de Cormatin est à huit lieues du château de Pierreclos. Le jeune amant possédait un admirable cheval arabe nommé l'*Éclipse*, qui lui avait coûté au moins la moitié de sa légitime. Quand son père avait terminé sa partie d'après-souper, à laquelle le jeune homme était tenu d'assister, il s'échappait, sellait lui-même son coursier pour que les domestiques ne révélassent pas son absence; il montait à cheval, il allait d'un seul trait à Cormatin, dans les ténèbres et par les chemins de montagnes; il attachait l'animal à une grille du parc, franchissait la clôture, se glissait sous les murs et dans les fossés du château pour faire acte d'amour, obtenir un regard, une fleur tombée d'une fenêtre et dérober quelques minutes d'entretien à voix basse à travers le vent et la neige qui emportaient souvent ses soupirs et ses paroles; puis il remontait les parois du fossé, franchissait de nouveau le mur, dévorait la distance, et, rentré au château de Pierreclos avant le jour, il reparaissait à sept heures du matin au salon de son père, ayant parcouru ainsi seize lieues de pays sur le même cheval, entre le lever de la lune et le lever du soleil, pour évaporer un seul soupir de son cœur. J'ai rencontré plusieurs fois moi-même, en rentrant à la maison par les soirées d'automne, le cheval blanc dont le galop rapide faisait étinceler la nuit sur les pierres roulantes du chemin de Milly.

Tant d'amour eut sa récompense ; le vieux comte, informé par un garde-chasse des courses nocturnes de son fils, lui pardonna une passion expliquée par tant de charmes : les deux amants s'épousèrent. La jeune comtesse Nina de Pierreclos, célèbre par sa beauté et par ses talents dans tout le pays, fit du château de Cormatin un séjour d'attrait, d'art et de délices. J'étais devenu alors un des amis les plus intimes de son mari ; j'étais l'hôte assidu de cette belle demeure, et j'y ai passé des heures de jeunesse qui ont rendu ce château, maintenant en d'autres mains, à la fois cher et triste à mon souvenir.

XLIV.

Une autre famille du voisinage, plus rapprochée, vivait en grande intimité avec la nôtre : c'était la famille Bruys, dont un de ses membres avait illustré jadis le nom dans les lettres, et d'où sort le jeune poëte Léon Bruys, à qui j'ai récemment dédié la préface des *Recueillements*. La réalité se plaît quelquefois à construire des familles que le roman n'oserait pas inventer. Telle était celle-là, mêlée à la nôtre par tant de voisinages, de rapports héréditaires et d'amitiés, qu'elle en fait à mes yeux partie dans ma mémoire. Elle habitait une jolie petite maison bourgeoise sous le village de Bussières, paroisse de Milly, sur le bord du grand chemin qui mène des montagnes à la Saône. La maison est antique; il y a encore à la porte, sur le chemin, un escalier de trois marches en pierre de taille, surmonté d'une large dalle qui servait autrefois à élever les dames et les demoiselles à la hauteur de la selle du cheval ou du mulet, seul véhicule des femmes avant que les voitures pussent circuler dans les gorges de nos vallées. Des prés arrosés d'une jolie rivière et bordés d'un petit bois s'avancent jusque sous les fenêtres de la maison, du côté opposé à la grande route; un large perron à double degré descend sur un jardin en terrasse. On sent l'aisance antique d'une maison riche, sous la simplicité de cet aspect.

La famille, dans mon enfance, se composait du père, ancien fermier principal de l'abbaye de Cluny, dans son costume austère et rural de chef d'immense culture, — habit de gros drap blanc à longue laine, à larges pans, et guêtres de même étoffe, boutonnées par-dessus le genou ; — de la mère et de vingt enfants, tous vivant au commencement du siècle. Une riche aisance, une éducation austère, des dispositions naturelles, avaient fait des fils autant d'hommes distingués dans leurs différentes carrières. Quelques-unes des filles étaient mariées, et venaient de temps en temps, avec leurs petits enfants, visiter le nid commun, rempli de mouvement et de bruit ; quatre d'entre elles n'étaient pas mariées, et vivaient avec le père, la mère et les frères. Ces jeunes femmes étaient intimement liées avec ma mère. Bien qu'élevées à la campagne, les traditions de famille et le contact avec leurs frères, qui rapportaient tous les ans à la maison le ton, la grâce, la lumière du grand monde dans lequel ils vivaient, à Paris ou à Lyon, leur avaient donné le poli, l'élégance simple, le naturel et les manières des plus hautes races. C'était la plus exquise aristocratie de formes, de sentiments et de langage, dans la simplicité des habitudes champêtres. On eût dit qu'elles sortaient des cours. Cette famille subsiste encore dans la dernière des filles de la maison. Elle a conservé, à un âge avancé, la fraîcheur d'impressions et la grâce d'esprit de sa jeunesse. J'ai toujours remarqué que la bonté était un élément de longévité ; l'amour, qui crée, conserve aussi ; la haine, au contraire, ronge et détruit. Mademoiselle Couronne (c'est son nom) est pour moi une date du temps écrite dans le cœur, où je retrouve ma mère et mes sœurs comme si elles venaient de sortir de la salle pour aller dans le jardin de Bussières, admirer et respirer les fleurs qu'elles s'amusaient jadis à cultiver.

Un de ses frères, M. de Vaudran, homme d'un grand et solide mérite, s'était retiré en ce temps-là dans la maison paternelle. Il philosophait avec mon père sur les principes d'une révolution qu'il aimait comme réforme, mais qu'il maudissait comme excès et bouleversement. Elle lui avait enlevé la brillante existence qu'il s'était faite à Paris comme secrétaire général de M. de Villedeuil. Oisif à Bussières, et n'ayant sauvé du naufrage de sa fortune que ses livres, il avait été autrefois mon maître d'écriture. Je devais à sa complaisance ce don de tracer lisiblement la pensée, et même d'imprimer aux traits de la plume quelque sentiment extérieur de la netteté et de la lumière de l'esprit. Je pense à sa main qui guidait la mienne chaque fois que je trace une ligne un peu harmonieuse à l'œil sur le papier.

XLV.

J'accompagnais souvent ma mère dans toutes ces maisons du voisinage ; mais la mélancolie secrète dans laquelle j'étais plongé ne me laissait plus jouir, comme autrefois, du charme de ces douces sociétés.

Je préférais l'intimité recueillie du pauvre curé de Bussières, dont j'ai raconté l'histoire dans les *Confidences*; je me liais de jour en jour davantage avec lui. Il n'y a pas d'attrait plus puissant pour deux âmes qui ont souffert qu'une conformité de tristesse. Je passais tous les jours une ou deux heures dans son jardin ; le reste du temps j'errais sur les bruyères de notre montagne, ou sous les saules de nos prés. Je commençais à reprendre assez d'élasticité intérieure dans l'air des champs, pour soulever par l'inspiration poétique mon cœur si chargé de souvenirs, et pour exprimer en vers ébauchés les impressions qui m'assiégeaient. C'est à cette époque que j'écrivis la méditation à lord Byron, dont les poésies étaient venues en fragments traduits de journaux en journaux jusqu'à Milly. C'est dans le même automne aussi que j'écrivis sept ou huit méditations du 1er et du 2e volume de ce livre. Quand mon père, qui aimait beaucoup les vers, mais qui n'avait jamais compris d'autre poésie que celle de Boileau, de Racine et de Voltaire, entendit ces notes si étranges à des oreilles bien disciplinées, il s'étonna et se consulta longtemps lui-même pour savoir s'il devait approuver ou blâmer les vers de son fils. Il était de sa nature hardi de cœur et timide d'esprit; il craignait toujours que la prédilection paternelle et l'amour-propre de famille n'altérassent son jugement sur tout ce qui le touchait de près. Cependant, après avoir écouté la méditation de *Lord Byron* et la méditation du *Vallon*, un soir, au coin du feu de Milly, il sentit ses yeux humides et son cœur un peu gonflé de joie. « Je ne sais pas « si c'est beau, me dit-il, je n'ai jamais rien entendu « de ce genre; je ne puis pas juger, car je ne puis « comparer; mais je puis te dire que cela me rem- « plit l'oreille et que cela me trouble le cœur. » Insensiblement, il s'habitua à ces cordes nouvelles de la poésie moderne, car il était trop sincère pour se faire des systèmes contre ses impressions. Chaque fois que j'avais écrit quelques-unes de ces *Méditations* ou de ces *Harmonies*, dont je n'ai imprimé que l'élite, je lui lisais les fragments dont j'étais le moins mécontent, et qui ne lui révélaient pas les plaies trop saignantes de mon cœur; car ce qui était tout à fait cri de l'âme de moi aux morts, ou de moi à Dieu, je l'ai rarement achevé et je ne l'ai jamais publié. Quoique le public soit un être abstrait devant lequel on ne rougit pas comme devant un ami ou un père, il y a cependant toujours sur l'âme une atmosphère de pudeur, un dernier pli du voile qu'on ne lève pas tout entier.

L'automne et l'hiver se passèrent ainsi pour moi, entre la campagne et la ville, entre ma mère et mes sœurs, entre la poésie triste et les pensées divines qui rayonnaient du front de ma mère et du foyer paternel sur moi. J'étais abattu et brisé, non énervé. Mon âme se retrempait dans mes larmes, et mon inspiration s'accumulait par mes ennuis. Un regard de ma mère m'entr'ouvrait et m'éclairait de consolation et d'espérance de nouveaux horizons.

XLVI.

Le sombre hiver de Mâcon se passa chez ma mère, et dans le reste de la ville, en réunions, en dîners, en bals et en fêtes de tous genres. Ce mouvement, dont la maison de ma mère était le centre, car, vertu ou grâce, bonnes œuvres ou plaisirs décents, elle était l'âme de tout, m'attristait plus encore que la monotonie et la morosité de l'été. Je paraissais, pour lui complaire, à ces réunions ; mais j'y portais avec moi une atmosphère qui m'isolait. Les étrangers, les jeunes femmes et les jeunes danseurs étaient intimidés devant cette silencieuse réserve. On se demandait quel était donc ce dégoût de la beauté du monde et de la vie qui assombrissait ainsi le visage d'un homme de mes années. On attribuait à l'orgueil ce qui n'était que refoulement en moi-même. Il y avait là des femmes remarquables par leur élégance et par leurs charmes; il y avait des jeunes personnes devenues célèbres depuis par les charmes de leur esprit et par leur beauté, telles que la seconde fille de M. de Forbin, madame de M...., encore enfant alors, mais déjà prédite par tous les yeux. Je voyais tout cela comme à travers un nuage; je ne dansais pas, je ne jouais pas; je n'approchais d'aucun groupe pour échanger ces paroles banales, jetons faux et dorés de ces conversations de hasard. J'affligeais ma mère, j'étonnais la société par ma séquestration morale de tout ce qui animait la maison.

XLVII.

Je vis avec joie revenir le printemps, qui finissait tout ce mouvement de plaisir dans les abstinences et dans les pratiques pieuses du carême. Je pris le prétexte d'aller visiter un autre de mes oncles qui habitait la haute Bourgogne, pour m'éloigner de Mâcon et me soustraire à cette curiosité de petite ville qui veut tout savoir et qui interprète tout ce qu'elle ne sait pas.

Je partis pour le château d'Urcy, une des anciennes résidences de mon grand-père, que le second de mes oncles avait eu pour sa part dans la succession. J'aimais cet oncle par-dessus tous les autres membres de la famille. Cet oncle était l'abbé de Lamartine. J'ai parlé de lui dans mes premières pages. J'ai dit comment la nature en avait fait un homme de monde, de liberté et de plaisir; comment le droit d'aînesse en avait fait forcément un ecclésiastique; comment il avait vécu à Paris et à la cour, faisant son noviciat d'évêque dans les salons des femmes les plus belles et les moins austères de la cour de Louis XV; comment, très indifférent en matière de foi, il avait cependant confessé la sienne, c'est-à-dire celle de son costume, pendant la persécution révolutionnaire, jusqu'au martyre, martyre d'honneur plus que de religion; comment enfin, revenu des pontons de Rochefort et des cachots de Paris, il avait profité de sa liberté et de sa belle fortune pour dépouiller les liens du sacerdoce, et pour vivre seul, en philosophe et en agriculteur, au fond des bois, où ses arbres du moins et ses troupeaux ne lui demanderaient pas compte de sa désertion.

Son château, une des plus vastes et des plus belles demeures de la province, était situé dans ce labyrinthe de montagnes noires, de gorges sombres et de monotones forêts qui forment le plateau le plus élevé de la Bourgogne, entre Semur et Dijon, à quatre ou cinq lieues de toute ville; pays âpre, sauvage ; air de feu, ciel de neiges, Sibérie française, triste comme le Nord ; région de pasteurs et de bûcherons, où l'on marche des heures sans voir autre chose qu'un chêne pareil à un chêne, et un troupeau pareil à un troupeau. Les lignes de l'horizon, arrêtées par la noirceur des bois qui les couvrent, droites et raides comme des remparts tirés au cordeau, se dessinent toutes semblables aussi sur le ciel pâle et gris. C'est la monotonie des déserts entre le Caire et la mer Rouge, avant que les arbres soient devenus cendres et que le rocher soit devenu lave.

Sur un plateau étroit, au confluent de ces gorges, s'élève le château d'Urcy, véritable site d'abbaye. On n'apercevait qu'à travers les branches des grands chênes sa façade immense dentelée d'élégantes balustrades, ses quinze fenêtres à pleins cintres et leurs balcons de fer aux armoiries dorées, qui attestent la plus pure architecture italienne dépaysée au milieu de cette contrée de druides. Ce château, disent les paysans des environs, a été bâti pour les étoiles, car il n'y a qu'elles qui puissent le voir. Il est à une demi-heure de chemin du village. Un magnifique ermitage; un contre-sens entre la splendeur de l'édifice et l'emplacement, voilà son caractère. De vastes jardins découpés à coups de hache sur les bois l'environnent. Ces jardins ne sont pas et ne peuvent pas être nivelés; ils suivent les ondulations du plateau, ici ouverts, ici fermés par les montagnes, les plaines, les gorges profondément encaissées sous les rochers ; défrichements partiels noyés dans les feuillages des collines et des mamelons. Quatorze sources, rare suintement de ces flancs de roc, y ont été recueillies dans de longs conduits souterrains, qui les répandent çà et là en conques murmurantes, en vasques de pierre, en dauphins à barbe de mousse verte, en pièces d'eau rondes, ovales, carrées, de toutes formes et de toutes grandeurs. L'une d'elles porte bateau, et j'aimais à en détacher la chaîne et à la laisser dériver parmi les joncs. La fontaine qui s'y verse à gros bouillons éternels s'appelle la fontaine du *Foyard*, du nom d'un hêtre séculaire qui ombrage la source et qui couvre un demi-arpent de ses branches et de sa nuit. C'est cette source que j'ai célébrée un jour, en revenant baiser sa chère écume, sous le titre :

LA SOURCE DANS LES BOIS.

Source limpide et murmurante
Qui, de la fente du rocher,
Jaillis en nappe transparente
Sur l'herbe que tu vas coucher;

Le marbre arrondi de Carrare,
Où tu bouillonnais autrefois,
Laisse fuir ton flot qui s'égare
Sur l'humide tapis des bois.

Ton dauphin, verdi par le lierre,
Ne lance plus de ses naseaux,
En jets ondoyants de lumière,
L'orgueilleuse écume des eaux.

Tu n'as plus, pour temple et pour ombre,
Que ces hêtres majestueux
Qui penchent leur tronc vaste et sombre
Sur tes flots dépouillés comme eux.

La feuille, que jaunit l'automne,
S'en détache et ride ton sein,
Et la mousse verte couronne
Les bords usés de ton bassin.

Mais tu n'es pas lasse d'éclore :
Semblable à ces cœurs généreux
Qui, méconnus, s'ouvrent encore
Pour se répandre aux malheureux.

Penché sur ta coupe brisée,
Je vois tes flots ensevelis
Filtrer comme une humble rosée
Sur les cailloux que tu polis.

J'entends ta goutte harmonieuse
Tomber, tomber, et retentir
Comme une voix mélodieuse
Qu'entrecoupe un tendre soupir.

Les images de ma jeunesse
S'élèvent avec cette voix ;
Elles m'inondent de tristesse,
Et je me souviens d'autrefois.

Dans combien de soucis et d'âges,
O toi que j'entends murmurer!
N'ai-je pas cherché tes rivages
Ou pour jouir ou pour pleurer?

A combien de scènes passées
Ton bruit rêveur s'est-il-mêlé ?
Quelle de mes tristes pensées
Avec tes flots n'a pas coulé ?

Oui, c'est moi que tu vis naguères,
Mes blonds cheveux livrés au vent,
Irriter tes vagues légères
Faites pour la main d'un enfant.

C'est moi qui, couché sous les voûtes
Que ces arbres courbent sur toi,
Voyais, plus nombreux que ces gouttes,
Mes songes flotter devant moi.

L'horizon trompeur de cet âge
Brillait, comme on voit, le matin,
L'aurore dorer le nuage
Qui doit l'obscurcir en chemin.

Plus tard, battu par la tempête,
Déplorant l'absence ou la mort,
Que de fois j'appuyai ma tête
Sur le rocher d'où ton flot sort!

Dans mes mains, cachant mon visage,
Je te regardais sans te voir,
Et, comme des gouttes d'orage,
Mes larmes troublaient ton miroir.

Mon cœur, pour exhaler sa peine,
Ne s'en fiait qu'à tes échos,
Car tes sanglots, chère fontaine,
Semblaient répondre à mes sanglots.

Et maintenant, je viens encore,
Mené par l'instinct d'autrefois,
Écouter ta chute sonore
Bruire à l'ombre des grands bois.

Mais les fugitives pensées
Ne suivent plus tes flots errants
Comme ces feuilles dispersées
Que ton onde emporte aux torrents.

D'un monde qui les importune
Elles reviennent à ta voix,
Aux rayons muets de la lune
Se recueillir au fond des bois.

Oubliant le fleuve où t'entraîne
Ta course que rien ne suspend,
Je remonte de veine en veine
Jusqu'à la main qui te répand.

Je te vois, fille des nuages,
Flottant en vagues de vapeurs,
Ruisseler avec les orages
Ou distiller au sein des fleurs.

Le roc altéré te dévore
Dans l'abîme où grondent ses eaux ;
Où le gazon, par chaque pore,
Boit goutte à goutte tes cristaux.

Tu filtres, perle virginale,
Dans des creusets mystérieux,
Jusqu'à ce que ton onde égale
L'azur étincelant des cieux.

Tu parais! le désert s'anime;
Une haleine sort de tes eaux.
Le vieux chêne élargit sa cime
Pour t'ombrager de ses rameaux.

Le jour flotte de feuille en feuille;
L'oiseau chante sur ton chemin,
Et l'homme à genoux te recueille
Dans l'or ou le creux de sa main.

Et la feuille aux feuilles s'entasse,
Et fidèle au doigt qui t'a dit :
Coule ici pour l'oiseau qui passe!
Ton flot murmurant l'avertit.

Et moi, tu m'attends pour me dire :
Vois ici la main de ton Dieu!
Ce prodige que l'ange admire,
De sa sagesse n'est qu'un jeu.

Ton recueillement, ton murmure
Semblent lui préparer mon cœur;
L'amour sacré de la nature
Est le premier hymne à l'auteur.

A chaque plainte de ton onde
Je sens retentir avec toi
Je ne sais quelle voix profonde
Qui l'annonce et le chante en moi.

Mon cœur grossi par mes pensées,
Comme tes flots dans ton bassin,
Sent, sur mes lèvres oppressées,
L'amour déborder de mon sein.

La prière brûlant d'éclore
S'échappe en rapides accents,
Et je lui dis : Toi que j'adore,
Reçois ces larmes pour encens.

Ainsi me revoit ton rivage
Aujourd'hui, différent d'hier;
Le cygne change de plumage,
La feuille tombe avec l'hiver.

Bientôt tu me verras peut-être
Penchant sur toi mes cheveux blancs,
Cueillir un rameau de ton hêtre
Pour appuyer mes pas tremblants.

Assis sur un banc de ta mousse,
Sentant mes jours prêts à tarir,
Instruit par ta pente si douce,
Tes flots m'apprendront à mourir.

En les voyant fuir goutte à goutte,
Et disparaître flot à flot,
Voilà, me dirai-je, la route
Où mes jours les suivront bientôt.

Combien m'en reste-t-il encore ?
Qu'importe ? Je vais où tu cours ;
Le soir pour nous touche à l'aurore :
Coulez, ô flots ! coulez toujours !

XLVIII.

J'aimais ce lieu, j'aimais cet oncle, j'aimais ces vieux domestiques qui m'avaient vu enfant et pour qui mon arrivée dans leur désert était un rayon de souvenir et de joie dans leur cœur, une variété dans leur vie, un mouvement dans leur uniformité; j'aimais jusqu'aux chiens et aux immenses troupeaux de moutons qu'un pasteur vraiment homérique, le vieux Jacques, gouvernait comme Eumée dans la grise Ithaque, avec l'orgueil d'un chef pour son peuple et la providence d'une mère pour ses enfants; j'aimais surtout une femme excellente qui gouvernait le château et les nombreux domestiques avec cette douceur et cette bonté qui soumet la résistance, qui prévient les rivalités, qui fait aimer la discipline, parce qu'on aime celle qui l'impose. Ancienne amie de mon oncle, aimée de toute la famille, sensible, active, désintéressée, intercédant tour à tour pour tous, encore agréable de figure sous le costume modeste, propre, demi-mondain, demi-monastique qui en faisait la sœur-grise de ce couvent rural. Elle me traitait comme l'héritier futur de ces domaines; elle me gâtait comme l'enfant souvent prodigue du château. Elle me préparait la chambre la plus riante; elle faisait acheter pour mon arrivée, par mon oncle, les meilleurs chiens de chasse et le plus joli cheval qu'on pouvait trouver dans ces montagnes. Elle vit encore et m'écrit de temps en temps, quand mon nom lui est reporté en bien ou en mal par quelque contre-coup de la destinée. C'est une heureuse idée de donner ainsi, sur une nombreuse maison, le gouvernement domestique aux femmes. Leur voix douce tempère le commandement par l'affection ; leur main faible laisse un peu flotter l'autorité et prévient ainsi les révoltes et les résistances. On résiste à ce qui impose, rarement à ce qui inspire. Le gouvernement de maison, quand il n'y a pas de mère de famille, est une idée de génie comme tous les instincts.

Mon oncle était le plus aimant, le plus tendre de cœur et le plus facile d'humeur de tous les membres de la famille. Il ne savait ni vouloir, ni résister, ni commander ; il ne savait que plaire et complaire. Il se déchargeait de tout sur mon père ou sur madame Royer, son premier ministre. Il m'aimait avec la tendresse d'un ami, plus qu'avec la sévère autorité d'un oncle. Je lui rendais cette tendresse de prédilection. La bonté a toujours été pour moi un irrésistible aimant ; tous les autres mérites de l'homme ou de la femme s'effacent devant celui-là. La bonté est la vertu toute faite. On ne travaille sur soi-même toute sa vie, par des efforts ou des préceptes surnaturels, que pour arriver à cette perfection, que certains êtres ont reçue en naissant. Mon oncle avait reçu ce don, et les seuls défauts, bien légers, qui fissent ombre en lui, étaient encore des grâces, car ils n'étaient que les excès ou les faiblesses gracieuses de cette bonté. On peut juger si j'étais heureux auprès de lui.

Voir lever le soleil sur les cimes des chênes du parc; ouvrir ma fenêtre pour que les hirondelles vinssent voltiger librement sous le plafond; lire, dans mon lit, les vieux livres de la bibliothèque, aux bruits de vie qui montaient de la cour d'honneur ou de la cour de la ferme; entendre les clochettes du bouc qui guidait le troupeau de moutons sortant après la rosée essuyée; me lever pour déjeuner, avec mon oncle, de la crème de ses vaches et du miel doré de ses ruches; perdre mes paroles et mes pas avec lui, du salon à la bibliothèque, des étables au jardin; rentrer aux heures brûlantes; ressortir seul avec un fusil ou un livre sous le bras quand le soleil baissait un peu, ou monter mon cheval sauvage à crins soyeux, touffus, pendants, épars jusque sur les épaules, et qui lui voilaient les yeux; m'enfoncer au galop dans les sainfoins en fleur; descendre après dans des gorges encaissées au fond des bois, où il fallait, pour se glisser sous les branches, se coucher sur l'encolure du cheval; errer ainsi sans but, découvrant tantôt une clairière, tantôt une source, tantôt une famille de chevreuils effrayés du bruit; me perdre volontairement pendant des heures entières pour me retrouver à quelques lieues du château; revenir au pas à la fraîcheur du soir; dîner, causer, lire, écouter les aventures de la vie d'abbé à Versailles et à Paris, dans l'ancien régime; m'assoupir à ses récits, et, quand le sommeil me gagnait, remonter le grand escalier et traverser les longues salles sonores comme le vide qui conduisaient à ma chambre; m'endormir sur les pages d'un philosophe ou d'un poëte, pour recommencer au réveil les mêmes journées et les mêmes nuits : voilà ma vie toutes les fois que je pouvais venir passer les plus insensibles mais les plus rapides mois de ma jeunesse dans cette solitude, monastère de liberté, de douce paresse, de nonchalance, de lecture, de rêverie et d'amitié! Les meilleures ombres de ces arbres qui verdissent encore ont tapissé le sol des jardins pour moi. Les circonstances et l'éloignement m'ont forcé, après la mort de mon oncle, de vendre les ombres que versaient ces arbres et les murmures que répandaient ces eaux. Puissent-ils être aussi hospitaliers et aussi doux à d'autres générations!

J'habitais surtout ces grands hêtres qui couvrent la fontaine du Foyard, toujours couverte de merles qui venaient boire et que je n'effrayais pas. Ils sont si chargés de rameaux, et ces rameaux ramifiés encore par filaments sont si chargés de feuilles, qu'on aperçoit à peine, à travers le réseau de leur ramure, l'étang limpide qui brille en bas sous les peupliers. Oh!

que ne peut-on emporter avec soi, en changeant de séjour, ces sites de prédilection! j'aurais emporté celui-là!

C'est là que j'ai bu la solitude jusqu'à l'ivresse, jamais jusqu'à satiété.

LIVRE DEUXIÈME.

I.

Je vécus de cette vie qui me rafraîchissait ma douleur, comme l'air froid rafraîchit une brûlure à la main, jusqu'à l'automne. La monotonie recueillie, voluptueuse, de ma vie n'était interrompue que par une correspondance rare, mais intime et palpitante, que j'avais avec Saluce. Saluce était le nom d'un ami dont je n'ai pas encore parlé. Voici comment nous nous étions connus et aimés.

Il y avait, dans le corps de la maison militaire du roi, où mon père m'avait fait servir quelques années, un jeune Breton dont la beauté, la jeunesse et la cordialité forte et naïve, caractère de cette noble race, m'avaient attiré. Il s'était senti de même attiré instinctivement vers moi. Nous étions tous deux à cette époque de la vie où les amitiés se font vite; on ne raisonne pas ses attraits. On se voit, on se plaît, on se parle, on se confie réciproquement ses pensées; si elles sont conformes, on s'isole ensemble dans la foule, on se quitte avec peine, on se retrouve avec bonheur, on se cherche, on s'attache, on est deux. C'est ainsi que je m'étais lié fraternellement avec ce camarade de vie. Nous avions les mêmes goûts militaires et littéraires, le même sentiment de la poésie, les mêmes entraînements vers le peu de solitude que nous permettait la vie de garnison en province ou de caserne à Paris, les mêmes habitudes de famille, les mêmes opinions de naissance. Il me parlait de sa mer, je lui parlais de mes montagnes. En sortant de la manœuvre, nous faisions ensemble de longues promenades rêveuses dans les vallées vertes, ombragées et monotones de la triviale Picardie. En quelques mois nous étions frères; il savait tous mes secrets, moi tous les siens; je n'aurais pas été étranger dans sa famille si j'avais été conduit par le hasard à sa porte; il aurait reconnu mon père, ma mère et toutes mes sœurs, aux portraits que j'avais faits de notre maison.

Le père de Saluce avait émigré en Angleterre avec sa femme, son fils et sa fille au berceau, après les premiers revers de la Vendée. Ses biens avaient été confisqués. Un grand oncle ecclésiastique, âgé, riche et pourvu d'un emploi important à Rome dans la chancellerie du Vatican, avait appelé en Italie le père de Saluce et sa famille. Ils s'étaient établis à Rome. Le grand oncle y était mort laissant son palais, une villa près d'Albano et une fortune considérable en argent à son neveu. Ce neveu, père de mon ami, s'était ainsi complétement dénationalisé : il était devenu Romain. Au moment de la rentrée des Bourbons en France, il s'était mis en route pour venir y revendiquer sa patrie, son titre et la récompense de son exil. Il avait laissé à Rome sa femme et sa fille; il avait amené à Paris son fils et l'avait placé dans le même corps où j'avais été placé moi-même par mon père. De là, il était allé en Bretagne, il avait récupéré des bois non vendus et racheté à bas prix, d'un acquéreur qui ne se considérait que comme dépositaire, le vieux manoir de ses pères. La mort l'attendait au lieu de son berceau. En chassant avec d'anciens amis dans ses bois paternels si heureusement recouvrés, son cheval s'était abattu et l'avait précipité contre un des chênes de son avenue. Saluce était allé rendre les derniers devoirs à son père, prendre possession de la moitié de son héritage ; puis il était revenu me dire adieu à Beauvais, et il était parti de là pour rejoindre sa mère et sa sœur à Rome. Son départ m'avait laissé profondément triste, et ce fut une des causes qui me firent bientôt après quitter ce métier de soldat ennuyeux en temps de paix. Mais comme j'avais été sa première amitié avec un jeune homme de sa patrie, cette amitié avait jeté une profonde racine dans son cœur. Mon souvenir faisait désormais partie de sa vie. Nous entretenions une correspondance intarissable; nous vivions véritablement en deux endroits à la fois, lui où j'étais, moi à Rome avec lui. Cette correspondance formerait un volume, et elle dévoilerait dans ce jeune homme, mélange de Breton et de Romain, une de ces natures mixtes curieuses à étudier, héroïque et sauvage par le cœur, artiste et contemplative par l'imagination ; ses deux patries incarnées dans un même homme. C'est ce contraste qui m'attachait tant à lui, car j'en retrouvais un faible reflet en moi-même. Les grandes natures comme la sienne sont doubles. Donnez deux patries à un enfant, vous lui donnerez deux natures. On en jugera par les fragments des lettres de Saluce qui ont échappé aux hasards des années et que j'ai retrouvées classées dans la vieille armoire de la bibliothèque de mon oncle, où je les jetais après les avoir lues et relues.

II.

Tout ceci était nécessaire à dire pour faire comprendre une des courses les plus inattendues et une des disparitions les plus mystérieuses de ma jeunesse. Folie ou dévouement, peu importe; ce qui est fait est fait, ce qui est dit est dit. Les confidences sont les confessions de l'amitié, et c'est à l'amitié aussi de les absoudre.

III.

Un soir des derniers jours du mois de juillet, en rentrant à cheval, mon fusil en bandoulière sur mon épaule, dans la grande pelouse déserte qui s'étend entre deux quinconces de tilleuls devant la porte du château de mon oncle, je fus très étonné de trouver un postillon de la poste voisine du Pont-de-Pany, qui me remit une lettre très pressée, écrite de l'auberge du village, en me demandant une réponse.

Sans descendre de cheval, j'ouvris la lettre et je lus. La lettre était en italien, langue que mon long séjour en Italie m'avait rendue aussi familière que ma langue maternelle. En voici la traduction :

« Deux dames venant de Rome, informées par le
« comte Saluce de *** que son ami est au château
« d'Urcy, le prient de vouloir bien se rendre à la
« poste du Pont-de-Pany, où elles l'attendent à l'au-
« berge, n'ayant d'espoir qu'en lui. Leur nom ne lui
« est peut-être pas inconnu, mais elles sont convain-
« cues que leur qualité d'étrangères et de fugitives
« suffirait pour leur assurer son intérêt et sa bonté.

« Comtesse LIVIA D***.
« Et sa nièce, princesse RÉGINA C***. »

IV.

Je reconnus de suite les deux noms qui remplissaient les lettres de Saluce. Seulement je ne me rendais pas compte de leur arrivée en France, de leur séjour dans une auberge de campagne, sur une route indirecte de Bourgogne, et enfin de ce titre de fugitives qu'elles ajoutaient à leur signature. Mon oncle, que les grelots du cheval du postillon avaient attiré sur le perron du vestibule, souriait d'un air de finesse et de bonté à ma physionomie étonnée et à l'attention avec laquelle je lisais et relisais cette lettre.

« Pas de mystère avec moi, me dit-il en me rail-
« lant de l'œil ; les héros de romans ont toujours
« besoin d'un confident. J'ai connu dans mon temps
« les deux rôles. Je ne pense pas que ce soit le pre-
« mier que ces merveilleuses beautés errantes, dont
« le postillon a parlé en buvant son verre de vin,
« viennent m'offrir ; mais tu peux me donner le se-
« cond, je serai discret, c'est la vertu de l'indul-
« gence. »

« — Je vous jure, lui dis-je, qu'il n'y a, dans ce
« message, aucun mystère qui me concerne. Vous
« me reprochez souvent ma mélancolie et vous en
« savez la cause. Mon cœur est incapable de se re-
« prendre à aucun charme ici-bas.. »

Il me montra du doigt le tilleul énorme et touffu, sous l'ombre duquel j'avais arrêté mon cheval.

« — Tu vois bien ce tilleul, me dit-il, il est plus vieux que toi, n'est-ce pas?

« — Oui.

« — Eh bien! je l'ai déjà coupé cinq fois en vingt ans, et il a plus de sève et de branches que quand j'arrivai ici.

« — Oui, lui répondis-je tristement, mais c'est un arbre et je suis un homme. Essayez de lui fendre l'écorce et de lui brûler la moelle, et vous verrez s'il refleurira! »

Nous rentrâmes en causant et en badinant ainsi, lui gaiement, moi gravement. Je renvoyai le postillon avec un billet, disant que le nom de mon ami Saluce était un talisman pour moi, et que je descendrais presque aussi vite que le messager au Pont-de-Pany. Je ne pris que le temps de remonter à cheval, et je galopai par un sentier dans les bois qui abrégeait de moitié la route, pour arriver avant la nuit au Pont-de-Pany.

V.

Je descendis de cheval. Un courrier italien, en magnifique livrée, me conduisit à travers la cour vers un petit pavillon isolé donnant sur les prés et qui faisait partie de l'auberge. Il y avait deux ou trois chambres pour les voyageurs de distinction que la nuit surprenait souvent à cette poste, au pied de la montagne de Sombernon, où l'on n'aimait pas à s'aventurer dans les ténèbres. Le courrier m'annonça à une femme de chambre ou nourrice en costume des paysannes de Tivoli, costume qui me fit battre le cœur, parce qu'il me rappelait Graziella. Cette femme, très âgée, m'ouvrit la porte de l'appartement de ses maîtresses et j'entrai.

Je crus, en entrant et en apercevant la foudroyante beauté de la jeune princesse qui se leva pour venir au-devant de moi, que mon oncle avait raison, et que, si le cœur créait quelquefois la beauté, la beauté aussi était capable de créer un nouveau cœur dans celui qu'elle enveloppait d'un tel rayon. Il faut que je tente au moins de décrire la scène, qui ne s'est jamais effacée depuis de mon regard.

La chambre était vaste, meublée, comme une chambre d'auberge de village, de deux grands lits à rideaux bleu de ciel, de vaches, de caissons de voiture, de châles et de manteaux de voyage couverts de poussière et jetés sur les chaises ou sur le tapis. Une seule fenêtre ouvrait sur une large vallée de prairies; les derniers rayons du soleil éclairaient la chambre et les figures de cette lueur poudreuse et chaude qui ressemble à une pluie d'or sur le sommet des arbres et des horizons. Cette lueur tombait à travers le rideau bleu entr'ouvert, en diadème rayonnant sur le sommet de la tête, sur le cou et sur les épaules de la jeune fille. Elle était grande, svelte, élancée, mais sans aucune de ces fragilités trop délicates et de ces maigreurs grêles qui dépouillent de leur carnation les jeunes filles de seize à dix-huit ans dans nos climats tardifs du Nord. Sa taille, ses bras, ses épaules, son cou, ses joues étaient revêtus de cette rondeur du marbre qui dessine la plénitude de vie dans la statue de Psyché de Canova. Rien ne fléchissait, quoique tout fût léger et aérien dans sa taille. C'était l'aplomb, sur un orteil, de la danseuse qui relève ses bras pour jouer des castagnettes sur le sable de Castellamare. Elle était vêtue de soie noire, comme toutes les Italiennes de ce temps. Elle n'avait, sur cette simple robe, ni châle ni fichu qui cachassent ses épaules ou qui empêchassent le tissu serré de soie de dessiner, comme un vêtement mouillé, les contours du corps. La robe était très courte, comme si celle qui la portait eût grandi depuis qu'elle était faite; elle laissait se dessiner et se poser sur le tapis deux pieds un peu plus grands et un peu moins sveltes que ceux des Françaises. Ces pieds ne portaient point de souliers; ils flottaient en liberté dans deux pantoufles de maroquin jaune, revêtues de paillettes d'acier et brodées de liserés de diverses couleurs. Son cou était entièrement nu; un un gros camée, retenu par un ruban de velours noir, relevait seul son éclatante blancheur. Soit effet de soleil effleurant son front par le haut de la fenêtre, soit effet de l'émotion et de la pudeur dont la présence d'un inconnu et ce qu'elle avait à me dire l'agitaient d'avance, soit nature inondée de vie, toute la coloration de sa personne semblait s'être concentrée dans son visage.

Quant à l'expression de ses yeux, d'un bleu aussi foncé que les eaux de Tivoli dans leur abîme, de sa bouche, dont les plis graves et un peu lourds semblaient à la fois envelopper et dérouler son âme, de cette douceur qui s'élançait, et de cette majesté naturelle qui se retenait dans son élan vers moi, je n'essayerai jamais de la décrire. On ne décrit pas la lumière, on la sent. Une résille de soie cramoisie, comme les femmes du Midi en mettent sur leur tête en voyage ou à la maison, enveloppait ses cheveux. Mais les larges mailles du réseau, déchirées en plusieurs endroits par le frottement de la voiture, en laissaient échapper des boucles touffues çà et là, et laissaient voir leur masse, leur souplesse et leur couleur. Ces cheveux étaient blonds, mais de cette teinte de blond qui rappelle le tuyau de la paille de froment calciné et bronzé par le mois de la canicule dans les plaines de la campagne de Rome ; blond qui est un reflet de feu sur les chevelures du Midi, comme il est un reflet de glace sur les chevelures du Nord.

Ses cheveux, à leur extrémité, changeaient de couleur comme ceux des enfants ; noués au sommet de sa tête sous la résille par un ruban de feu, ils formaient une espèce de diadème naturel sur lequel brillait le soleil.

Telle s'avançait vers moi la princesse Régina. Je ne savais s'il y avait plus d'éblouissement que d'attendrissement dans ses traits. Je restais immobile et comme asphyxié d'admiration.

VI.

A côté d'elle, sur un matelas étendu à terre et recouvert d'une fourrure blanche tigrée de noir, reposait, la tête appuyée sur son coude, une femme âgée enveloppée d'un manteau de velours noir. Son visage, quoique affaissé et plissé à grandes rides sur les joues et vers le double menton, conservait l'empreinte d'une grande beauté disparue, mais qui a laissé sa place visible encore sur la figure. Un nez modelé comme par le ciseau du statuaire; des yeux noirs largement fendus sous les arcades des sourcils; une bouche fléchissant aux deux bords, mais dont les lèvres gardaient de grands plis de grâce et de force; des dents de nacre; un front large et mat, divisé par la seule ride de la pensée au milieu; des boucles de cheveux noirs, à peine veinées de blanc, sortant à grandes ondes d'une résille brune, et enroulées comme des couleuvres sur le creux de ses tempes ; un air languissant et maladif dans les teintes de la peau, dans la langueur des poses et dans le timbre creux et cassé de l'accent ; telle était la comtesse Livia D***, grand'mère de la jeune femme.

Elle se souleva avec effort sur le coude à mon apparition dans la chambre ; elle suivait de l'œil la physionomie et les mouvements de sa petite-fille, comme si l'une eût été la pensée, l'autre le geste et la voix de cette scène. On voyait que toute l'âme de la mère n'était plus en elle, mais dans son enfant.

VII.

« Monsieur, me dit en italien la jeune femme, avec une voix qui tremblait un peu, et avec un timbre si sonore et si perlé, qu'on croyait en l'écoutant entendre couler des perles sur un bassin : « Je suis la
« princesse Régina, et voilà la comtesse Livia, ma
« grand'mère. Je sais par celui qui est votre ami et
« qui est pour moi tout..., que ce nom de Saluce
« suffit pour toute introduction de vous à nous et de
« nous à vous ; il est le nœud de notre cœur et du
« vôtre. Vous savez notre vie par ses lettres ; nous

« vous connaissons par les vôtres ; il n'a pas de se-
« crets pour nous, vous n'en avez pas pour lui. Nous
« vous connaissons donc, quoique nous ne nous
« soyons jamais vus, comme si j'étais Saluce et
« comme si vous étiez moi-même. Supprimons donc
« le temps et les cérémonies entre nous, ajouta-t-elle
« en s'approchant vivement de moi comme si elle
« eût été ma sœur, et en me prenant la main dans
« ses belles mains tremblantes. Soyons amis en une
« heure comme nous le serions en dix ans. Que sert
« le temps, dit-elle encore avec une petite moue
« d'impatience où éclatait l'énergie de sa volonté,
« que sert le temps s'il ne sert pas à s'aimer plus
« vite? »

En disant cela, elle rougit comme un charbon sur lequel l'haleine vient de souffler dans le foyer qui couve. Je souris, je m'inclinai, je balbutiai quelques mots de bonheur, de dévouement, de services à toute épreuve, d'amitié pour Saluce, qui avait eu raison de voir en moi un autre lui-même. La vieille femme faisait, à tout ce que disait sa fille et à tout ce que je répondais, des gestes de tête d'assentiment et des exclamations approbatives. Régina se plaça à ses pieds, sur le bord du matelas, et je pr   une chaise sur laquelle je m'assis à une certaine   cet admirable groupe.

VIII.

« Eh bien ! nous allons tout vous dire en deux paroles, s'écria Régina en levant ses beaux yeux humides sur mon visage, comme pour m'interroger ou me fléchir. Mais d'abord, reprit-elle en s'interrompant, comme si elle eût commis une étourderie, folle que je suis ! dit-elle ; j'ai une lettre pour vous, et je ne vous la donne pas ! »

En disant cela, elle tira de son sein une feuille de papier plié en cœur, et me la remit toute chaude encore de la chaleur de sa robe. Le papier n'était pas cacheté, je l'ouvris. Je reconnus la main de Saluce et je lus :

« Château-fort de ***, États-Romains.

« Celle qui te remettra ce papier est plus que ma
« vie. Je suis prisonnier ; mais je me sentirai libre si
« elle est libre au moins, elle. Elle va en France, ca-
« cher son existence et son nom. Je ne puis l'adres-
« ser qu'à toi ; cache-moi mon trésor, et sois pour
« elle ce que j'aurais été pour celle que tu as ai-
« mée.

« SALUCE. »

Je ne fus nullement surpris de cette lettre et de la prison d'État d'où elle était datée. Les lettres précédentes de Saluce m'avaient assez préparé à quelque catastrophe de ce genre. Cependant je fis une exclamation de douleur plus que d'étonnement.

— Hélas! oui, dit la vieille femme, en nous sauvant il s'est perdu, lui! Mais patience! le procès se jugera; j'ai des amis encore dans les juges. La justice triomphera, je n'en doute pas.

— Et l'amour! s'écria la jeune fille en baisant un portrait qui était incrusté dans un bracelet au bras de la comtesse et dans lequel je reconnus le portrait de Saluce.

Alors elles me racontèrent tour à tour, et souvent toutes deux à la fois, le dénoûment d'une passion dont je connaissais déjà toutes les phases par la correspondance de mon ami. Des torrents de larmes furent versés pendant ce récit par les deux étrangères. Je retenais à peine les miennes. Elles finirent par implorer mes conseils, ma direction et mon appui pendant l'exil auquel les condamnait leur infortune. Si l'amitié et la pitié n'avaient pas suffi pour me commander le plus absolu dévouement à leur sort, la merveilleuse beauté de Régina ne m'aurait pas laissé la faculté même d'hésiter. Son regard, sa voix, son sourire, ses larmes, le tourbillon d'attraction dans lequel elle entraînait et subjuguait tout ce qui l'approchait, ne me faisaient sentir que le bonheur de me dévouer à la fois à un devoir et à un entraînement. Je n'étais pas amoureux; l'état de mon âme, mon devoir envers mon ami captif, m'auraient fait un crime de la seule pensée de l'aimer. Mais j'étais bien plus qu'amoureux. Ses regards avaient absorbé ma volonté. Je m'étais senti pénétrer dans cette atmosphère de rayons, de langueur, de feu, de larmes, de splendeur et de mélancolie, d'éclat et d'ombre, qui enveloppait cette magicienne de vingt ans. Je l'aurais suivie involontairement, comme la feuille morte suit le vent qui court. Un ami, un sauveur, un frère, un complaisant, un esclave, un martyr, une victime volontaire, elle pouvait faire tout de moi, tout, excepté un amant!

Elle le voulut et elle le fit.

Je dînai avec les deux étrangères, je restai longtemps encore après à la fenêtre sur les prés qu'éclairait une belle lune, à causer à voix basse avec Régina de son amour et de mon malheureux ami. Sa grand'mère, malade et toujours couchée sur le matelas, gémissait et soupirait dans l'ombre de la chambre sur l'horrible perspective de mourir à l'étranger, en laissant sa petite-fille à la merci de l'exil ou de la tyrannie qui voulait opprimer son cœur! Je la consolais par l'espérance de la liberté sans doute bientôt rendue à Saluce, et par mes protestations de dévouement à leur infortune passagère. Nous roulions différentes idées dans nos esprits sans nous arrêter à aucune. Enfin je les engageai à se reposer toute la matinée du lendemain au Pont-de-Pany, pour que ce repos rendît des forces à la comtesse; je lui promis de revenir le soir du jour suivant me mettre à leurs ordres pour les suivre là où elles auraient décidé d'aller s'établir. Je dis à la grand'mère de me regarder comme un fils, à Régina de se fier à moi comme à un frère. En retrouvant dans ma bouche les mots et l'accent de leur patrie que j'avais conservé depuis mes longs séjours à Rome, elles croyaient retrouver leur ciel et leur nature. Je pris congé d'elles et je remontai lentement, les yeux tout éblouis, l'oreille toute sonnante, le cœur tout troublé, les gorges creuses et sinistres qui serpentent du Pont-de-Pany au château d'Urcy. Mon oncle dormait depuis longtemps.

IX.

A son réveil, je lui racontai la scène de la veille et la résolution que j'avais prise de me dévouer aux deux étrangères. Il fit semblant de me croire sur parole, mais je voyais bien à ses sourires qu'au fond il ne me croyait pas aussi désintéressé dans cette rencontre que je l'étais en effet. Quoi qu'il en fût, il ne se fâchait jamais de rien; c'était l'indulgence de nature vieillie dans la réflexion sur l'inutilité des sévérités : « Fais ce que tu voudras, me dit-il, voilà le

« tiroir de mon secrétaire; prends-y avec mesure,
« mais avec liberté. Si c'est un amour, le temps le
« guérira; si c'est une amitié, le temps pourra bien
« la dénaturer. Tu es bien jeune pour être le tuteur
« d'une femme aussi belle que tu dépeins ton Ita-
« lienne; prends garde au cœur; il n'est jamais plus
« près de se réveiller que quand il dort!. »

Je le rassurai; j'avais horreur même du nom d'amour. Je lui montrai quelques-unes des lettres de Saluce. Je lui racontai toute l'histoire de la passion de ces deux cœurs prédestinés pour ainsi dire l'un pour l'autre.

Mais je m'aperçois trop tard, en recueillant et en complétant ces notes, que je n'ai pas noté l'histoire de ces deux amants. Je vais la rétablir ici, grâce aux lettres de Saluce, qui subsistent presque toutes dans le grand coffre de papiers que j'ai rapporté des débris de la bibliothèque d'Urcy.

X.

J'ai dit que le père et la mère de mon ami habitaient Rome depuis la fin de la guerre de la Vendée; ils avaient un fils et une fille. Ils étaient riches; ils tenaient aux États romains par leur palais de Rome et par des terres considérables, mais de peu de revenu, dans les Abbruzzes. Ils avaient un fils et une fille à peu près du même âge. Leur fille s'appelait Clotilde. Le frère et la sœur se ressemblaient comme deux jumeaux. Cette ressemblance, qui avait fait souvent le charme et le jeu de leurs parents pendant leur première enfance, devait plus tard devenir fatale à Saluce. On va voir comment.

XI.

Quand leur fille Clotilde eut atteint l'âge de douze ou treize ans, le père et la mère de Saluce la mirent dans un de ces nombreux couvents de Rome, d'où les filles des maisons nobles d'Italie ne sortaient alors que pour leur mariage. Ce couvent, débris d'un plus vaste monastère de femmes, réduit par la révolution à un petit nombre de religieuses âgées et infirmes, n'en comptait plus que trois ou quatre; il ne comptait non plus que sept ou huit jeunes filles des grandes maisons de l'État romain. Deux seulement, parmi ces élèves, touchaient à l'adolescence, c'étaient Clotilde et Régina. Les autres étaient des enfants de sept à huit ans. Ce rapprochement d'âge et cette différence de patrie, au milieu de l'isolement que la supériorité des années créait entre les deux jeunes filles, devaient naturellement les resserrer plus étroitement entre elles. Elles ne tardèrent pas à contracter une de ces amitiés passionnées qui font le charme et la consolation de ces solitudes où les cœurs neufs trouvent d'autres cœurs neufs comme eux pour recevoir et pour échanger leurs premières confidences.

Le couvent était situé dans ce quartier immense et désert de la Longara, qui s'étend de Transtevère jusque derrière la colonnade de Saint-Pierre. C'est une rue sans fin, dont les façades sont tour à tour des palais, des monastères ou des maisons d'un aspect misérable, autrefois habitées par les nombreuses familles pauvres attachées par des fonctions aux autels, aux sacristies ou à l'entretien de cette basilique, capitale du catholicisme. Au temps dont je parle, ces maisons paraissaient désertes ou peuplées seulement de vieillards, de pauvres femmes et d'indigents. En entrant dans cette rue, dont on comprenait l'antique splendeur à quelques portails admirables d'églises, et à l'architecture délabrée de quelques grands palais, on éprouvait une de ces impressions que l'on ne connaît guère dans le nord de l'Europe, une tristesse orientale, une mélancolie dans la lumière, une consternation éclatante qui serre le cœur sans qu'on sache pourquoi. C'était le contraste d'un ciel bleu et net comme le lapis se réverbérant sur des tuiles rouges et sur des pavés brûlants, dans une solitude et dans un silence qui donnaient au jour quelque chose de l'immensité vague et de la terreur de la nuit. Il m'est arrivé souvent de parcourir d'une extrémité à l'autre cette longue avenue de murs brûlants, au milieu de la journée, sans apercevoir un seul être se mouvoir dans toute son étendue, et sans entendre un seul pas retentir sur ses pavés. Quelques chats plaintifs traversant précipitamment la chaussée et se glissant d'une lucarne à l'autre; un âne abandonné et chargé de son bât, broutant l'herbe entre les fentes du seuil des palais; de temps en temps, un des volets, tous uniformément fermés, s'ouvrant poussé par le bras nu de quelque femme invisible, puis se refermant sans bruit sur le vide ou sur le sommeil; de longues cordes tendues d'une fenêtre à l'autre, où les blanchisseuses étendent leur linge et les pauvres mères leurs haillons, pour les sécher au soleil; au fond de la rue, les longues ombres-portées de la colonnade de Saint-Pierre, semblables aux obscurités d'une forêt mystérieuse de pierres; et au-dessus, dans le ciel, la coupole, découpant sur le fond du firmament son globe, ses galeries aériennes et sa dernière balustrade sous la croix, semblable au balcon du palais d'un dieu : voilà l'austère physionomie de ce quartier de Rome. Si une de ces portes s'ouvre pendant que vous passez, et si vous jetez un regard dans l'intérieur de ces demeures, vous voyez de grandes cours où le soleil rejaillit sur les dalles du pavé, sur les conques des fontaines ou sur les marbres des statues encaissées dans les niches des façades ; et, au fond de la cour, de grands jardins en pente raide, coupés de gradins de marbre et plantés régulièrement de hauts cyprès, qui s'étendent, comme dans le jardin papal du Vatican, jusqu'aux murs de briques ébréchés et tapissés de lierre des remparts de Rome. Telle était la Longara.

XII.

Le couvent, que j'ai visité depuis avec Saluce, ne consistait plus qu'en une grande masure basse percée de sept ou huit fenêtres à plein cintre grillées de fer, qu'un grand mur qui n'ouvrait que par une petite porte empêchait d'apercevoir de la rue. Derrière cette aile dégradée de l'ancien monastère, on voyait un monceau de ruines recouvertes à demi de végétations pariétaires, quelques murs encore debout, percés à jour, et de grandes fenêtres sans châssis par lesquelles on voyait le ciel ; un jardin presque inculte montait derrière ces ruines du couvent démoli vers les remparts par une large allée, autrefois pavée, maintenant tapissée de hautes herbes sèches ; sous les murs mêmes, une autre allée transversale, et presque toujours à l'ombre, serpentait en suivant la courbe des bastions. Il y avait aux deux extrémités une statue de sainte verdie par l'humidité des lierres et des mousses de la muraille. C'était la promenade habituelle des religieuses et des jeunes recluses de ce couvent ruiné. En descendant vers la rue, on apercevait un long cloître extérieur dont le toit en terrasse portait sur de petites colonnes de marbre blanc. Ce cloître servait d'avenue à une petite chapelle de belles pierres jaunes comme celles de Saint-Pierre de Rome. Deux anges de marbre noir, à demi-couchés sur l'entablement du portail, et se tendant les bras, comme pour s'aider à porter un fardeau, unissaient leurs mains pour élever un calice. Les portes-fenêtres des cellules des religieuses et les cellules des deux élèves plus âgées ouvraient sur la terrasse fermée par le toit plat de ce cloître. Une statue de la Vierge tenant son enfant comme pour l'allaiter surmontait sous le cloître même une fontaine alimentée par une dérivation de l'immense chute de l'Aqua-Paulina, et murmurant jour et nuit sous les arcades, remplissait cette solitude du seul bruit de vie qu'on entendît dans ce silence de tous les vivants.

Tel était le monastère habité par les deux amies.

XIII.

Quoique Clotilde fût plus âgée de quelques mois que Régina, le développement du corps et de l'âme, plus rapide dans les jeunes filles du Midi, toutes couvées qu'elles soient à l'ombre, avait effacé toute distance entre elles. Leurs pensées et leurs sentiments étaient au même niveau que leurs fronts. A peine avaient-elles passé quelques semaines ensemble, que leurs impressions naissantes s'étaient échangées entre elles comme entre deux sœurs qui auraient sucé le même lait au sein de la même mère. Leurs familles, sans être dans des rapports de société habituelle, se connaissaient de noms et se rencontraient dans les mêmes salons de cardinaux ou de princes romains. Quand la mère de Saluce venait visiter Clotilde au parloir, elle demandait à voir aussi Régina. Quand la grand'mère de Régina, la comtesse Livia, venait plus fréquemment encore passer de longues heures avec la supérieure et avec sa petite-fille, elle ne manquait jamais de demander la jeune Française. Elles s'habituaient ainsi dedans et dehors à se considérer comme d'une même famille. Leur attachement l'une pour l'autre s'en augmentait. Tout leur paraissait indivisible entre elles, enfance et jeunesse, couvent et monde, éducation et vie.

XIV.

On a vu, par le portrait de Régina, à dix-neuf ans, ce que devait être sa figure à quatorze ans. Quant à Clotilde, je ne l'ai jamais vue ; je ne connais d'elle que les portraits que son frère me faisait souvent de sa figure, et par la prodigieuse ressemblance qu'elle avait, disait-il, avec lui. Il me la dépeignait comme une jeune fille plus italienne de nature et de traits que Régina elle-même, aux yeux noirs, au front pâle, aux cheveux lisses et foncés, aux lèvres sérieuses, à l'expression pensive et ferme, mûre avant l'âge, triste avant la douleur, éloquente avant la passion, un pressentiment incarné de la vie, de l'amour, de la mort, l'ombre d'une statue projetée par le soleil sur la dalle d'un tombeau du Vatican. Son regard, me disait-il, creusait ce qu'elle regardait ; sa parole sculptait, au contraire, ce qu'elle avait vu ou imaginé. Elle se gravait ainsi elle-même dans la mémoire de ceux qui l'avaient vue une seule fois, comme s'il y avait eu une magicienne dans la jeune fille. Mais cette magie, ajoutait-il, n'était pas de la terreur, c'était de l'attrait ; on l'adorait en l'admirant.

XV.

Elle était déjà dans le monastère depuis quelques mois, lorsque Régina y fut amenée par sa grand'mère pour achever son éducation. Régina, gâtée et adulée jusque-là par sa grand'mère, et effrayée par le costume et par la vieillesse des religieuses, se jeta naturellement d'instinct dans l'idolâtrie de sa seule compagne Clotilde. Les distractions des études de femmes dans un cloître à demi-désert d'Italie n'étaient pas de nature à occuper beaucoup les heures et les imaginations actives de deux recluses de leur âge. On sait ce qu'était alors la vie de ces couvents : des cérémonies religieuses plus propres à fanatiser les sens qu'à édifier les âmes, des parfums, des tableaux, des fleurs, des musiques dans la chapelle; des livres mystiques, des processions, des rosaires sans fin et sans idées, des pratiques enfantines, des coutumes austères, des recueillements extérieurs, des méditations marquées au cadran à différentes heures du jour; un peu de musique et de poésie sainte enseignée aux élèves par des maîtresses affiliées à la maison; de lentes promenades dans l'enceinte cloîtrée, de longues solitudes imposées aux novices dans leurs cellules; la diversion de quelques visites de dignitaires de l'Église, protecteurs du couvent; les sermons familiers de quelques prédicateurs célèbres de la paroisse au carême ou aux avents ; la monotonie dans le vide, l'importance dans le rien, un sensualisme pieux sanctifié par le mysticisme ; voilà l'éducation de l'Italie et de l'Espagne alors. Il n'y avait pas de noviciat plus propre à annuler toutes les facultés raisonnables et à en allumer ou à en égarer une seule : l'imagination. Aussi était-ce l'effet ordinaire de ces réclusions des jeunes filles. Piété dans les habitudes, vide dans l'esprit, passion dans le cœur. Telles sortaient de là ces véritables Orientales de l'Europe, pour entrer de l'ignorance et de la puérilité des cloîtres dans la liberté et dans la volupté de la vie.

Mais Clotilde, avant d'entrer par circonstance dans ce couvent, à cause d'une absence de son père et d'une maladie de langueur de sa mère, avait reçu déjà dans la maison paternelle une éducation très supérieure à cette ombre d'éducation cloîtrée. Son père, sa mère, une gouvernante lettrée amenée par eux d'Angleterre à Rome, lui avaient enseigné de bonne heure, et presque au-dessus de la mesure de son âge, tout ce qui compose, à Paris ou à Londres, l'éducation d'une jeune fille accomplie. Elle avait étudié l'histoire ; elle avait reçu les principes des arts ; elle avait lu, par fragments, les grands poëtes traduits de l'antiquité ; elle parlait trois langues sans les avoir apprises autrement que par l'usage, le français, l'anglais, l'italien. Elle avait entendu, chez son père et chez sa mère, les entretiens sérieux des hommes distingués de ces trois nations, entretiens que les enfants n'ont pas l'air d'écouter, mais qu'ils retiennent. Les émigrés français eux-mêmes étaient des novateurs audacieux en comparaison des idées et des mœurs de l'Italie cloîtrée. Clotilde, quoique pieuse comme sa mère, planait, toute jeune qu'elle était, sur l'ignorance et sur la puérilité des dévotions de son cloître.

Elle avait apporté au couvent quelques volumes de choix de ses meilleurs livres d'éducation anglais et français que les religieuses romaines avaient admis sans les comprendre, et dans lesquels elle s'instruisait ou se charmait elle-même pour se préserver de l'oisiveté et de la contagion de commérages de ce petit monde séquestré de toute idée. Son exemple et sa conversation instruisaient plus Régina que les fastidieuses leçons de ces religieuses, ignorantes comme des enfants en cheveux blancs.

Clotilde avait éprouvé pour Régina, au premier coup d'œil, la même inclination naturelle qui avait entraîné Régina vers la jeune Française. La merveilleuse beauté de l'Italienne avait été comme un rayon flottant sur les murs de sa cellule; son cœur avait bientôt suivi ses regards. La beauté, surtout quand elle est composée de ce mystère qu'on appelle charme, ne darde pas seulement du front de la femme dans le regard de l'homme; elle impressionne différemment, mais elle impressionne aussi les yeux et le cœur entre de jeunes beautés du même sexe; elle produit chez les hommes l'amour, chez les femmes l'admiration, et l'attrait de l'âme. La beauté est un don inconnu et une puissance magique. Il n'est permis à aucun être vivant d'y échapper. Être belle, c'est régner.

Ces deux jeunes filles sentirent l'une par l'autre cette puissance occulte de la beauté diverse, mais éclatante chez toutes deux. Cette diversité même, ou cette opposition de beauté concentrée dans Clotilde, rayonnante, transparente, explosive pour ainsi dire dans Régina, fut peut-être à leur insu une des causes qui les attira davantage l'une vers l'autre. Les contrastes s'attirent, parce qu'ils se complètent. Leur amitié devint l'unique sentiment d'existence qu'elles eussent ainsi dans cette solitude. Les petites filles qui venaient après elles étaient trop enfants, les religieuses étaient trop avancées en âge et trop submergées dans leurs minuties et dans leurs pratiques pour offrir aucune occasion d'aimer à ces deux âmes de quatorze et quinze ans. Elles se sentaient refoulées sympathiquement l'une contre l'autre, et elles s'en réjouissaient intérieurement; car, bien qu'innocente comme leurs cœurs, leur amitié était jalouse; elles auraient été malheureuses de la moindre rivalité d'affection.

XVI.

Elles ne couchaient point dans le dortoir des plus petites pensionnaires ; elles avaient pour elles deux cellules laissées vides par la mort de deux des anciennes recluses du couvent, à la suite des cellules des religieuses. Les deux petites chambres n'étaient séparées que par un mur ; elles prenaient jour sur la terrasse au-dessus du cloître, en sorte que, bien que les clefs des portes de leurs cellules qui donnaient sur le corridor fussent retirées chaque soir par la supérieure, Clotilde et Régina n'avaient qu'à ouvrir leurs fenêtres et à faire trois pas, à pieds nus, sans bruit, sur les dalles de la terrasse, pour passer de l'une chez l'autre, et prolonger longtemps dans la nuit les lectures, les entretiens ou les rêveries qui les avaient occupées le jour.

La règle de la maison les obligeait à se coucher à huit heures, même l'été, au moment où la lune et les étoiles donnent plus d'attrait au spectacle du firmament, et où la brise rafraîchissante qui souffle à cette heure-là des gorges de Tusculum, de Laricia ou de Tibur, commence à frissonner dans les flèches à peine ondulantes des cyprès.

C'était précisément l'heure où les âmes des deux jeunes amies commençaient à s'éveiller et à s'agiter aussi, après l'affaissement des heures brûlantes du jour, et où elles éprouvaient le besoin de respirer à la fois des frémissements de feuillage, des murmures de fontaines, et ces rêves à deux, ces délicieux dialogues à demi-voix qui doublent la vie en la reflétant.

Aussi, presque tous les soirs, aussitôt que les religieuses enfermées dans les cellules voisines avaient achevé les dernières dizaines de leurs rosaires, et éteint la lampe de leur prie-Dieu, l'une des deux amies se levait doucement, poussait sans bruit sa fenêtre et passait dans la cellule de son amie qui l'attendait. Là, assise l'une et l'autre sur les bords de leur lit, ou sur le seuil de la fenêtre, en face des murs noirâtres qui bornaient d'ombres dentelées le jardin sous cette voûte étoilée du ciel, au bruit éternel de la fontaine gazouillant sous leurs pieds dans le cloître inférieur, elles laissaient sonner, sans les entendre, aux églises voisines, les heures recueillies de ces belles nuits.

XVII.

De quoi ne parlaient-elles pas à voix basse! De leur tendresse toujours croissante l'une pour l'autre, du besoin incessant de se voir et de se revoir, de leur chagrin quand la règle de la maison ou les occupations de la journée les avaient séparées un moment, de la similitude si complète de leurs impressions qui leur semblaient naître dans deux cœurs et dans deux regards d'une seule pensée, de leurs études, de leurs poëtes, de leur musique surtout, qui leur plaisait davantage encore que les vers, parce que les notes plus vagues disent plus d'infini et plus de passion que les mots; du ciel, des étoiles, des grandes cimes des cyprès qui faisaient tourner lentement leurs longues ombres autour d'eux, comme des aiguilles de cadran qui mesurent le temps sur le sable; des campagnes libres, des déserts peuplés de ruines, des solitudes voilées de chênes verts et des cascades murmurantes qui leur étaient cachées par ces grandes murailles derrière les remparts de Rome, des villas de leur enfance, vers Albano ou Frascati; du bonheur de s'y retrouver un jour ensemble à l'époque où les vendangeurs et les vendangeuses d'Itri ou de Fondi dansent au tournant des chemins, où ils vont s'endormir aux airs napolitains des *peferari* (joueurs de musette); enfin de leurs familles, de leurs parents, de leurs nourrices, de leurs patries si éloignées l'une de l'autre, des tempêtes et des neiges, de l'Océan, de l'Angleterre et de la Bretagne, des châteaux cerclés de tours gothiques de ces provinces, si différents de l'éternelle sérénité des villas ouvertes par tous les pores au soleil des collines romaines!

Ces conversations ne tarissaient jamais et suivaient pour ainsi dire le monotone écoulement et le gazouillement mélancolique de l'*Aqua Paulina* qui tintait en bas dans le bassin de marbre. Leurs têtes tournées l'une vers l'autre, leurs beaux bras entrelacés tantôt sur les genoux de l'une, tantôt sur les genoux de l'autre, les boucles flottantes de leurs cheveux mêlées sur leurs épaules demi-nues par les bouffées du vent de nuit qui caressait la terrasse, les faisaient ressembler à deux belles cariatides de marbre blanc, accroupies sous le balcon d'une villa romaine, sur lesquelles glisse la lame, s'épaissit ou s'éclaircit l'ombre, et tombe la rosée pendant toute une nuit d'été.

Il fallait que ces nuits les eussent bien frappées elles-mêmes, puisque Régina, trois ou quatre ans plus tard, et longtemps après la perte de son amie, ne cessait pas de se les rappeler et de me les peindre dans un langage mille fois plus sonore et plus pénétré de ces émanations de la terre, du ciel et du cœur que le mien.

XVIII.

Peut-être aussi ces conversations nocturnes et secrètes avec son amie ne l'avaient-elles tant frappée que parce que ce furent ces longs entretiens qui devinrent l'occasion et l'origine de son amour et de sa destinée.

On conçoit que les pensées des deux recluses devaient être en effet souvent reportées vers leurs deux familles. Régina ne connaissait de la sienne que sa grand'mère, dans le palais de laquelle elle avait été élevée à ***, sa nourrice, son tuteur, le prince *** et quelques abbés ou monsignori, parents et habitués de sa maison, qui fréquentaient à Rome ou à *** les salons de la comtesse Livia. Mais Clotilde avait un père, une mère, un frère surtout, compagnon et ami de sa première enfance, maintenant relégué dans sa première patrie. Elle adorait ce frère; elle en parlait sans cesse à son amie, qui ne se lassait jamais de ramener l'entretien sur lui. Elle voulait savoir son âge, sa figure, sa taille, ses traits, son caractère, la couleur de ses yeux et de ses cheveux, jusqu'au son de sa voix et aux habitudes de ses gestes.

Clotilde lui disait : « Je n'ai pas besoin de te faire et de te refaire sans cesse son portrait. Regarde-moi : jamais la nature n'a fait deux êtres plus parfaitement semblables de visage, de cœur et d'âme, que mon frère et moi. Nous avons été portés dans le même sein, par la même mère, à peu près dans le même temps, au milieu des mêmes pensées de malheur, de proscription, d'exil, qui attendrissaient et assombrissaient le même cœur : nous sommes nés dans les mêmes climats nuageux, au bord et au bruit des tempêtes du même

Océan; nous avons erré ensemble dans les mêmes berceaux, sur les mêmes vagues, cherchant et perdant tour à tour les mêmes asiles; nous avons passé ensuite ensemble dans ces mêmes palais et dans ces mêmes *villas* de Rome, devenue notre troisième patrie; nous y avons épanoui ensemble, comme deux plantes frileuses transplantées au Midi, nos corps, nos yeux, nos âmes à ton beau soleil; nous y avons cependant nourri toujours ensemble les souvenirs lointains de nos premiers ciels et de nos premières infortunes, en sorte que nous avons l'un et l'autre conservé quelque chose de l'ombre triste et froide de la Bretagne, dans le rayonnement extérieur de ton Italie. Romains par les sens, Bretons par le cœur, tièdes comme notre nouveau ciel, sévères comme notre ancien sol, rêveurs comme ces nuits, graves comme nos brumes, voilà mon frère et moi au dedans. Quant à l'extérieur, du moins lorsqu'il avait seize ans et qu'il partit pour la Bretagne, s'il avait revêtu mes vêtements, et que j'eusse revêtu les siens, notre mère elle-même aurait eu de la peine à nous reconnaître. Je suis son ombre et il est mon miroir. Mais l'âge à présent aura dû le changer un peu. Dieu! que je voudrais le revoir, sur son beau cheval noir et sous ses armes dont il m'écrit de si vives descriptions, avec cet enthousiasme militaire de nos Bretons pour son nouveau métier. »

« Et moi donc, disait Régina, que je voudrais le voir! Il me semble que c'est encore toi que je verrais, que je l'aimerais comme je t'aime, que je lui parlerais comme je te parle, et que je ne serais pas plus intimidée avec lui qu'avec toi. »

Et les deux amies s'embrassaient et se mettaient à rire et à rêver tout bas, de peur que le bruit de ces conversations ne réveillât les religieuses.

XIX.

La vérité, à ce que m'a dit plus tard Régina, quand elle eut l'âge de sonder de l'œil son propre cœur, c'est qu'en adorant Clotilde, elle aimait déjà deux êtres en elle sans s'en douter, son amie et le frère de son amie, qui se confondait dans son imagination avec elle tellement, qu'il lui était impossible de séparer les deux images, tant est puissante, dans une imagination solitaire qui ne se nourrit que d'une seule idée et d'un seul sentiment, la répercussion continue d'un seul être aimé sur le cœur ! Régina dédoublait dans sa pensée son amie pour l'aimer davantage en aimant son frère dans elle, et elle encore dans ce frère absent ! Je n'aurais jamais cru à ce phénomène qui dédouble et double l'être aimé, et je l'aurais pris pour une conception imaginaire de poëte, si je ne l'avais pas vu de mes yeux dans l'âme de Régina.

XX.

Deux années s'écoulèrent ainsi pour les deux compagnes de solitude sans varier en rien leur existence, si ce n'est en accroissant chaque jour la tendresse qu'elles avaient l'une pour l'autre, en développant leur âme, en achevant et en mûrissant leur beauté. Clotilde touchait à dix-huit ans et Régina à seize. La mort de la mère de Clotilde, à la suite de sa maladie de langueur, plongea sa fille dans une douleur sourde et lente qui la consuma dans les bras de Régina. La nouvelle de la perte de son père et l'absence forcée et prolongée de son frère acheva d'évaporer une vie qui s'était concentrée dans ces trois pensées, et qui ne tenait plus à la terre que par une racine. Cette dernière racine allait être tranchée aussi. On annonça au couvent que Régina allait en sortir pour être fiancée au prince de..., parent et ami de son tuteur.

En effet, la comtesse Livia vint retirer du couvent sa petite-fille pour la garder quelques mois chez elle, dans sa villa de F... Les deux amies ne pouvaient s'arracher des bras l'une de l'autre. Régina jurait à sa grand'mère qu'elle préférait se faire *monaca* pour le reste de sa vie à la douleur de quitter pour longtemps son amie malade. On lui promit que l'absence ne serait pas longue, que le mariage serait ajourné à deux ou trois ans de là; elle fut enlevée, presque de force, par la comtesse Livia, par ses femmes et par sa nourrice. Les portes du couvent se refermèrent sur la pauvre Clotilde. Sa cellule lui parut une nuit funèbre, une tombe anticipée, un silence éternel, aussitôt que le rayon, la vie et la voix de Régina en eurent disparu. Aux premiers jours de novembre sa langueur redoubla, la fièvre la prit, ses joues se colorèrent pour la première fois des teintes du soleil couchant sur les feuilles transies du cerisier; elle expira en appelant son amie et son frère. J'ai vu sa tombe, avec ce nom français dépaysé dans la mort, au milieu de tous ces noms de religieuses ou de novices de l'État romain.

XXI.

Régina, à qui on avait voulu épargner ce spectacle et ce désespoir, ne fut instruite que peu à peu et longtemps après qu'elle n'était plus, de la mort de sa chère Clotilde. La fougue de sa douleur éclata en cris et en sanglots qui firent craindre pour ses jours. La première explosion de la première douleur, dans une âme où tout sentiment était passion, faillit emporter la vie elle-même. Sa grand'mère fut obligée de l'envoyer à Naples pour contraindre ses yeux et son âme à se distraire forcément d'une seule pensée par la diversité des aspects et par l'agitation des séjours et des heures. Mais elle ne vit rien que l'image de Clotilde entre elle et toute la nature. Son linceul était étendu sur la terre et sur la mer. Le monde entier ne contient jamais que ce qu'on y voit intérieurement. On eut de longues et sérieuses inquiétudes ; mais sa jeunesse et sa sève de vie surabondante et toujours renouvelée, que rien ne pouvait longtemps corrompre ni tarir, l'emportèrent sur son âme même. Elle vécut et embellit encore dans le deuil, qu'elle voulut porter, comme pour la perte d'une sœur. Elle se couvrit, comme de reliques de tendresse, de tous les bijoux, de tous les cheveux, de tous les ouvrages de main que Clotilde avait échangés avec elle pendant leur longue et tendre intimité du couvent. Colliers, bracelets, pendants d'oreilles, anneaux, boucles de ceinture, agrafes, corail ou perles, tout était Clotilde encore dans ses cheveux, autour de son cou, sur sa poitrine, à ses bras, à ses doigts ; tout était Clotide surtout dans son cœur. Elle avait mêlé ce nom comme un talisman à son chapelet ; elle le prononçait dans toutes ses prières, comme une invocation idolâtre à quelque créature divinisée qui lui était apparue sur la terre au commencement de son pèlerinage et qui devait avoir une influence céleste encore sur sa destinée ! Clotilde était le *sursum corda* perpétuel de cette jeune fille. Sa grand'mère, aussi simple que bonne, ne contrariait aucun de ces caprices de la douleur, s'associait à toutes ces pratiques du culte, à la mémoire de l'amie tant adorée de son enfant, et faisait dire par centaines des messes à toutes les chapelles pour le repos de l'âme de cette pauvre jeune Française qu'aucune mère et qu'aucune sœur ne pleuraient ici-bas dans sa patrie.

XXII.

A la fin et tout à coup, Régina changea de visage et parut, on ne sait comment, intérieurement calme et comme à demi consolée. Elle m'a raconté elle-même comment s'opéra soudainement en elle ce phénomène, qu'elle appelait, comme toutes les Italiennes, un miracle de la Madonna du Pausilippe. « Un soir, me disait-elle, je descendis de calèche aux sons de la cloche qui appelait les passants à une bénédiction, devant une petite chapelle voisine de la grotte de Pausilippe. Nous y entrâmes, ma grand'mère et moi, pour faire nos prières. Je n'avais jamais été si triste que ce jour-là; j'étais découragée de vivre dans un monde qu'elle ne partageait plus avec moi; je me disais : que m'importent ce beau pays, ce beau ciel, cette belle mer et ces montagnes, et ces monuments, et ces théâtres, et ces regards de la foule, et ces cris d'admiration quand je passe en voiture découverte dans les rues? Elle n'est plus là pour participer à rien de tout cela avec moi; j'aime mieux sa pensée dans le ciel que l'admiration de toute la terre! La terre est vide depuis qu'elle n'y est plus. Je pleurais en me cachant le plus que je pouvais de ma grand'mère, sur mes mains jointes, devant le saint sacrement.

« Et tout à coup j'entendis, non pas en idée, mais en moi, à mon oreille intérieure, comme je vous entends, j'entendis une voix qui me dit : Mais, Régina, tu rêves; elle y est, elle y est encore. Ne t'a-t-elle pas dit qu'elle avait son frère, un autre elle-même, son frère si semblable de visage et d'âme à elle que sa mère même ne les aurait pas distingués? Son frère qui t'aimera comme elle t'aimait, puisqu'il est en tout pareil à elle et qu'elle t'aimait comme jamais sœur n'aima sa sœur jumelle? Son frère qui respire, qui vit, qui pense, qui sent exactement et sous les mêmes traits sous lesquels elle respirait, vivait, pensait, sentait elle-même? Son frère, dans le cœur de qui, si nous nous rencontrions jamais, je retrouverais les mêmes prédilections que je regrette en elle et que nul autre être sur la terre ne pourrait me rendre que lui !

« Cette pensée, me disait Régina, entra dans mon

âme aussi soudainement qu'entre un rayon de soleil dans une chambre pleine de ténèbres et dont on ouvre les volets. Elle fit apparaître en moi mille choses que je croyais mortes et ensevelies avec Clotilde. Cela me sembla tellement un miracle obtenu par l'intercession de mon amie, que je m'inclinai de nouveau jusqu'à terre pour remercier Dieu et ses anges, et que je baisai le pavé d'où cette belle apparition de son frère me semblait être sortie pour moi. C'était comme une résurrection de ma tendresse sous une autre forme, sous un autre être dont j'espérais être aimée, et que j'allais moi-même pouvoir aimer encore autant que la première.

« Ma grand'mère en sortant me vit tellement rayonnante et transfigurée qu'elle me demanda ce que j'avais de nouveau dans l'âme. Je ne lui dis pas ce que j'avais rêvé, mais je lui dis que j'avais tant prié que les anges m'avaient consolée. Nous allâmes ce soir-là jusque sur le rivage de la mer à Bagnoli, de l'autre côté de la grotte du Pausilippe, puis au théâtre Saint-Charles; ici, chaque murmure de la vague; là, chaque note de la musique semblait me rapporter l'apparition, la voix, les chuchotemens des lèvres du frère de celle que j'aimais tant. Oh! combien j'aurais donné pour le voir! Je cherchais de loge en loge et dans les nombreuses têtes tournées vers moi de ces galeries et de ce parterre, un visage qui pût me rappeler les traits de Clotilde, et si je l'avais trouvé, je n'aurais pas pu m'empêcher de pousser un cri.

« En quittant Naples, ma grand'mère me ramena par San-Germano dans son vieux château au pied des Abbruzes. Je fus étonnée d'y trouver mon tuteur avec le prince de *** et quelques hommes de loi réunis qui semblaient y attendre mon arrivée. Un air de mystère et de fête régnait dans l'antique demeure. Le soir, des conférences secrètes eurent lieu entre mon tuteur et ma grand'mère. Elle s'agitait et pleurait beaucoup, tout en affectant avec moi un air de félicitation et de joie. Je n'ai pas le courage de vous dire le reste. » . . . .
. . . .

XXIII.

Ces circonstances, sur lesquelles Régina répugnait à revenir, même par un mot, dans les conversations sans fin que j'ai eues avec elle plus tard, étaient celles de son mariage, moitié surprise, moitié violence, avec le prince ***. Le prince était presque un vieillard ; il était parent de la comtesse Livia, il avait une grande fortune ; Régina devait elle-même alors en posséder une assez considérable par l'absence d'héritiers mâles dans la famille. La réunion de ces deux branches par un mariage disproportionné d'âge devait réunir de grandes terres sur la tête des descendants du prince *** et de Régina. La grand'mère, qui détestait le prince ***, qui redoutait le tuteur, qui était à la fois violente et faible, comme les femmes âgées qui n'ont eu que des passions, résista longtemps, puis finit par consentir et par livrer sa petite-fille, à condition seulement que le mariage ne serait qu'un acte d'obéissance de sa part, une espèce d'engagement futur ratifié par un notaire et par un prêtre, mais qu'on lui laisserait sa petite-fille à elle seule encore trois ans. D'ailleurs, en consentant étourdiment à se rendre avec elle dans les Abbruzes, elle s'était enlevé à elle-même tout moyen de résistance morale à cette union et tout moyen d'éloignement. Elle n'était entourée que des amis et des affidés du prince et du tuteur de Régina. Il était trop tard pour les contredire. Sans oser la prévenir la veille, autrement que par ses larmes, du sacrifice dont elle allait être la victime le lendemain, elle lui annonça, à son réveil, la volonté de la famille. Une heure après, Régina était mariée dans la chapelle du château de ***. Le prince, le tuteur et leur suite tinrent parole, et se retirèrent à Rome aussitôt après la célébration du mariage, laissant Régina à sa grand'mère, comme une enfant qui ne pouvait pas encore tenir le rang d'épouse et l'autorité de maîtresse de maison dans le palais de son mari. Son extrême jeunesse servit de prétexte pour colorer, aux yeux de la société de Rome, cette réserve du vieux prince ***. Il n'y eut de changé, dans la vie de Régina, que son nom. Au bout de quelques jours, elle avait presque oublié elle-même qu'elle ne s'appartenait plus. Il fut convenu que la jeune princesse de *** voyagerait avec sa grand'mère à Sienne, à Florence, à Naples, en Sicile, pendant les saisons d'été, et qu'elle vivrait à Rome comme pour achever son éducation dans le même couvent de la Longara où elle venait de passer les années de son enfance. Sa grand'mère s'y retirerait avec elle pour ne pas se séparer de son idole, qu'elle ne pouvait pas produire en public dans les salons tant qu'elle lui était laissée par l'indulgence de son mari.

Ce plan fut exécuté pendant un an tel qu'il avait été réglé.

XXIV.

Tout ce que j'ai dit jusqu'ici de Régina, je ne l'ai su que plus tard par elle, mais cela était nécessaire à dire pour donner une signification à la visite inattendue que je venais de recevoir au fond des forêts de la Bourgogne, et un sens aux lettres de Saluce que j'ai conservées et dont je copie ici quelques frag-

NOUVELLES CONFIDENCES

Puis elle resta un moment immobile et en silence,
regardant la pierre......

Liv. II. Lettre Ire.

ments. Ces lettres donnent pour ainsi dire l'envers et la suite de la passion de cette enfant, passion née d'un rêve et devenue par un hasard une déchirante réalité. Je copie ici littéralement les lettres de Saluce, me bornant à quelques suppressions et à quelques corrections de style qui n'enlèvent rien à la vérité et qui n'ajoutent rien à la passion. Saluce écrivait mieux que nous tous à cette époque, quand il voulait réfléchir sa pensée ou quand il était ému. Son éducation, moitié anglaise, moitié italienne, lui donnait un accent étranger et des ressources d'expressions qui manquent trop souvent aux hommes d'une seule langue.

PREMIÈRE LETTRE.

« Rome.

. . . .
. . . . « Si tu étais ici, rien ne me manquerait.
« Il faut deux âmes pour embrasser Rome ; je n'en ai
« qu'une, et je ne sais pas si je l'aurai longtemps.
« J'ai peur qu'elle ne m'ait été enlevée dans un regard
« comme à mon héros de l'Arioste, et qu'au lieu
« d'avoir été emportée dans une étoile, elle ne soit
« restée dans les deux plus beaux yeux qui aient
« jamais réflété ce beau ciel d'avril ici. *Ohime!* (c'est
« une exclamation de langueur italienne), *Ohime!*
« ma pauvre sœur ne m'en avait pas trop dit !

« *Ohime!...* *Misero me!...* *Povero me!...* Toutes les
« interjections du *Transtevere* ne suffiraient pas à
« évaporer ce qui m'oppresse. Tu m'as connu peu
« poétique ; je le suis plus que toi cette nuit, car je
« t'écris au lieu de dormir. Ma pensée n'est pas en
« moi ; elle n'est pas non plus dans cette belle poésie
« du Guido qui me regarde, ou plutôt qui regarde
« le ciel du fond de cette longue galerie qu'habitait
« mon oncle et où il entassait ses trésors de peinture.
« Non, non, la poésie que j'ai vue aujourd'hui vit,
« marche, palpite et parle! Et quelle vie! et quelle
« démarche! et quelles palpitations dans le sein! et
« quelles mélodies sur les lèvres! et quelles larmes
« transparentes sur le globe des yeux! O Guido
« Reni! tu as bien rêvé ; mais la nature rêve plus
« beau que toi!

« Tu dois penser que je suis devenu fou, comme
« cela m'est arrivé parfois de quelque toile de
« Raphaël, de la Galathée, de la Farnesina, ou
« de quelque page de roman anglais ouvert sur
« ma table, et que je me fais, comme nous faisions
« autrefois ensemble, un philtre de caprices pour
« m'enivrer, quitte à briser la coupe après ou à
« jeter mon anneau à la mer comme le dégoûté de
« Samos. Non, non, non! ce n'est pas cela. C'est
« *elle!* Et *elle,* qui? me dis-tu. *Elle,* qui *est* selon
« l'expression mosaïque! *elle,* dont je te parlais à
« Paris! *elle,* dont me parlait ma sœur dans toutes

« ses lettres ; *elle*, qui m'ennuyait, tant on obsédait
« de ce nom et de ces perfections mes yeux et mes
« oreilles ; *elle*, que j'appelais ma seconde sœur, tant
« ma sœur et elle s'étaient identifiées dans mes pen-
« sées ; *elle* enfin ! Tu sais maintenant qui je veux
« dire. Eh bien ! ma sœur elle-même était aveugle,
« mon ami.

« Elle m'a rappelé un vers de toi dont je ne me
« rappelle que le sens :

« Son ombre contient plus d'électricité que le
« corps d'une autre. »

« Mais je te tiens trop longtemps en suspens ; c'est
« que j'ai la fièvre ! Tiens, *prends et lis !* comme dit
« Talma.

« Je ne savais plus ce qu'était devenue cette en-
« fant-merveille dont m'entretenait sans cesse Clo-
« tilde jusqu'à la veille de sa mort. Je la croyais en-
« volée je ne sais où, à un des quatre vents du
« monde, bien loin du nid. Je n'y pensais plus. Je
« pensais à l'âme de ma pauvre sœur envolée, celle-
« là, en notre absence, sans aucun doigt pour lui
« montrer la route, sans aucune voix chère pour
« l'encourager au départ ! Et je me disais tous les
« soirs en me couchant, dans ces grandes salles où
« nous avions tant joué ensemble et qu'elle remplis-
« sait de sa belle voix : « Il faut pourtant que j'aie le
« courage d'aller voir de mes yeux la pierre de la
« chapelle où elle a été couchée par des mains étran-

« gères; il faut que je voie ce cloître, ces jardins
« mornes, cette cellule, cet horizon de cyprès, de
« pierres et de briques, qu'elle a vus si longtemps, en
« pensant à nous, et qu'elle m'a si bien et si souvent
« décrits qu'il me semble que j'irais les yeux fermés. »
« Et puis, quand le jour venait, je sentais un tel ser-
« rement de cœur, un pied si résistant à cette rue,
« que je disais : « Non, pas aujourd'hui. Je ne me
« sens pas assez fort, ou pas assez calme, ou pas as-
« sez saint, pour causer de si près avec une âme!... »
« Deux fois même j'ai passé par la Longara, en re-
« venant de Saint-Pierre, comme pour m'apprivoiser
« peu à peu à l'idée, à la maison, à la tombe!... Une
« fois même j'ai levé la main pour sonner à la petite
« porte du couvent, puis j'ai baissé le bras et je me
« suis sauvé, comme si j'avais eu peur qu'on n'eût
« aperçu mon geste et qu'on ne vînt m'ouvrir. Enfin,
« tu sais tout ce qui se passe de contradictions, d'en-
« fantillages et de superstitions dans nos âmes quand
« elles sont seules. J'ai laissé passer un mois, puis un
« autre, puis la moitié d'un autre, sans oser y aller.
« Mais j'avais le projet (je dis : j'avais hier, car au-
« jourd'hui je ne l'ai plus), j'avais le projet de partir
« pour la Sicile, où mon père a un vieil ami anglais
« qu'il m'a recommandé de voir. Je n'avais pas au
« palais la moindre relique de Clotilde, un cheveu,
« un bijou, un ruban, une robe, rien ; tout était resté
« au couvent après sa mort, à ce que me disait le

« concierge du palais de mon père. Je ne voulais pas
« absolument quitter Rome sans emporter un talis-
« man de cet ange sur moi. Tu sais que je ne suis pas
« superstitieux comme les enfants de mon pays de
« Bretagne ; mais je suis *mémoratif* et fidèle comme
« eux. Dans la relique, ce n'est pas la relique que
« j'aime ; c'est la pensée ! Je ne sais pas si la pensée
« ne s'incorpore pas jusqu'à un certain point dans la
« chose matérielle, et ne lui communique pas, non
« une vertu secrète, mais un signe présent et visible
« de vertu ! une émanation de l'être absent qui im-
« prime à l'objet donné en souvenir une continuité de
« présence, d'amour, de protection. Je divague, mais
« c'est égal, je ne me fais pas avec toi plus surhumain
« que je ne suis. Bref, je voulais une présence réelle
« de ma pauvre sœur sur le cœur, au cou, au doigt,
« dans mon portefeuille. Il fallait aller demander
« cette relique où elle était. Je pris mon courage dans
« mon désir et j'y allai.

« Mais trois heures du matin sonnent à Saint-
« Pierre ; je t'ennuie ; c'est égal encore, je continue.
« Je ne puis pas dormir, il faut que j'écrive, tu ne
« liras pas si tu veux.

« J'y allai donc ; et quand ? Y a-t-il un siècle ? En
« vérité, il me semble qu'il y a un siècle et que l'image
« qui est en ce moment dans mes yeux, quand je les
« ferme, y a toujours été. Eh bien ! il y a la moitié
« d'un jour et la moitié d'une nuit ! O temps ! tu

« n'existes pas! tu n'es que le vide de ce qui n'est
« pas encore, attendant ce qui doit être. Aussitôt que
« ce vide est rempli, il n'y a plus de temps : à quoi
« mesurer ce qui n'est plus?

« Donc j'allai, à deux heures après-midi, par un
« brûlant soleil qui me faisait chercher l'ombre rap-
« prochée des murs, et qui chassait des rues dé-
« sertes toute figure humaine, sonner tout tremblant
« à la petite porte du couvent de ma sœur. La porte
« s'ouvrit comme d'elle-même et j'entrai, sans avoir
« vu personne, par une allée qui débouche dans la
« cour. Personne non plus; tout le monde faisait
« la sieste dans les cellules. Une main de tourière
« assoupie m'avait apparemment tiré d'en haut le
« verrou de la porte grillée. J'étais heureux de cette
« solitude complète; une voix m'aurait brisé le cœur;
« une figure quelconque se serait interposée entre
« l'image de ma sœur et moi. Je regardais en li-
« berté et en paix ces murs qui l'avaient enfermée,
« ces pavés qu'elle avait foulés, cette longue allée
« de cyprès qu'elle avait comptés si souvent en pen-
« sant à moi, cette fontaine qui bouillonnait sous le
« cloître et dont le murmure l'avait éveillée ou assou-
« pie trois ans! La cour étincelante de soleil, et
« dont les dalles laissaient passer de longues herbes
« et des giroflées jaunes entre les interstices de
« pierres, avait l'air d'un *campo santo* abandonné
« aux végétations incultes du Midi.

« Le bruit de mes pas sur les pierres n'attira per-
« sonne dans cette cour déserte, ne fit ouvrir au-
« cune persienne aux fenêtres. Je ne savais à qui
« m'adresser pour parler à la supérieure et lui de-
« mander à visiter les restes de ma sœur et à em-
« porter ses reliques. La tourière dormait apparem-
« ment, comme les autres habitantes de ce cloître
« endormi. Je m'enhardis, en attendant un mouve-
« ment ou une voix, à jeter les yeux sur la partie
« ouverte du cloître, sur la fontaine, sur la cour, sur
« les jardins que n'animait le bruit d'aucune bêche,
« et à faire quelques pas dans l'enclos.

« J'aperçus enfin, à l'extrémité du cloître, une
« grande porte entr'ouverte ; c'était celle de la cha-
« pelle du monastère, dont ma sœur m'avait souvent
« parlé. Je pensai qu'une religieuse en méditation
« dans la chapelle avait sans doute laissé cette porte
« sans la refermer derrière elle, que le bruit de mes
« pas l'arracherait à ses pieuses pratiques, et qu'elle
« viendrait m'indiquer la personne du couvent à
« laquelle je devais m'adresser. Je fis quelques pas
« sous le cloître ; je trempai en passant ma main
« dans l'eau du bassin qui avait tant d'années rafraî-
« chi le front de Clotilde, j'en bus une pleine main
« en mémoire d'elle ; je poussai le battant de la porte
« et j'entrai en faisant exprès résonner mes pas sous
« le petit dôme consacré aux dévotions des recluses.

« Je croyais que ce bruit ferait retourner l'une d'entre

« elles ; mais il n'y avait personne dans les bancs.
« Leurs places étaient marquées par des livres de
« prières laissés sur la dernière étagère de leur prie-
« Dieu. Un petit autel au fond décoré de fleurs arti-
« ficielles plantées dans des urnes de marbre peint
« en or, deux ou trois tableaux de dévotion enfer-
« més et encadrés de bois noir contre des murailles
« blanchies à la chaux, une balustrade de cyprès
« moulée séparant le chœur du reste de l'édifice, un
« pavé de grandes dalles dont quelques-unes étaient
« sculptées en bosse avec des armoiries et des figures,
« dont les autres ne portaient qu'une large croix
« carrée dessinée sur la pierre, avec un nom et une
« date en bas ; voilà tout. Deux rayons de soleil
« tombant d'aplomb par les vitraux d'un petit dôme
« au-dessus de l'autel traversaient perpendiculaire-
« ment le fond de l'enceinte, comme deux gerbes
« d'eau, venaient frapper les dalles au pied de la
« balustrade, et rejaillissaient en lumière éblouis-
« sante à mes pieds sur une de ces sculptures. C'est
« à cette clarté de ciel, c'est à la lueur de ce cierge
« éternel, comme tu l'appelles dans tes vers, que
« je lus le nom de Clotilde et la date de sa mort. Je
« me précipitai d'abord pour embrasser de mes deux
« bras ce lit de lumière où elle reposait, où le soleil
« semblait ainsi la chercher pour la ranimer. Ce ne
« fut que plus tard et après avoir prononcé mille
« fois son nom, pleuré et prié sur sa tombe, que je

« m'aperçus d'une différence qui ne m'avait pas
« frappé d'abord entre cette dalle et celles qui re-
« couvraient les autres cercueils dont la chapelle
« semblait pavée. Elle était de marbre, et il y avait
« au sommet une poignée de fleurs encore odorantes,
« et qui semblaient souvent renouvelées. Je ne fis
« pas grande attention à cette distinction de culte
« entre les cercueils, et je restai agenouillé je ne
« sais combien de temps sur la dalle, les coudes ap-
« puyés sur la balustrade du chœur, et le visage
« noyé dans mes deux mains.

« Tu sais que je ne suis pas ce qu'on appelle dé-
« vot; mais quand on a sous les genoux le cercueil
« de l'être qu'on aima le plus en ce monde, sur la
« tête un rayon du soleil couchant, et devant sa pen-
« sée le problème terrible de l'éternelle séparation
« ou de l'éternelle réunion, on ne le résout pas par
« le raisonnement, on le résout par le cœur, mon
« ami : on aime, on pleure, on se fie à son amour
« et à ses larmes. Tout homme alors prend malgré
« lui la superstition de sa tendresse. S'il ne sent
« rien, il ne croit rien ; s'il sent tout, il croit tout.
« J'étais anéanti dans la vision de l'immortalité où
« je revoyais ma sœur, comme si elle eût fait partie
« de ces rayons ; je lui parlais comme si elle m'a-
« vait répondu dans cet écho de ma respiration, dans
« ce vide de marbres sonores. Combien de minutes
« ou d'heures s'écoulèrent ainsi? Je ne le sais pas.

« Je crois que j'y serais encore sans ce que je vais
« te dire.

« (Mais, grand Dieu! je n'ai pas commencé, et
« voilà un volume! Que vas-tu penser de ma lo-
« quacité? Pense tout ce que tu voudras ; il faut
« que je retrace pour moi, sinon pour toi, cette heure
« autour de laquelle dès aujourd'hui, et pour jamais,
« vont graviter toutes les heures qui me restent à
« vivre.)

« J'entendis un léger gémissement de gonds à la
« porte ; je crus que c'était le vent de l'*Ave Maria*
« qui se lève au soleil couchant, et qui fait battre les
« volets dans la solitude des rues de Rome ; je ne
« me retournai pas. J'entendis un frôlement d'étoffe
« contre le mur ; je crus que c'étaient les plis d'un
« des rideaux des fenêtres qui balayaient les vitres ;
« je ne relevai pas la tête. J'entendis des pieds lé-
« gers, mais lents et mesurés, qui semblaient s'avan-
« cer en hésitant vers le banc de bois dont la plan-
« che supérieure, celle où l'on joint les mains, ca-
« chait sans doute à la personne qui venait prier ma
« tête inclinée plus bas sur la balustrade du chœur.
« Je passai mes doigts sur mes yeux pour y faire
« rentrer mes larmes, j'écartai mes cheveux qui me
« couvraient le front, et je me levai en retournant
« mon visage vers la porte du côté où j'avais cru
« entendre les pas !

« Ah ! mon ami, ce ne fut qu'un éclair, une vision,

« une hallucination, tout ce que tu voudras; mais
« je vivrais mille et mille années, et je tiendrais le
« pinceau de Raphaël, le ciseau de Canova, le cla-
« vier de Rossini, la plume de Pétrarque, et j'écrirais,
« je chanterais, je peindrais, je sculpterais ma pensée
« pendant des milliers d'heures, que je n'essayerais
« pas d'égaler jamais ce que je vis dans ce rayon !

« Une jeune figure d'environ seize ans, toute vêtue
« de noir, comme un cyprès qui sort d'un pavé de
« marbre, grand, souple, élancé sur sa base, les
« épaules transparentes à travers un filet de som-
« bres dentelles, les bras arrondis, la taille ondulée
« et déjà demi-pleine, faisant éclater l'enveloppe de
« soie qui se collait aux lignes de son corps, comme
« le tissu de lierre déchiré çà et là par la blancheur
« du marbre qui se colle aux genoux et aux hanches
« d'une statue, dans le jardin Pamphili, la tête un
« peu inclinée, les mains jointes par ses doigts en-
« trelacés sur ses genoux autour d'un de ces gros
« bouquets de toutes nuances que les paysannes
« d'Albano viennent vendre à Rome, et qu'elles
« nattent en mosaïque de fleurs; des cheveux ratta-
« chés en deux ou trois grosses boucles sur sa tête
« par deux longues épingles semblables à des stylets
« à manches de perles. Ces cheveux blonds frappés
« du soleil rejaillissaient aux yeux en véritables
« éblouissements métalliques de gerbes d'or. Quant
« au visage, je n'essaye pas; j'effacerais autant de

« mots que j'en écrirais pour peindre l'inexprimable;
« d'ailleurs, il y avait autour de tous les traits, de
« toutes les lignes, de toutes les teintes de la peau,
« de toutes les expressions de la physionomie, une
« atmosphère et comme un rejaillissement d'âme, de
« jeunesse, de vie, de splendeur, tel qu'on ne voyait
« pas ces traits, ou qu'on ne les voyait qu'à travers
« un éblouissement, comme on ne voit le fer rouge
« qu'à travers sa vapeur ignée dans la fournaise. Ce
« visage transpercé de part en part par la lumière,
« tant la carnation en est limpide, se confondait si
« complétement avec les rayons par la transparence
« et la couleur blanche et rose du front et des joues,
« qu'on ne pouvait dire ce qui était du soleil et ce qui
« était de la femme : où commençait, où finissait le
« rayon du ciel et la créature céleste. C'était, si tu
« veux, une incarnation de la lumière, une transfi-
« guration des rayons du soleil en visage de femme,
« une ombre de visage entrevue au fond d'un arc-en-
« ciel de feux ! Mais bah ! efface tout cela, ou ne le
« lis pas; c'était ce que tu as rêvé peut-être dans
« l'heure la plus amoureuse de tes inspirations pour
« fondre d'un regard un cœur insensible dans un
« cœur d'homme ! Ce que tu n'as jamais pu dire; ce
« que Raphaël a entrevu dans ses dernières touches,
« quand il devenait plus homme et moins mystique;
« un visage entre la Vierge et la Fornarina, divin par
« la beauté, féminin par l'amour ! de ces yeux qui,

« s'ils vous regardaient jamais, attireraient votre âme
« tout entière sur vos yeux et sur vos lèvres, et la
« consumeraient dans un éclair ! Efface encore, ce
« n'est pas cela, car l'éclair foudroie, et ce visage
« enlève et attire. Ce n'est pas la foudre, non, c'est
« plutôt l'évaporation soudaine de l'âme vers la di-
« vinité de l'attrait... Tiens ! je brise ma plume, je
« maudis les mots ; ce n'est rien de tout cela ! c'est
« tout cela, et puis encore, après tout cela, c'est elle !
« Prends que je n'ai rien dit.

« J'eus le temps (si le temps existe devant une
« pareille apparition, et je crois que non), mais enfin,
« j'eus ce qu'on appelle le temps de regarder de tous
« mes yeux extérieurs et intérieurs la ravissante
« figure qui s'avançait nonchalamment, les bras
« pendants, les regards baissés sur le pavé de la
« chapelle. Les statues de pierre qui étaient dans les
« niches derrière l'autel n'étaient pas plus de pierre
« que moi. Je ne crois pas que ma respiration seule-
« ment eût soulevé une fois mon sein depuis que
« mon regard était attaché sur elle. J'aurais voulu
« qu'elle avançât toujours et n'approchât jamais. Il
« me semblait qu'elle portait ma vie, et que le pre-
« mier cri, le premier geste allaient faire tout dispa-
« raître et la briser dans sa fuite !

« Soit qu'elle fût trop absorbée dans sa pensée,
« soit que le rayon qui tombait d'aplomb du dôme à
« jour du petit cloître, et qui rejaillissait sur l'or et

« sur le marbre de l'autel, éblouît ses yeux, elle ne
« me voyait pas encore, bien qu'elle ne fût plus qu'à
« six pas de moi. Sans relever la tête, arrivée au
« bord de la pierre du tombeau de ma sœur, elle
« s'agenouilla. Elle déposa doucement le gros bou-
« quet qu'elle portait dans ses mains sur le marbre,
« comme si elle eût craint que le bruit de ces feuilles
« de roses posées sur un cercueil ne réveillât la morte
« endormie. Puis elle resta un moment immobile et
« en silence, regardant la pierre et remuant légère-
« ment ses lèvres, où je crus saisir le nom de notre
« chère Clotilde.

« Je ne puis te dire ce qui se passa en moi en
« voyant que je ne sais quelle parenté funèbre exi-
« stait entre cette âme revêtue d'un corps céleste et
« la mienne, et qu'avant de nous être entrevus, un
« sentiment commun nous unissait dans ce culte de
« ma sœur. Serait-ce, me disais-je en moi-même,
« cette Régina dont Clotilde fut si aimée? Mais Clo-
« tilde m'avait écrit, peu de temps avant sa mort,
« qu'elle avait perdu sa Régina, et qu'elle allait se
« marier avant peu au prince ***. Or, la charmante
« figure n'avait rien du costume d'une femme. Ses
« cheveux nus, sa robe noire, nouée sans aucun orne-
« ment, autour du cou, étaient le costume en usage aux
« jeunes filles romaines. Ce ne pouvait être Régina!...

« Au moment où je me demandais ainsi : qui peut-
« elle être? elle se releva sur un genou en relevant

« aussi la tête pour saluer l'autel avant de se retirer,
« elle m'aperçut. Elle ne jeta point de cri; ses yeux
« restèrent fixes, ses lèvres entr'ouvertes, ses bras
« tendus vers moi, comme ceux d'une somnambule ;
« la pâleur du marbre se répandit sur ses traits, ses
« bras retombèrent le long de son corps, sa tête
« s'inclina, ses jambes fléchirent, et elle glissa sur
« ses genoux, assise, la main gauche appuyée sur la
« pierre de Clotilde pour se soutenir, et continuant à
« me regarder. Je m'élançai et je la soutins dans mes
« bras. Que te dirai-je de ce qui se passa en moi,
« quand je sentis le poids léger de cette femme non
« évanouie, mais affaissée sur mon cœur?

« Je n'eus que le temps de l'emporter vers le grand
« air ; ce ne fut qu'un éblouissement ; elle reprit
« à l'instant la couleur, le mouvement, la parole.
« Elle se dégagea sans colère et sans brusque sou-
« bresaut de mes bras, comme si elle s'y était sentie
« à sa place. Elle regarda la pierre de Clotilde, puis
« moi, puis la pierre encore, puis moi de nouveau.
« On eût dit d'un peintre qui confronte un modèle
« avec un portrait. Puis tout à coup, s'élançant du
« cœur, des yeux et du geste vers mon visage :
« « O Clotilde, c'est lui, car c'est toi ! » dit-elle. Puis,
« avec une volubilité enfantine et balbutiante :
« N'est-ce pas, monsieur, que vous êtes bien lui?
« Eh bien ! moi, je suis elle, je suis Régina ! Je suis
« son amie, sa sœur, sa fille sur la terre ! Vous le

« voyez, je vis encore d'elle, avec elle, et pour elle !
« Quand je cueille deux fleurs, il y en a une pour
« mes cheveux et une pour son cercueil ! Est-ce que
« vous ne me reconnaissez pas comme je vous ai
« tout de suite reconnu, vous ? Mais vous ne m'avez
« pas fait peur : oh! non ; son fantôme ne m'ef-
« frayerait pas ! Je me sens aussi tranquille à pré-
« sent et aussi accoutumée avec vous que si vous
« étiez mon frère et moi votre sœur !

« — Oh! quels noms, mademoiselle, m'écriai-je, vous
« me permettez là de vous donner ! Frère, sœur, ami.

« — Appelez-moi Régina, de grâce, me dit-elle en
« joignant ses deux mains comme pour me supplier,
« je croirai mieux que c'est Clotilde. Elle ne m'ap-
« pelait pas mademoiselle, elle ! Moi, je ne vous dirai
« plus monsieur, mais je vous appellerai *Saluce!*

« — Oh ! Régina, lui dis-je en l'asseyant sur un
« des bancs du cloître et en tombant à mon tour à
« genoux devant elle, quoi, c'est vous? C'est vous
« qui m'attendiez à la place de ma sœur?

« — Oh! je ne vous attendais pas, je vous invoquais,
« reprit-elle en me prenant les mains dans les siennes
« avec cette confiance naïve d'un enfant qui n'hésite
« jamais entre une décence et un premier mouvement;
« oui, vous ne savez pas, mais elle le sait, elle!
« (En montrant d'un doigt étendu la pierre funèbre.)
« Je vous invoquais tous les jours, là, sur cette
« pierre ! Je disais à Clotilde : Si tu veux que je vive,

« renvoie-moi ton image et ton cœur dans l'image
« et le cœur de ce frère que tu aimais tant! qui te
« ressemblait tant! Et elle me répondait, ajouta-t-
« elle avec un geste d'affirmation surhumain : Oui.
« Elle me répondait : quelque chose me disait qu'elle
« ressusciterait pour moi en vous, et que de son
« tombeau, là, comme vous êtes sorti, sortiraient
« son image et son amitié pour moi, sous les traits
« et sous le nom de son cher Saluce!... Est-ce vrai?
« Me trompait-elle en me le promettant? Serez-vous
« un ami comme elle était pour moi?

« — Oh! c'est maintenant moi qui crois au mira-
« cle, Régina! m'écriai-je. Un ami, un frère, un.....!

« — Taisez-vous! me dit-elle, en mettant un doigt
« sur ses lèvres et en couvrant sa physionomie rayon-
« nante d'un voile qui sembla tout éteindre sur ses
« traits. Je suis mariée!... Je suis princesse***. Ils le
« disent du moins dans Rome, mais mon cœur ne
« me le dit pas. Depuis Clotilde, je ne l'ai donné à
« personne; je l'ai gardé à moi toute seule, voyez-
« vous, pour le rendre à celui seul pour qui elle le
« voulait! C'est elle qui vous a dit de venir, enfin,
« n'est-ce pas? »

« Enfin, mille choses vives, naïves, enfantines,
« étourdies, soudaines, inattendues, enivrantes,
« qu'une jeune fille de ton côté des Alpes ne dirait
« pas en dix mois, quand même elle les penserait!
« C'est moi qui étais interdit! C'est elle qui me ras-

« surait, qui me suppliait, qui me familiarisait à elle,
« comme si j'avais été simplement une sœur retrou-
« vée, une sœur plus âgée qu'elle et devant laquelle
« elle aurait eu à la fois les élans de la tendresse et
« les puérilités de l'enfance !

« Et tout cela sortait d'un regard où le ciel étin-
« celait sur une rosée de larmes de joie; d'un cœur
« que je voyais battre sous sa légère robe de soie, et
« dont les battements m'auraient compté, sans que
« je les sentisse, les heures de l'éternité !... Oh ! je
« m'arrête ! Je ne puis plus écrire; je ne puis qu'ou-
« vrir ma fenêtre, lever les yeux vers ces étoiles d'où
« ma sœur m'a envoyé ce divin rayon sur ma vie, et
« regarder couler le Tibre, qui n'a jamais emporté un
« pareil éblouissement des yeux d'un mortel dans le
« scintillement de ses flots ! Je te dirai une autre fois
« ce que je répondis.

« *P. S.* Il suffit que tu saches que cette conversa-
« tion dans le jardin du cloître, les yeux sur la tombe
« de son amie et de ma sœur, dans ce silence lumi-
« neux du milieu du jour, dura sans être interrompue
« jusqu'à l'*Ave Maria;* que sa nourrice, qui la cher-
« chait vainement dans les jardins, vint enfin la trou-
« ver assise à côté de moi sur le banc; qu'elle me
« mena en bondissant vers cette femme qui l'adore,
« en me poussant dans ses bras, en battant des mains
« et en lui criant : « C'est lui ! » qu'elle me présenta
« à sa grand'mère infirme, par qui je fus recueilli

« comme un fils ; qu'elle me mena dans la cellule de
« ma pauvre sœur, devenue aujourd'hui la sienne, et
« toute tapissée de ses souvenirs ; qu'elle se jeta à
« genoux devant un portrait de Clotilde suspendu au
« pied de son lit, et qu'elle lui dit en le voilant : « Je
« n'ai plus besoin de toi ; j'ai ton image vivante. Il
« est là ! J'y suis ! regarde-nous ! Nous allons nous
« aimer comme autrefois, en ton nom ! »

« Qu'enfin elle me raconta, avec des larmes de
« dépit et un air d'incrédulité, son mariage, qui ne
« paraissait pas l'alarmer sérieusement sur son ave-
« nir ; que je passai la soirée entre la grand'mère, la
« nourrice et elle, dans le jardin du couvent et sur
« la terrasse, à parler de Clotilde ; que la porte du
« couvent me sera ouverte tous les jours pour aller
« librement m'entretenir de ma sœur ; que je fais
« partie de la famille, comme si leur chère Clotilde
« avait véritablement ressuscité en moi pour elles !
« que j'ai les yeux éblouis, l'âme ivre, le cœur
« noyé de sensations ! que j'ai plus vécu dans cette
« soirée que dans les vingt-trois années de ma vie,
« et que si Dieu me disait de choisir entre un siècle à
« mon choix, sans elle, et la minute où j'ai vu Ré-
« gina s'avancer, le bouquet funèbre à la main, vers
« la pierre de ma sœur, puis relever son visage vers
« moi dans un rayon de soleil, je n'hésiterais pas, mon
« ami, je prendrais la minute ! Elle contient plus de
« délire qu'une éternité ! Adieu, adieu, adieu ! »

14

DEUXIÈME LETTRE.

« Rome.

. . . .

« Garde-moi ces lettres; elles me seront une trace
« de ma vie qui court maintenant si vite, si nous
« nous revoyons jamais.

« Depuis que je t'ai écrit ma rencontre avec l'amie
« de Clotilde, nous nous voyons tous les jours deux
« fois. Le matin quand tout repose, pendant la sieste
« de midi, dans la Longara, je passe à une heure
« convenue sous les fenêtres d'une petite aile déserte
« du couvent au-dessus de la porte. Il y a là un bel-
« védère à jour dont le temps a dégradé une partie du
« treillis de bois qui empêchait autrefois les novices
« d'être aperçues des passants quand elles respiraient
« le frais. Régina, qui y vient seule et librement par
« le corridor de sa cellule, a élargi un peu avec ses
« belles mains la brèche du treillis. Elle en a fait une
« véritable petite lucarne, où elle passe à demi sa
« tête, tout encadrée des lierres et des liserons en-
« trelacés au treillage. Elle connaît mon pas dans
« la rue, elle passe son bras par l'ouverture et
« laisse tomber une poignée de fleurs ou seule-
« ment une feuille sèche, un grain de sable, sur
« ma tête; je m'arrête, elle regarde si j'ai ramassé,

« je passe de l'autre côté de la rue, je distingue ses
« beaux yeux ouverts, semblables à deux urnes
« bleues de plus dans la tapisserie des fleurs grim-
« pantes, j'entrevois ses cheveux dorés comme les
« filaments d'une plante inconnue, nous nous regar-
« dons, immobiles, en remuant seulement les lèvres,
« pleines de mots muets, de confidences et de sou-
« rires emportés par le vent. Nous restons ainsi jus-
« qu'à ce qu'une persienne importune vienne à s'ou-
« vrir dans la façade de quelque maison voisine, ou
« jusqu'à ce que j'entende le pas rare d'un passant
« retentir à une des extrémités de la rue. Alors elle se
« retire, je continue mon chemin, et je rentre dans
« le palais de mon père avec une provision d'ivresse
« pour tout le jour.

« Le soir, à l'heure où les Romains sortent en ca-
« lèche pour les théâtres, le *Corso*, les *conversazioni*,
« où je ne vais plus, je suis admis par la tourière,
« comme un parent de la famille, dans l'appartement
« de la princesse, qui ne subit qu'à moitié les règles
« claustrales. Je trouve Régina qui m'attend sous le
« cloître, auprès de la fontaine ; je lui baise les mains
« avec le respect d'un étranger pour une femme et
« avec la douce familiarité d'un frère. Elle me con-
« duit au pied du canapé de sa grand'mère ; nous
« causons en paix et en pleine liberté devant cette
« femme âgée, qui semble rajeunir à nos folles joies
« d'enfants heureux. Seulement elle jette quelquefois

« un long regard de tristesse sur Régina et sur moi,
« puis elle regarde à la pendule et semble penser
« sans nous le dire : « Combien de temps durera ce
« bonheur? Combien y a-t-il d'heures dans deux
« ans? Car c'est dans deux ans que le prince *** doit
« lui enlever sa petite-fille devenue sa femme. »

« Quand Régina s'aperçoit de cette inquiétude et
« devine la pensée de sa grand'mère, elle se lève sur
« la pointe des pieds et arrête l'aiguille sur le cadran
« en regardant la comtesse Livia. « Non, non, dit-
« elle avec cette charmante moue italienne des lèvres
« d'enfant, non, grand'mère, ne pensez pas à cela!
« Je vous dis que cela ne viendra jamais! Ce vilain
« prince, ne m'en parlez pas; il me fait haïr mon
« nom! Je suis Régina ; je ne suis pas sa princesse!
« je ne le serai pas! Je me moque de ses *sbirri*; mon
« cœur est à moi, je le donnerai à qui je veux! Et
« elle me regarde d'un air d'intelligence et en sou-
« riant comme si, en effet, en arrêtant l'aiguille, la
« capricieuse avait arrêté le temps! » . . . . .

. . . .

(Il manque ici sept ou huit lettres de Saluce dans lesquelles il me racontait les scènes monotones de son bonheur, et les développements de la passion des deux amants.)

DIXIÈME LETTRE.

« Rome.

. . . .

« Tu connais la villa Pamphili. Tu te souviens
« peut-être qu'un jour nous y allâmes ensemble au
« mois d'avril, et qu'en regardant au bout des grands
« pins la pente de gazon qui descend vers la chau-
« mière et qui se termine dans la plaine voilée de
« brumes, que transpercent seulement les arches
« jaunes de Travertin des aqueducs en ruines, tu me
« disais : C'est trop beau pour l'homme ! Il n'y a que
« l'amour qui soit digne d'habiter là !

« Eh bien ! prophète ! Cela n'est pas trop beau ;
« l'amour y est venu, et il a mille fois encore embelli
« ces scènes mélancoliques de la ville que tu appelais
« le jardin de l'infini !

« Nous y venons souvent à la chute du soleil dans
« la Méditerranée, pendant que les Romains et les
« étrangers courent au Corso entre deux murs qui se
« renvoient la poussière. Comme la princesse *** est
« censée habiter le couvent, la comtesse Livia ne la
« promène que dans les lieux déserts, à Albano, à
« Tivoli, à Frascati, aux monuments, aux jardins de
« Dioclétien, au tombeau de Cecilia Metella, dans
« la campagne de la Sabine, ici, partout où il n'y

« a qu'elle et moi. Comme je suis peu connu à Rome,
« je passe, quand on nous rencontre, pour un neveu
« de la comtesse Livia, venu de Sicile pour servir de
« bras à sa tante. Mes cheveux noirs et mes traits du
« Midi rendent la version vraisemblable.

« Ce soir donc, nous avons laissé la vieille com-
« tesse et la nourrice dans la calèche, sur le bou-
« lingrin de l'entrée de la villa, et nous nous sommes
« enfoncés, comme à l'ordinaire, Régina et moi, dans
« les longues allées de lauriers qui descendent à perte
« de vue du plateau de la ville vers la vallée. Nous
« étions, à cette heure que les Italiens trouvent dan-
« gereuse, les seuls habitants de ces vastes salles
« de verdure. Les longues murailles d'ombrages que
« forment les haies épaisses des lauriers taillés, les
« coudes des allées, les statues, les conques, les per-
« spectives de marbre qui en interrompent de dis-
« tance en distance l'uniformité, nous dérobaient à
« tous les regards. Nous étions plongés dans cet iso-
« lement et dans cette sécurité du bonheur qui fait
« croire que deux êtres qui s'aiment sont les seules
« créatures animées, les seuls points sensibles de
« toute la nature. Nous nous hâtions d'avancer le
« plus loin possible dans ces labyrinthes, pour qu'au-
« cun autre œil que les yeux du firmament, ces
« étoiles qui allaient se lever, ne pussent tomber sur
« nous. Régina cueillait dans les gazons les fleurs
« d'automne, et venait me les confier en gerbes pour

« les rapporter à la voiture et pour en embaumer, le
« soir, la terrasse de sa chambre. Mes mains en
« étaient embarrassées. Elle courait devant moi ;
« elle faisait envoler les merles déjà endormis qui
« traversaient les allées en sifflant et en rasant ses
« mains étendues de leurs ailes bleues. Les teintes
« roses des vapeurs du soir, qui flottaient sur l'hori-
« zon du côté de la mer, se réverbéraient sur son
« front, sur son cou, sur ses mains, comme un fard
« céleste versé du haut du ciel sur la plus divine
« forme de la nature. Ses cheveux, qu'elle relevait
« et qui se dénouaient sans cesse par la course, re-
« tombaient en tresses trempées de rosée sur sa joue
« et sur ses épaules. On eût dit qu'elle sortait d'un
« de ces bains de Diane dont les ondes murmuraient
« dans les canaux à ses pieds. Jamais encore je ne
« l'avais vue si belle, et jamais sans doute ces jardins
« n'avaient été foulés par une plus radieuse image
« de la joie, de la jeunesse et de l'amour. Je ne com-
« prenais pas, en la regardant, que la douleur osât
« jamais jeter son ombre sur un pareil front. Elle
« me semblait inviolable au malheur comme à la
« mort.

« Quand elle était lasse, elle se suspendait par ses
« deux mains à mon bras déjà chargé de ses fleurs,
« et s'y appuyait en exagérant le léger poids de son
« corps, pour me faire mieux sentir qu'elle était là,
« et pour sentir mieux elle-même l'appui que je lui

« prêtais. Elle s'amusait à traîner par moments ses
« pas, comme si elle eût été trop essoufflée pour
« marcher si vite ; puis tout à coup elle abandonnait
« mon bras avec des éclats de doux rire et des défis
« de l'atteindre, et s'élançait en bondissant devant
« moi sur le sable des allées.

« Puis, elle se laissait dépasser et me priait alors,
« en feignant de bouder, de l'attendre. Puis, elle se
« rapprochait, les mains jointes sur sa robe, dans
« l'attitude de la langueur qui rêve, en me regardant
« et en paraissant rouler quelque image importune
« dans sa pensée. Puis elle relevait et secouait tout à
« coup la tête dans un mouvement de fougue et
« d'impatience, et s'écriait : Non ! je ne veux pas y
« penser, Saluce ; nous avons deux ans ainsi devant
« nous !

« — Mais comprends-tu, lui disais-je, ce que sera
« pour nous la vie séparés l'un de l'autre, après
« deux ans de cette félicité surhumaine !

« — Il y a une Clotilde au ciel, me répondait-elle
« alors en me montrant du doigt levé une des étoiles
« qu'on commençait à voir poindre dans le firma-
« ment, entre les larges parasols verts des pins d'Ita-
« lie. Celle qui nous a réunis saura bien nous proté-
« ger encore.

« — Penses-tu à ce que doit être pour moi la
« solitude du palais de mon père, après des soirées
« passées toutes ainsi ? Oh ! pourquoi, si Clotilde

« devait protéger cet amour, a-t-elle laissé s'inter-
« poser, entre son amie et son frère, l'ombre mena-
« çante de cet homme, qui réclamera un jour, au
« nom de la loi, ce que le cœur et la volonté ne lui
« ont jamais donné ?

« — Le prince *** en ce moment n'habite pas
« Rome. Il voyage en Angleterre et en Amérique
« pour étudier les améliorations agricoles à introduire
« dans ses domaines de l'État romain. »

TREIZIÈME LETTRE.

« Rome.

« Les jours et les mois passent, et rien n'a changé
« dans ma félicité. Voilà pourquoi je ne t'écris que si
« rarement ; j'ai peur de t'ennuyer de bonheur. J'ha-
« bite depuis quelques semaines la même maison
« que Régina et sa grand'mère à Tivoli.

« Les médecins ont conseillé à la comtesse Livia
« de respirer, pour se fortifier, l'air pur et vif des
« collines. Elle a loué pour quelques jours le palais ***
« à Tivoli. Elle m'a permis de louer moi-même un
« petit appartement au-dessus du sien dans le même
« palais. De ma fenêtre je vois le balcon de Régina,
« où sa grand'mère s'asseoit à l'ombre tout le jour,

« dès que le soleil a tourné l'angle du palais. Tu
« connais Tivoli. Nous sommes sur le dernier gradin
« de la colline, dominant le temple de la Sibylle, les
« grottes, les cascatelles, et cette vallée d'où le mur-
« mure et la fumée des eaux s'élèvent confondus avec
« les arcs-en-ciel tournoyants dans les vapeurs !
« Avions-nous besoin de ce vertige de plus pour
« donner le vertige éternel à nos âmes?...

« Je vois d'ici le plateau opposé de l'autre côté de
« la vallée des eaux, avec les chênes verts, les roches
« grises entrelacées de figuiers, et l'ermitage des
« Franciscains, qui fut autrefois la maison d'Horace,
« et où tu écrivis un jour tes premiers vers ! Ce sou-
« venir de toi, au milieu de mon bonheur, le com-
« plète. Je me figure que tu es encore là, me regar-
« dant et te réjouissant avec moi de ce que la fortune
« m'a donné pour théâtre de mon amour un des plus
« divins séjours de la terre. Quand l'âme est pleine
« elle a besoin de se répandre autour d'elle, dans
« une nature aussi splendide que ses pensées. La
« nature est la décoration de la vie. Vie plus heu-
« reuse, décoration plus belle, jamais ! »

QUATORZIÈME LETTRE.

« Rome.

« Le bonheur était trop complet pour être durable...
« C'est ta pitié maintenant qu'il me faut. La comtesse
« Livia a reçu du gouvernement l'ordre de rentrer à
« Rome, d'observer la vie cloîtrée du couvent avec sa
« petite-fille, ou de la laisser seule au couvent jus-
« qu'au retour du prince ***, qui réclamera sa femme.
« Cela vient des amis du prince qui ont été informés
« et qui se sont plaints des assiduités d'un étranger
« dans la famille. Les ordres de police ici sont ab-
« solus; il a fallu obéir. La comtesse a quitté Tivoli;
« elle est rentrée dans son palais à Rome, afin d'avoir
« la liberté de réclamer et de faire agir ses amis au-
« près du gouvernement. Régina est enfermée seule
« avec la nourrice dans l'enceinte du couvent. Je suis
« parti ostensiblement pour Florence, d'après ses con-
« seils, pour enlever tout prétexte d'accusation et de
« réclusion contre Régina et la comtesse. Mais, arrivé à
« Terni, j'ai fait poursuivre de nuit à ma calèche la
« route de Florence; un jeune Napolitain de mes amis,
« qui va à Paris, y a pris ma place. Je suis revenu seul
« et sous un autre nom à Rome. Je ne suis pas rentré
« dans la ville, pour que mon palais vide trompât la
« surveillance du gouvernement. Je vis caché dans

« une maison de jardinier, hors des murs, du côté
« de Saint-Paul, sur un chemin de traverse, chez le
« frère de la nourrice de Régina. J'ai une chambre
« dont la fenêtre ouvre sur la campagne, et qui me
« permet de jouir de la vue du verger, des prairies,
« sans être aperçu du chemin. J'ai des livres, du pa-
« pier, des armes : je ne sors que la nuit, enveloppé
« d'un de ces grands manteaux bruns qui recouvrent
« les paysans romains, avec un chapeau de large
« feutre sur la tête. On me confond à la porte de
« Rome avec les marchands de bœufs de la Sabine
« ou avec les vignerons de Velletri ; j'entre et je sors
« sans soupçon, pour aller me glisser sous les murs
« de la Longara. A un signal de mes souliers ferrés
« sur le pavé, un flambeau brille à travers le treillis
« de bois, une main passe, un fil armé d'un crochet
« de plomb descend contre le mur : j'y prends un
« billet de Régina, j'y suspends un billet de moi,
« j'entends un soupir ou mon nom prononcé à voix
« basse, je couvre de baisers le papier avant de le
« laisser remonter, je m'éloigne au moindre bruit, j'em-
« porte mon trésor, je le lis à la clarté de la lune ou
« des lampes qui brûlent dans les niches des mado-
« nes, je ressors par une autre porte de Rome, je re-
« gagne à travers les champs mon asile, je passe la
« nuit et le jour à relire, à étudier, à interpréter les
« lettres de Régina. Le prince ***, dit-elle, est en
« route pour revenir en Italie. Sa grand'mère passe sa

« vie dans les transes et dans les larmes. Elle est dé-
« cidée à protester contre le consentement imprévu
« qu'elle a donné à cette union, sous l'empire de la
« domination et de la peur. Elle se prêtera à tout
« pour empêcher le malheur et l'enlèvement de sa
« petite-fille. Elle a mis dans ses intérêts, à force
« d'argent et de supplications, une partie de la famille
« et des personnes influentes dans le gouvernement.
« L'opinion est partagée. Elle plaidera, elle se jettera
« aux pieds du cardinal ***. Elle a pris en horreur le
« tuteur de Régina et le prince ***. Régina jure,
« dans toutes ses lettres, qu'elle se réfugierait plutôt
« dans la tombe de Clotilde que de se laisser livrer à
« un homme que son cœur repousse, et que de re-
« prendre une vie qu'elle m'a donnée avant même
« de m'avoir connu. Les choses en sont là, elles ne
« peuvent durer longtemps ainsi.

« Oh ! que n'es-tu là pour me conseiller et pour
« m'entraîner peut-être ! Je sens que je vais jouer mille
« fois plus que ma vie : la vie et la réputation de
« Régina ! Mais je n'ai pour conseil que le délire dont
« je suis nuit et jour possédé ! Ah ! il vient des jours
« où le délire est la seule inspiration possible !

« Je t'écrirai avant peu de jours, si je suis encore
« libre ou vivant. » . . . .
. . . .
. . . .

XXV.

Cette lettre avait été la dernière avant la catastrophe qui avait jeté Saluce au château Saint-Ange et la comtesse avec Régina en France. Voici comment : ce drame d'amour s'était dénoué comme ils se dénouent tous par des déchirements et par des larmes. Régina me raconta tous les détails que Saluce, prisonnier alors, ne pouvait plus m'écrire.

XXVI.

Saluce, par l'intermédiaire du frère de la nourrice de Régina, était parvenu à mettre dans ses intérêts un pauvre jardinier du Transtevère, leur parent, qui cultivait un petit jardin de légumes et d'arbres fruitiers sous la muraille même de la ville, qui servait d'enceinte à l'enclos du couvent de la Longara. Le gouvernement ayant ordonné à la comtesse Livia de se retirer dans ses terres des Abbruzes, ou de se confiner dans le cloître avec sa petite-fille, la comtesse, secrètement d'accord avec Saluce et Régina, partit pour les Abbruzes. Régina, à qui toute communication hors du couvent était désormais sévèrement interdite, fut avertie de se préparer à rentrer dans la domination et dans la maison du prince aussitôt qu'il serait arrivé. On peut juger, d'après l'énergie et l'indomptable caprice de ce caractère, ce qu'elle dut éprouver de douleur, de répulsion et de colère en se voyant réduite à sacrifier à la fois sa grand'mère, Clotilde, Saluce, sa liberté, sa mémoire, son amour, dans une même immolation d'elle-même ! Elle écrivit par l'entremise de sa nourrice à Saluce ces deux mots : « Ou la fuite, ou la mort, avant le jour qui « m'arracherait à toi ! »

Ce jour approchait. Le prince*** était arrivé. Il n'avait pas demandé encore à voir la princesse. Il délibérait avec ses amis du gouvernement sur le moyen d'amener par la douceur et par la temporisation à l'obéissance cette imagination d'enfant révoltée. Saluce en fut informé. Il résolut de profiter de ce moment d'indécision du prince pour soustraire Régina à une tyrannie qu'elle redoutait plus que le poignard.

XXVII.

Saluce se procura successivement, et sans qu'on pût remarquer leur accumulation dans le même jardin, quatre ou cinq de ces longues échelles de bois léger dont les jardiniers d'Italie se servent pour tailler les ceps de vigne et pour cueillir les raisins des pampres enlacés et suspendus à l'extrémité des branches sur les plus hauts peupliers. Il les démonta, il en mit à part les échelons ; il ajusta et relia les montants avec de fortes cordes, et il en reconstruisit une échelle légère, solide, maniable, à l'aide de laquelle il pouvait atteindre jusqu'à la hauteur du rempart. Ce travail terminé, il fit avertir Régina, par le frère de sa nourrice, qu'il serait la nuit suivante, après que la lune serait couchée, dans la chapelle auprès du tombeau de sa sœur, et qu'elle trouverait la liberté là où il avait trouvé l'amour de sa vie.

Aidé du jardinier et du frère de la nourrice dont il avait acheté à prix d'or la complicité et le silence, à l'heure dite il monta sur le rempart, tira l'échelle à lui, la fit glisser au pied du mur dans l'allée de cyprès du couvent, descendit, se glissa dans la chapelle, y trouva Régina et la nourrice, leur fit franchir la muraille comme lui-même l'avait franchie, et laissa ses deux complices retirer, démolir l'échelle et détruire ainsi toute trace d'escalade et de rapt dans le jardin du complaisant Transtévérin. Une de ces petites voitures de paysan romain, formée de deux arceaux de bois recourbé, et voilée contre le soleil d'un lambeau de toile, les attendait dans la cour du frère de la nourrice de Régina. Un vigoureux cheval sauvage des marais Pontins, acheté d'avance par Saluce, était attelé à cette charrette. Régina dépouilla ses habits de soie et prit le costume de laine d'une des nièces de sa nourrice. Saluce était couvert de son costume romain et de son manteau de laine brune. Il portait aux jambes les souliers à semelles de bois et les guêtres de cuir noir des paysans de la campagne Sabine. Il avait deux fusils et une espingole chargée jusqu'à la gueule, dans la paille de la charrette, sous ses pieds. Les fugitifs, accompagnés seulement de la nourrice, prirent, quatre heures avant le jour, la route des montagnes en suivant le plus possible les chemins les moins fréquentés. Grâce à la vigueur du cheval, ils arrivèrent le soir du lendemain à la résidence de la comtesse Livia. La comtesse, qui les attendait à toute heure, ne perdit pas un instant à jouir du retour de sa fille. Elle avait tout préparé pour l'éventualité de sa fuite. Une felouque espagnole, nolisée par les soins de son *fattore*, attendait leurs ordres à Gaëto. Ils s'y rendirent le lendemain et s'embarquèrent pour Gênes, où la comtesse avait averti par lettre son banquier de lui préparer de l'or, une voiture et un courrier.

Les adieux de Régina et de Saluce, en se séparant des deux fugitives délivrées, ne furent qu'un court et heureux ajournement de leur réunion et de leur félicité. Ils devaient se retrouver six semaines après à Paris. Mais comme la fuite de Régina aurait passé pour un rapt si le nom de Saluce y avait été mêlé, Saluce résolut de revenir hardiment à Rome, comme s'il n'en était jamais sorti, de s'y montrer avec affectation dans les lieux publics et au théâtre, et de démentir ainsi, par sa présence, toute participation à l'événement dont le public allait s'entretenir.

XXVIII.

Il reprit donc la route de Rome par le même chemin et dans le même costume qui avaient assuré l'enlèvement de Régina; mais en arrivant la nuit dans la maison du frère de la nourrice, il trouva dans la cour une bande de *sbires* qui l'attendaient et qui se saisirent de lui avant qu'il lui fût possible de soupçonner même leur présence. Déjà les lettres de Régina et toutes les preuves de sa participation à l'enlèvement de la princesse, surprises dans sa cellule, étaient dans les mains des *sbires*. On le conduisit au palais du *Buon Governo* ou de la police, et, après un court interrogatoire secret, il fut enfermé au château Saint-Ange comme un criminel d'État.

C'est de là que, par l'intermédiaire d'un sous-officier suisse de la garnison du château, il parvint à faire tenir à Gênes, à la comtesse et à sa fille, la lettre qu'elles m'avaient apportée.

XXIX.

Je rejoignis au Pont-de-Pany la princesse et sa grand'mère, prêt à les accompagner partout où l'assistance d'un ami de Saluce pouvait les protéger contre leur isolement. Après un instant de délibération avec elles, il fut reconnu que leur séjour à Paris, sous les yeux du nonce et sous l'action d'un gouvernement lié par des rapports de déférence politique et religieuse avec la cour de Rome, avait quelques inconvénients et quelques dangers. Elles résolurent, d'après mes avis, de sortir de France et de se rendre à Genève par la route de Dijon. Dans ce pays de neutralité, rapproché de l'Italie par le Simplon et Milan, elles pouvaient plus sûrement envoyer des messagers confidentiels à Rome, en recevoir, et attendre avec plus d'isolement et de sécurité la liberté de Saluce et les suites du procès qu'elles étaient décidées à soutenir devant les juges romains pour contester la validité du mariage et recouvrer leur indépendance.

Nous reprîmes donc ensemble la route de Genève ; nous y arrivâmes sans événement.

Je m'occupai, d'après leur désir, aussitôt après notre arrivée à Genève, de chercher sur les bords du lac une maison modeste, solitaire et d'un séjour agréable, où ces deux femmes, qui voulaient rester inconnues, pussent passer le temps plus ou moins prolongé de leur exil. Je ne trouvai cette maison qu'à une certaine distance de Genève, aux environs de la jolie petite ville de Nyon. Elle consistait en deux ou trois pièces au rez-de-chaussée, ouvrant sur une pelouse plantée de tilleuls, et quelques chambres basses au premier étage pour la comtesse Livia, sa fille, la nourrice et les deux femmes que je leur avais trouvées à Nyon pour les servir. Une petite chambre, dont les murs étaient de sapin, au-dessus de la maisonnette de bois du jardinier, séparée du corps de logis par un verger, me servit de logement à moi-même. Ce séjour, quoique pauvre en apparence, était délicieux. Le verger se confondait, du côté opposé au lac, avec un taillis de châtaigniers coupé çà et là de sentiers naturels de sable, où l'on pouvait s'égarer jusqu'aux montagnes. Une source descendant par un tuyau de sapin et coulant par un robinet de cuivre tombait nuit et jour avec un bruit modulé diversement, selon le vent, dans un bassin de pierre où venaient boire les vaches et les oiseaux. Devant la façade de la maison de la princesse, une colonnade de troncs de sapins coupés et replantés en terre avec leur écorce s'avançait de quelques pas sur le sable d'une allée, et recouvrait un divan de bois raboteux, où l'on apportait les coussins du salon et où la comtesse Livia passait toutes les heures tièdes du jour avec la nourrice. La pelouse, qui s'inclinait par une pente douce un peu plus loin, n'avait son horizon coupé que par deux ou trois beaux frênes jamais étrançonnés qui semblaient sortir des flots du lac. Au delà des frênes, la pente se précipitait et allait mourir dans les cailloux du bord, que les vagues agitaient, quand il y avait du vent, de ce petit bruit d'enfants qui jouent avec des pierres. Il y avait là, au pied d'un immense saule blanc, un banc de mousse entre les racines de l'arbre d'où l'on voyait à gauche et en face Lausanne, Vevey, Villeneuve, Saint-Gingo, les gorges du Valais et les innombrables cimes blanches de neiges éternelles qui servent comme de degrés au Mont-Blanc. Régina m'y entretenait sans cesse pour me demander le nom de cette montagne, puis de celle-ci, puis de cette autre, puis si de l'autre côté de cette neige on était en Italie, puis si l'on apercevait Rome du haut de ces sommets, puis combien il y avait de jours et d'heures de marche, en courant toujours, du pied de ces monts à la porte du Peuple? On voyait que sa pensée ne s'asseyait pas un seul instant avec elle dans ce délicieux séjour, et que son âme franchissait ces hauteurs plus vite que ces rayons roses sur ces neiges pour aller frapper d'une continuelle aspiration les murs noirâtres du château Saint-Ange. Elle n'avait pas d'inquiétude sérieuse sur le sort de Saluce, protégé par sa qualité d'étranger contre les sévices qui auraient pu atteindre un Romain; mais elle avait ces impatiences de la jeunesse, qui compte pour des siècles sans retour et sans fin toutes les minutes perdues pour la passion.

Je n'essayais nullement de la consoler, inconsolable moi-même d'une bien autre absence; je savais, par une expérience précoce, que le rôle de consolateur, importun, intempestif, odieux pendant que la douleur ne veut pas s'oublier elle-même, ne devient agréable et doux qu'après que la douleur est amortie et quand elle court elle-même au-devant de la consolation. Je vivais le plus possible loin d'elle, la livrant à sa propre volonté, à ses rêves, à sa solitude, à ses larmes, errant moi-même une partie du jour dans les gorges du Jura, lisant, écrivant, çà et là, quelques vers sur les scènes éblouissantes que j'avais sans cesse sous les yeux, et assidu seulement le soir auprès de la pauvre comtesse Livia, dont je cherchais à désennuyer les heures.

Je me fis aimer ainsi de Régina d'une amitié familière et confiante, bien plus que si j'avais apporté dans mes rapports de chaque instant avec elle un empressement et une servilité de complaisance que sa beauté et sa bonté auraient pu inspirer à d'autres. Je ne puis pas dire que je ne fusse pas ébloui d'une beauté à laquelle rien de ce que j'avais vu jusque-là en Europe ne pouvait être comparé. Je regardais cette jeune fille comme on regarde une flamme dans les bruyères pendant l'été, en admirant les lueurs du feu, mais sans s'y réchauffer. Régina ne songeait pas elle-même que j'étais jeune ; elle ne savait pas si j'étais beau ou laid, fait pour repousser ou pour attirer les regards ; elle savait que j'étais l'ami de Saluce, voilà tout. Ce titre lui enlevait toute espèce de contrainte. Il lui semblait qu'elle avait vécu dans l'intimité avec moi depuis qu'elle avait connu Clotilde et aimé son frère.

XXX.

J'avais informé Saluce, par l'entremise d'un officier suisse de ma connaissance à Rome, de la résidence que j'avais choisie pour Régina et pour sa mère pendant leur séjour forcé loin de Rome. Il nous écrivait par le même moyen. J'ignore ce qu'il disait à Régina dans ces lettres ; je les lui voyais lire et relire vingt fois par jour, tantôt avec des bondissements de joie et d'espérance dans le jardin, tantôt avec des mouvements de colère qui semblaient s'adresser au papier et qui lui faisaient par moments jeter les lettres à terre et les fouler sous ses pieds. J'entrevoyais dans ses regards et dans ses demi-mots à table qu'elle le trouvait trop résigné à la séparation et trop convaincu des ménagements que sa tendresse même pour elle commandait à son amant pour sa séparation et pour son avenir. Que lui importait à elle sa réputation et son avenir? Elle voyait tout en lui. Mais Saluce, qui avait vécu longtemps en Angleterre, avait dans l'amour même quelque chose du sang-froid, de la réserve délicate et du sentiment presque religieux de convenance qui distingue cette société de règle et de bon sens. Il était évident qu'il ne voulait à aucun prix, même au prix de sa vie, sacrifier l'honneur, l'avenir et la fortune de Régina à son propre bonheur, si le procès en nullité de mariage perdu par ses hommes de loi venait à la restituer à son mari. J'entrevoyais confusément moi-même quelque chose de cette délicatesse, peut-être un peu tardive de sa part, dans les mots courts et tristes que je recevais de lui sous l'enveloppe de ses longues lettres à Régina et à la comtesse. Mais les lettres des hommes d'affaires et des amis de Livia ne permettaient pas un doute sur la prompte annulation du mariage. Rien ne s'opposerait alors à ce que Saluce recouvrât sa liberté et à ce qu'il obtînt Régina des mains d'une grand'mère qui voyait d'avance en lui un fils.

Il y avait ainsi des alternatives constantes de joie folle et de nuages sombres sur les traits de Régina, selon que le courrier de Rome, adressé à Nyon par un banquier de Genève, apportait l'espérance ou la transe à ces deux cœurs. Les jours de joie, Régina voulait courir toute la matinée avec moi sur le sable du lac pour répandre son ivresse dans toute cette belle nature. Les jours de tristesse elle me fuyait et me boudait comme si j'avais été coupable des tergiversations du sort et des scrupules de délicatesse de son amant. Je suivais ses caprices sans les contredire et en les plaignant dans mon cœur. Quand la passion est juste elle n'est plus la passion. Le lendemain elle revenait à moi et me faisait, par des familiarités plus vives, les excuses muettes de son injustice. Je supportais tout cela comme je l'aurais accepté d'une sœur, car je commençais à avoir le pressentiment de quelque malheur pour elle. Je la traitais comme on doit traiter les malheureux, les malades et les enfants qui ne sont comptables que de leurs sensations. Les siennes devenaient tumultueuses comme l'air chargé de doutes qui commençait à peser sur elle. Le procès devait être jugé dans quelques semaines; la correspondance retardait.

XXXI.

Le banquier de Genève me fit avertir en secret qu'il avait une lettre à me remettre personnellement, et qu'il lui était interdit de confier à aucune autre main. Je pris un prétexte pour me rendre à Genève, pour que Régina et sa mère ne pussent soupçonner le motif de ma course. Arrivé à Genève, je courus chez le banquier. Il me remit un paquet volumineux de Rome. Je repris la route de Nyon et je décachetai en chemin le paquet. Il contenait une longue lettre en cinq ou six feuilles pour moi et une plus courte pour Régina. Je ne devais remettre celle-ci qu'avec préparation et ménagement, et après avoir pris connaissance de celle qui m'était adressée. J'étais seul dans un de ces petits chars suisses que j'avais pris à Nyon. Je lus la mienne sans être distrait. En voici les principaux passages :

DIX-HUITIÈME LETTRE.

« Roma, palazzo....

« J'ai fait mon devoir, mon ami, mais je sens que
« je l'ai fait aux dépens de mon existence. N'importe,
« j'ai fait mon devoir, et je sens ma conscience qui
« m'approuve au milieu du déchirement de mon
« cœur. Il y a deux êtres en moi, dont l'un a immolé
« l'autre. Tout est fini, Régina est libre ; elle peut
« maintenant revenir à Rome avec sa pauvre com-
« tesse, rentrer dans le palais ou dans les villas de sa
« grand'mère, voyager ou vivre dans sa patrie sans
« être jamais ni rappelée, ni contrainte, ni inquiétée

« dans son indépendance par le prince. Un mot de
« moi lui a reconquis son nom, sa liberté, sa fortune,
« sa patrie. Pouvais-je hésiter plus longtemps à dire
« ce mot? Je m'en fie à toi. Prononce !.... Mais non,
« ne prononce pas, car ce qui est fait est fait. J'ai
« prononcé moi-même, et si je me repentais une seule
« minute de l'arrêt que j'ai porté contre moi-même,
« je serais le plus lâche et le plus personnel des
« hommes. Je veux bien mourir de ma douleur, non
« de ma honte ! . . . .
. . . .
. . . .
. . . .

« La veille du jugement du procès de la princesse,
« mes hommes de loi ont reçu des propositions de
« ceux du prince de ***. Ils sont venus dans la nuit
« me les transmettre, accompagnés d'un membre
« tout-puissant du gouvernement. Voici les paroles
« qu'ils m'ont apportées au nom de la partie ad-
« verse :

« Le procès de la princesse ***, dont vous êtes la
« cause unique et dans lequel votre nom va retentir
« et votre témoignage d'homme d'honneur sera invo-
« qué, va se décider demain. Nous ne vous dissi-
« mulons pas que malgré tous nos efforts nous ne
« pouvons envisager ce jugement sans terreur. Les
« précédents, les mœurs, les juges, les familles prin-
« cières de Rome, votre qualité d'étranger, tout est

« contre vous ou plutôt tout est contre la princesse et
« contre sa grand'mère. Nous serons condamnés. La
« condamnation, c'est le couvent à perpétuité pour
« cette jeune femme que vous adorez ou l'exil sans
« l'espérance de rentrer à Rome, avec la perte de
« tous ses biens en Italie. Vous l'aimez, nous devons
« vous avertir. Voilà le sort que vous avez fait à votre
« amour : réfléchissez! Nous ne parlons pas même
« des flétrissures qui vont rejaillir sur ce nom de
« seize ans par les révélations et les témoignages des
« deux hommes du peuple qui ont participé à l'enlè-
« vement et qui expient leur complaisance pour vous
« dans la prison. Ce nom va être jeté demain en scan-
« dale à Rome et en retentissement à l'Europe. Elle
« a seize ans : songez combien d'années devant elle
« pour sentir sa proscription et ses humiliations de-
« vant le monde.

« La douleur, la fuite et les climats étrangers vont
« bientôt user dans les larmes le peu de vie qui reste
« à sa grand'mère. Quel avenir pour une jeune femme
« de cette beauté, de ce nom, de cet âge? Vous la
« protègerez, vous l'épouserez, dites-vous? Mais y
« avez-vous bien pensé? Dans quel pays et sous
« quelle communion un magistrat ou un prêtre con-
« sacreront-ils le mariage d'une femme dont la pre-
« mière union aura été déclarée valide par les tribu-
« naux de sa propre patrie? Et si la princesse Régina
« ne peut jamais être votre femme, quel sera son nom

« auprès de vous?... Qui recevra jamais dans sa
« maison une femme qui ne peut être épouse et que
« vous oseriez produire comme concubine?... Son-
« gez ici à elle et non à vous ! Quant à nous, il nous
« est impossible de ne pas frémir du nom que l'arrêt
« d'un juge prévenu et le hasard d'un jugement va
« faire porter demain à la femme que vous aimez
« plus que la vie !

« Dans cette perplexité, que les opinions trop
« clairement énoncées des principaux juges de l'af-
« faire ont accrue en nous depuis deux jours, nous
« avons reçu des propositions des hommes de loi
« chargés de soutenir la cause du prince. Le prince,
« vous le savez, ne veut et n'a voulu de ce mariage
« que la fortune de la comtesse, assurée après lui
« dans ses descendants. Son âge et ses infirmités le
« rendent insensible à la possession d'une jeune
« femme. Il ne peut envisager sans répugnance et
« sans remords la triste nécessité où le jugement de
« ce procès le place, de jeter à la publicité le dés-
« honneur sur le nom d'une jeune fille qui porte son
« nom, et qui, indépendamment de ce titre, tient de
« si près à sa maison par les liens de la parenté. Il ne
« peut hésiter à poursuivre, si vous persistez à vous
« placer entre Régina et lui; mais si vous disparais-
« sez du procès, il n'y a plus devant lui qu'une en-
« fant qu'il plaint et qu'il respecte; il jettera le voile
« de l'indulgence d'un père sur tout, il consentira à

« ne jamais revendiquer la résidence de sa femme
« dans son palais, il lui laissera la disposition de sa
« fortune personnelle, il ne lui demandera que de
« continuer à porter son nom chez sa grand'mère et
« à se séparer de celui qui a donné trop d'ombrage à
« l'opinion et trop de prétexte à la malignité publi-
« que. Les complices de l'enlèvement seront relâchés
« aussitôt que le prince aura retiré sa plainte. Quant à
« vous, monsieur, il ne vous demande qu'un long
« éloignement de Rome pour prix du sacrifice com-
« plet qu'il fait de ses droits et de son ressentiment.
« Rome verra, dit-il, quel est le plus généreux et le
« plus véritablement ami de cette enfant, de son pré-
« tendu tyran qui lui conserve l'honneur et qui lui
« rend la possession d'elle-même, ou de ce jeune
« étranger qui sacrifie à son amour la personne
« aimée.

« Après avoir ainsi parlé, ils se sont retirés. Ils
« m'ont prié de réfléchir seul et sans influence étran-
« gère à mon devoir et aux propositions du prince et
« du gouvernement. . . . .
. . . .

« Je n'ai pas réfléchi, j'ai crié de douleur en me
« précipitant sur le pavé de ma casemate... Je tenais
« deux vies dans ma main : celle de Régina et la
« mienne, j'ai sacrifié la mienne!... Qu'elle m'accuse,
« qu'elle me haïsse! qu'elle me maudisse! n'importe!
« Tu me connais ; quand mon devoir m'est tracé,

« même à travers le feu et la mort, j'y passe ! . .

. . . .

« A l'heure où tu recevras ceci j'aurai quitté Rome.
« Régina pourra y rentrer. Sa famille et la société
« l'accueilleront comme elle mérite d'être accueillie.
« Elle sera la maîtresse de sa vie, la grâce de la mai-
« son de sa grand'mère, l'idole de ce pays de la
« beauté. Qu'elle m'oublie ! c'est Clotilde elle-même
« qui le lui commande par ma voix ! Un jour peut-
« être. . . . .

. . . .

« Je pars après-demain pour l'Espagne, où je vais
« prendre du service dans un régiment de la garde
« royale, dont mon oncle est colonel. Il n'a que moi
« de parent, il m'appelle près de lui, il a une fille
« unique. Je sais qu'il nourrit des projets d'union de
« famille. Je ne pourrais aimer personne après avoir
« aimé ce que la nature a jamais animé de plus par-
« fait sur la terre. Je m'embarquerai pour les Philip-
« pines ; j'irai jusqu'où le nom de l'Europe ne vien-
« dra plus me poursuivre. Je perdrai ma trace dans
« l'univers. Ne pense plus à moi, toi-même ; mais
« pense, à cause de moi, à Régina, et n'abandonne
« ni elle ni la comtesse en terre étrangère jusqu'à ce
« que les deux frères de sa mère, qui partent demain
« pour les ramener à Rome, soient arrivés à Ge-
« nève. . . . .

. . . .

« Voici trois lettres pour elle.

« Ne lui remets la dernière, cet adieu suprême de
« moi, qu'après l'avoir lentement préparée au coup
« que je lui porte pour la sauver !

« Écris-moi une ligne à Madrid quand elle sera
« revenue à un peu de calme, et dis-moi qu'elle ne
« me maudit pas éternellement. »

Le reste de la lettre contenait des recommandations sans fin sur la manière dont je devais m'y prendre pour éviter un coup trop subit à Régina.

XXXII.

Je ne pus qu'approuver Saluce, tout en déplorant la fatale nécessité où il se trouvait jeté de faire souffrir le cœur de Régina en immolant son propre cœur. Il ne l'avait pas consultée. Qui sait si elle n'aurait pas préféré mille fois l'exil avec lui à la liberté et à la fortune sans lui ? Ce devoir qu'il accomplissait si cruellement était donc arbitraire. Il se faisait à la fois juge et sacrificateur sans interroger la victime ! Et cependant le sacrifice était commandé par la délicatesse, l'honneur, la vertu, l'amour même ! Ma raison se troublait et s'égarait devant une pareille situation.

XXXIII.

Quand j'arrivai à Nyon, mon visage était si bouleversé de l'horrible révélation que j'avais à faire, que je n'eus pas besoin de parler. Les femmes qui aiment ont un regard qui perce tout. Avant que j'eusse dit un mot, Régina savait tout!... J'essayai de nier, de prolonger l'incertitude, de dire que je n'avais pas trouvé de lettres à Genève, que j'y retournerais le surlendemain pour y attendre le courrier de Rome. Ma physionomie mentait. Régina n'y fut pas trompée une minute. La froide raison qu'elle avait trouvée depuis quelque temps dans les expressions de Saluce l'avait à demi éclairée. Elle se précipita sur moi pour chercher sous mon habit le paquet que je m'obstinais à lui cacher. Elle le saisit, elle lut seulement la première ligne de la lettre qui m'était adressée, et à ces mots seuls : *J'ai fait mon devoir!* elle jeta un cri d'indignation et de colère comme je n'en ai jamais entendu la vibration que dans le rugissement d'une lionne! *Vilta!* s'écria-t-elle en rejetant loin d'elle la lettre qui lui était adressée à elle-même sans vouloir seulement la décacheter. Renvoyez-lui son adieu, me dit-elle en italien, je ne veux rien de lui, pas même son sacrifice de sa vie à la mienne! Est-ce que je lui appartiens pour me sacrifier du même coup que lui? Cruauté et lâcheté! Lâcheté et cruauté! criait-elle en piétinant les lettres souillées de sable et de boue sous ses pieds. Cruauté et lâcheté dont je ne veux pas même voir une image ni une trace autour de moi! Non! non! il n'était pas digne du battement d'un cil d'une Romaine! Qu'il aille aimer les filles de neige et d'écume de mer de son pays! Plus rien de lui! Pas même son nom, me dit-elle enfin en me lançant un regard de commandement superbe et sans réplique.

En disant ces mots, elle bondit plutôt qu'elle ne courut vers l'escalier, monta dans sa chambre, ouvrit sa fenêtre, et, les cheveux épars, les bras élevés au-dessus de sa tête, elle fit, en se tournant du côté des montagnes d'Italie, une imprécation entrecoupée de sanglots, comme si elle avait cru que sa voix pouvait être entendue de son amant jusqu'à Rome, et elle jeta d'un geste désespéré dans le jardin toutes les lettres, tous les cheveux, toutes les reliques, tous les souvenirs mutuels de son amour pour Saluce. Puis, appelant sa nourrice : « Baglia! lui cria-t-elle, « va ramasser tout cela et jette-le au plus profond du « lac, après y avoir attaché une pierre, pour que les « vagues n'en rapportent jamais un débris au jour! « Je voudrais y engloutir les six mois d'amour et de « délire que j'ai eus pour lui! »

La nourrice obéit en murmurant et en s'indignant comme Régina, dont elle semblait partager toute la colère. La pauvre comtesse Livia, pâle et muette, sanglotait sur son canapé, combattue entre la joie de recouvrer son enfant, tout à elle, et la honte de la voir abandonnée par son amant!

Régina, après cet accès de rage, se jeta sur son lit et resta deux jours sans vouloir paraître, entre les bras de sa nourrice qui cherchait vainement à la calmer. Je rencontrai deux ou trois fois cette femme dans l'escalier et je lui demandai des nouvelles de Régina. « Elle reprend son cœur, me dit la Transté-
« vérine en italien, et elle guérit sa colère par du
« mépris! Si c'était moi, je l'aurais guérie avec du
« sang! » La nourrice paraissait regarder comme le plus sanglant des affronts la générosité de Saluce. Et quand je lui prononçais ce mot : « Non, non, non,
« me disait-elle, monsieur, il n'y a point de généro-
« sité contre l'amour! Quand on s'aime dans mon
« pays, on s'aime et on ne sait pas autre chose.
« Vous autres Français, vous ne comprenez pas la
« vertu d'un cœur du Tibre; l'eau de votre pays dé-
« lave le cœur. Un Romain aurait ruiné et déshonoré
« ma jeune maîtresse, mais il l'aurait aimée jusqu'au
« sang!

« Je le méprise, allez! »

XXXIV.

Le troisième jour, Régina reparut enfin plus pâle et plus calme. En me revoyant dans le jardin, elle s'approcha de moi, le doigt sur la bouche, pour me dire par ce signe de ne jamais réveiller le nom dans son oreille. Elle parut profondément touchée et même attendrie de l'expression de tristesse et d'anxiété qui avait changé mon visage depuis ces trois jours et ces trois nuits. « Ne vous faites pas tant de chagrin pour
« moi, me dit-elle en me pressant la main — et en
« me regardant avec une expression de sollicitude et
« de confiance qui disait cent mille choses indécises
« dans ses pensées ; sa main a arraché elle-même le
« trait de mon cœur, je suis guérie! Sur le tombeau
« de Clotilde ce n'était pas Clotilde que j'avais trou-
« vée, c'était son fantôme ! Ce fantôme s'est évanoui !
« Non, il n'était pas le frère de Clotilde, il avait ses
« traits, il n'avait pas son cœur ! »

Puis, laissant retomber ma main et se retournant avec vivacité pour s'éloigner de moi et continuer son chemin vers le lac : « C'est vous qui auriez eu
« son cœur ! » dit-elle plus bas.

Le soir, elle me pria de la mener bien loin se fatiguer dans la montagne, pour reprendre à force de lassitude un peu de sommeil. Je lui obéis. Nous marchâmes depuis deux heures après midi jusqu'à la nuit tombante dans les vignes, dans les ravins et sous les châtaigniers qui croissent en bouquets sur les pieds du Jura.

Ses oncles, qui étaient arrivés à Genève, devaient venir la prendre le lendemain pour la ramener à Rome par la route du Valais et de Milan. Elle semblait vouloir prolonger le plus possible la dernière journée qui lui restait à passer avec moi. Elle était si jeune, si belle, si transpercée des rayons dorés du soleil, si incorporée avec ce cadre merveilleux du ciel, des bois, des eaux, dans lequel je la voyais m'éblouir et d'où j'allais la voir disparaître; j'étais si jeune et si sensible à cette beauté moi-même, que si je n'avais été défendu par deux ombres qui s'interposaient entre nous (celle de *** et celle de Saluce), je n'aurais pu résister à son éblouissement, et j'aurais mis mon cœur sous ses pieds comme ces feuilles tombées de l'arbre qu'elle foulait en marchant.

Elle semblait elle-même s'en apercevoir et rechercher volontairement plutôt que fuir les rencontres de regards ou de paroles qui auraient pu amener un aveu ou une explosion de nos deux cœurs. Une pénible incertitude pesait sur notre attitude et sur notre entretien. Je la ramenai jusque dans la cour de la maison, où l'ombre des platanes et des murs augmentait la nuit, sans avoir éclairci d'un mot ce qui se passait en elle et en moi. Je devais partir dans la nuit. Elle s'arrêta et se retourna vers moi avant de monter les premières marches du perron.

— Est-ce que vous ne reviendrez jamais à Rome? me dit-elle d'une voix qui tremblait d'avance de ce qu'on allait lui répondre.

— Non, répondis-je, je ne suis pas libre de mes pas.

— Et où serez-vous cet hiver?

— A Paris, lui dis-je.

Alors, me prenant pour la dernière fois la main :

— Eh bien ! moi, je suis libre, dit-elle, et j'y serai!

Je compris l'accent de résolution inflexible et passionné avec lequel elle avait prononcé cette espèce de serment intérieur de nous revoir.

— Non, lui répondis-je, n'y venez jamais.

— J'irai, dit-elle.

La soirée fut triste et silencieuse dans le salon de la comtesse Livia, comme entre amis la veille d'une séparation éternelle.

L'hiver suivant, je reçus à Paris un billet de Régina qui m'apprenait qu'elle venait d'arriver avec sa grand'mère, qu'elles étaient descendues, sous la conduite d'un des oncles de la jeune princesse, à l'hôtel de ***.

Nous nous revîmes à Paris.

LIVRE TROISIÈME.

I.

Ce fut pendant cet hiver de bonheur et de solitude, à Paris, où mes jours n'étaient entrecoupés que par quelques promenades et quelques conversations avec la princesse, que je conçus le plan d'un long poëme dont j'ébauchais cinq ou six chants pendant le repos de mon cœur et de mon esprit.

Le hasard m'en fait retrouver quelques fragments bien indignes du regard des lecteurs, et bien humiliants pour ce titre immérité de poëte, qu'on m'a donné depuis. Mais je les insère néanmoins ici pour que les vrais poëtes mesurent la distance entre le balbutiement et la parole chantée.

Ce devait être l'histoire de l'âme humaine et de ses transmigrations à travers des existences et des épreuves successives depuis le néant jusqu'à la réunion au centre universel, Dieu.

Ce fragment décrit la décrépitude de la terre et la décadence du genre humain.

POËME DES VISIONS.

FRAGMENTS.

PREMIÈRE VISION.

Et l'Esprit m'emporta sur le déclin des âges :
Quel est cet astre obscur qui, du sein des nuages,
Laissant glisser un jour plus morne que la nuit,
Écarte à peine l'ombre où sa main me conduit?
— C'est le soleil, mon fils! ce roi brillant des sphères !
— Quoi! c'est là le soleil qu'ont adoré nos pères?
C'est là ce dieu du jour qui, du sommet des cieux,
D'un seul de ses rayons éblouissait nos yeux ;
Qui, le front rayonnant de jeunesse et d'audace,
Et des portes du jour s'élançant dans l'espace,
De son premier regard éclipsait dans les airs
Ses rivaux pâlissants du feu de ses éclairs ;
De la terre éblouie illuminait les cimes,
Comme un torrent de flamme inondait ses abîmes,
Faisait monter l'encens, faisait naître les fleurs,
Jetait sur l'Océan ses flottantes lueurs,
Et, mêlant sa lumière aux vagues de ses plages,
D'une brillante écume éclairait les rivages ?

Se peut-il qu'à ce point cet astre ait défailli?
Depuis quand? Par quel sort? — Mon fils, il a vieilli.
Tout vieillit dans le ciel ainsi que sur la terre ;
Ce grand foyer des jours depuis longtemps s'altère.
Faible et d'un pas tardif se traînant dans son cours,
Il ne dispense plus les saisons ni les jours
Comme aux temps fortunés où le regard du sage
Par les signes du ciel prédisait son passage,
Et soumettant sa marche à son hardi compas,
Marquait l'heure aux humains par l'ombre de ses pas !
Il ne mesure plus ni les mois, ni les heures ;
Mais, parmi les débris de ses douze demeures,
Égarant au hasard son cours capricieux,
D'un pas irrégulier serpentant dans les cieux,
Tantôt dardant ses feux pendant des jours sans nombre,
Il refuse aux vallons le doux abri de l'ombre,
Brûle une terre aride et dévorant les eaux
Dans ses flancs altérés fait tarir les ruisseaux ;
Tantôt se dérobant sous des ombres funèbres,
Il livre la nature à de longues ténèbres ;
Et l'homme épouvanté d'un regard incertain
Attend en vain l'aurore aux portes du matin !
— Et la terre, lui dis-je en voilant mon visage.
— Viens et vois ! dit l'Esprit. Soudain comme un orage,
De la cime des monts fondant sur les guérets,
Emporte en tournoyant la feuille des forêts,
La promène en son vol du couchant à l'aurore,
La quitte, la reprend et la rejette encore ;

Ainsi, planant de loin sur la terre et les mers,
Son souffle impétueux m'emporte dans les airs,
Et mon œil, du soleil suivant la route oblique,
Traverse à l'équateur les flots de l'Atlantique,
Vole d'un pôle au pôle, et s'abat tour à tour
Aux bords où naît l'aurore, où va mourir le jour !
— Quelle est vers l'Occident cette immense contrée
Par l'abîme des eaux du monde séparée,
Et qui, d'un pôle à l'autre étendant ses déserts,
Presse autour de ses flancs la ceinture des mers ?
Sur les routes de l'onde autour d'elle semées,
Cent îles reposant sur des vagues calmées,
Ainsi que des vaisseaux qui flottent vers des ports,
Semblent avec amour s'approcher de ses bords !
Jeune et dernier enfant qu'ait porté la nature,
Ses monts ont conservé leur verte chevelure ;
Ses fleuves, ombragés du dôme de ses bois,
Élèvent jusqu'à nous leurs mugissantes voix !
Sans doute qu'en ces lieux, choisissant leurs asiles,
Les enfants de l'Europe ont élevé leurs villes,
Donné des noms chéris à ces nouveaux remparts,
Et transporté leurs dieux, leur empire et leurs arts ?
— Insensé ! dit l'Esprit : C'est la terre féconde,
Où l'aquilon poussa les vaisseaux du vieux monde,
Quand déjà ses enfants, rebut des nations,
Emportaient avec eux des malédictions !
En vain il aborda dans ces champs de délices,
L'homme dégénéré n'y sema que ses vices.

La licence, l'erreur, les peuples et les rois,
De ce monde naissant corrompirent les lois ;
Et, souillé sur ces bords par le sang des victimes,
L'arbre heureux de la foi n'y porta que des crimes.
En vain, dans ces forêts, des peuples transplantés
Y fondèrent des lois, des trônes, des cités.
Ces empires d'un jour l'un l'autre se chassèrent ;
Les générations comme l'ombre y passèrent.
Tel qu'un fruit corrompu qui tombe avant le temps,
La terre y secoua ses rares habitants ;
L'Océan engloutit ces races criminelles,
Leurs projets insensés périrent avec elle,
Et, confiant aux vents la garde de ces mers,
Le silence éternel rentra dans ces déserts !
Fière et libre à présent du vil poids qui l'oppresse,
La nature y triomphe en sa mâle jeunesse ;
Le cèdre monte en paix sur les vallons flétris,
L'Océan de ses ports y ronge les débris,
Et la terre, du moins dans son luxe sauvage,
Au Dieu qui la créa rend un plus digne hommage !
Il dit, et sur les flots de nouveau s'élança
Jusqu'aux sommets de l'Inde où son vol s'abaissa,
Sur l'antique Immaüs, dont le front large et sombre
Couvrait aux anciens jours des peuples de son ombre,
Et versait à ses pieds de ses rameaux divers
Sept fleuves dont les flots allaient grossir trois mers !
De là, mon œil, suivant leur onduleuse pente,
Sur les champs de l'Asie avec leurs flots serpente !

Cherche Tyr ou Memphis, ou le tombeau d'Hector,
Salue avec des pleurs l'olivier du Thabor,
Redemande au désert les traces de Palmyre,
Ces jardins suspendus que Babylone admire,
Revoit Jérusalem, ses cyprès, son Jourdain,
Et cette tombe où dort l'espoir du genre humain !
Le silence et le deuil régnaient sur ces collines,
Les fleuves serpentaient à travers des ruines,
Le sable du désert, volant en tourbillons,
Traçait au gré des vents ses livides sillons,
Des peuples disparus effaçait les ouvrages :
Seule, élevant sa tête au-dessus des nuages,
La pyramide assise au milieu de ce deuil,
Des enfants de Memnon magnifique cercueil,
Brise comme un écueil le sable qu'elle arrête !
Et sur les flots mouvants qu'agite la tempête,
Seul et dernier témoin d'un peuple anéanti,
Flottait comme le mât d'un navire englouti !
Voilà ces monts glacés d'où descendait l'aurore ;
De son pâle reflet l'astre les frappe encore !
Mais leurs fronts, dépouillés par l'aile des autans,
Semblent s'être abaissés sous le fardeau du temps !
Ici teignant leurs pieds d'une écume azurée,
Le Rhône en bouillonnant sillonne la contrée
Où s'avançant vers lui par d'obliques détours,
La Saône en serpentant fait douter de son cours,
Se rapproche, s'éloigne et revient avec grâce
S'unir en murmurant au fleuve qui l'embrasse.

En remontant le cours de ces tranquilles eaux,
Je vois à l'Occident onduler ces coteaux,
Dont les sommets, pareils aux vagues écroulées,
Semblent en se courbant fondre sur les vallées.
C'est là que je naquis ; voilà l'humble séjour
Où mon regard s'ouvrit à la beauté du jour.
Sur le flanc décharné de cette humble colline,
Le lierre embrasse encore une antique ruine.
C'était !... Pardonne aux pleurs qui tombent de mes yeux,
C'est un dernier débris du toit de mes aïeux !
De là, longeant les bords de la mer de Tyrrhène,
Il s'abat comme un aigle au sommet de Pyrrhène,
Me montre avec horreur aux rives de deux mers
L'Ibérie étalant ses monuments déserts.
L'Alhambra, fier encore de ses splendeurs antiques,
Prolongeait sous mes pieds ses élégants portiques,
Où l'Arabe, accouplant les gracieux arceaux,
A façonné le marbre en flexibles berceaux.
« Deux peuples ont bâti ces murs que tu contemples !
« L'Arabe et le chrétien ont prié sous ces temples !
« Les pierres sont debout : les peuples ont passé ! »
Il dit, et franchissant Pyrrhène au front glacé,
D'un vol irrégulier serpentant dans la plaine,
Le souffle impétueux m'emportait vers la Seine !
Mais, quand du haut des airs mes regards effrayés
Reconnurent ces bords qui fuyaient sous mes pieds :
Que de ton vol ardent la course se modère,
Lui dis-je, et de plus près rasons ici la terre !

Laisse-moi rechercher dans ces vallons flétris
Des lieux où j'ai passé les vestiges chéris :
C'est ici que d'ombrage et de fleurs embellie,
La terre m'apparut, au matin de ma vie,
Comme un lieu permanent où l'homme avant le soir
Pouvait sur de longs jours fonder un long espoir !
C'est ici, que plus tard, dans l'été de mon âge,
Trouvant un port tranquille après un long orage,
Dans le sein de l'amour entraîné par l'hymen,
Et cultivant les fruits de mon champêtre Éden,
Dans le calme des nuits recueillant mon délire,
Au Dieu qui l'inspirait je consacrais ma lyre !
Là je voyais jouer sur le gazon des prés
De nos chastes amours les présents adorés !
Là je plantais pour eux le chêne au large ombrage,
Dont le dôme éternel, élargi d'âge en âge,
Devait, prêtant son ombre aux fêtes du vallon,
Porter de fils en fils mes bienfaits et mon nom !
Là je semais l'épi ; là je creusais la rive
Où mes soins enchaînaient une onde fugitive !
Le temple du Seigneur s'élevait sur ces bords ;
Là veillait le pasteur sur la cendre des morts !
Là dormaient ses aïeux ; là, l'humble croix de pierre
De son ombre immobile a couvert leur poussière !
Ses débris mutilés couvrent encore leurs os !
Mânes ! goûtez en paix ce reste de repos !
Bientôt... Mais, m'arrachant des lieux de ma naissance,
L'Esprit impatient me gourmande et s'élance,

Et vers les champs déserts de l'antique Paris
Me jette épouvanté sur d'immenses débris.
C'était l'heure où jadis, au réveil de l'aurore,
Les rayons précurseurs du jour qui vient d'éclore,
Teignant les dômes saints de douteuses clartés,
Un bruit immense et sourd s'élevait des cités!
Comme on dit qu'à l'aspect de la céleste flamme
Le marbre de Memnon résonne et prend une âme,
L'airain, retentissant au sommet de ses tours,
Des fidèles au temple appelait le concours;
Le prêtre, accompagné des célestes cantiques,
Guidait la foule errante autour des saints portiques.
Le clairon belliqueux résonnait : à sa voix,
Les guerriers qui veillaient aux barrières des rois,
Ceignant des feux du jour leur cuirasse frappée,
Comme un rempart d'acier s'alignaient sous l'épée;
La chute du marteau, le roulement des chars,
De leurs bruits discordants ébranlaient les remparts;
Les bornes des palais laissaient tomber leur chaîne,
Les gonds d'airain criaient sous les portes de chêne;
Et, comme un fleuve immense et grossi dans son cours,
La foule s'écoulait pour le travail des jours.

Mesure, dit l'Esprit, les vanités du monde.
Il dit : Je ne vis plus qu'une forêt profonde,
Qui, d'un fleuve fangeux couvrant les bords obscurs,
Croissait languissamment sur le bord de ses murs;
Le flot, triste et dormant sous son arche écroulée,

D'un murmure plaintif remplissait la vallée,
Où la Seine, jadis reine de ces beaux lieux,
Roulait avec amour dans son sein orgueilleux
Les ombres des palais qui couronnaient les rives,
Et sous des ponts d'airain pressant ses eaux captives,
Se hâtait d'embrasser dans ses mille replis
Ces murs par qui ses flots se sentaient ennoblis !
Mais, recherchant en vain quelque ombre de sa gloire,
Ces lieux avaient perdu jusques à sa mémoire,
Et son cours égaré de déserts en déserts
Traînait des flots sans nom vers la pente des mers.
Seulement sur ses bords, de distance en distance,
Monument de sa gloire et de sa décadence,
Un portique, un débris s'élevant sur les bois,
Semblaient par leur aspect lui parler d'autrefois !
Et du sommet miné d'une arche triomphale,
Sous le vol des oiseaux roulant par intervalle,
La pierre, d'un bruit sourd éveillant les échos,
Traçait, en s'abîmant, un cercle dans ses flots.
Je suivais à pas lents ses détours dans la plaine,
Écartant d'une main les jets pliants du chêne ;
De l'autre j'arrachais des débris effacés
De la ronce aux cent bras les fils entrelacés ;
Je cherchais à fixer les lettres et les nombres,
Comme on cherche la vie, hélas ! parmi des ombres.
Là, le Louvre abaissant ses superbes créneaux
Cachait ses fondements parmi d'humbles roseaux ;
Sur les tronçons brisés de ses larges arcades

Le lierre encor traçait de vertes colonnades,
Et croissant au hasard sur des chiffres chéris,
Le lys pétrifié s'ouvrait sur ces débris.
Là, d'un temple détruit couronnant les portiques,
Deux tours penchaient encor leurs ponts mélancoliques,
Mais, suspendant leurs nids aux voûtes du saint lieu,
Les oiseaux chantaient seuls dans la maison de Dieu.
Ici croissait l'ortie ; ici la giroflée
Penchait sur les débris sa corolle effeuillée ;
Là le buis éternel de ses sombres rameaux
Nouait comme un serpent le marbre des tombeaux.
Là, sous le vert cyprès dormait, couché dans l'herbe,
Le buste mutilé d'un conquérant superbe,
Ou les marbres épars de tous ces dieux mortels
Dont la Grèce crédule éleva les autels,
Et qui, fuyant ici des bords de l'Ionie,
Y recevaient encor le culte du génie !
Plus loin, d'un front sublime allant toucher les cieux,
D'un règne passager monument orgueilleux,
La colonne d'airain, plus forte que les âges,
Autour de son sommet voit gronder les orages,
Et sur ses larges flancs porte en lettres de fer
Des exploits que la rouille est prête d'étouffer.
Sans doute ici d'un roi s'élançait la statue ;
Mais l'autel est debout, l'idole est abattue ;
Sur son faîte isolé, roi des champs d'alentour,
Un aigle solitaire a choisi son séjour :
Il y plane, il s'y pose, et, sous sa large serre

Embrassant ce débris des foudres de la guerre,
Sur ce sanglant trophée où son aire est assis
Semble se souvenir d'avoir régné jadis !

Quoi ! d'un peuple éternel voilà donc ce qui reste !
Voilà sa trace ; à peine un débris nous l'atteste !
C'est d'ici que régnant sur l'Occident soumis,
Ce peuple, qu'adoraient même ses ennemis,
Vit pendant deux mille ans les arts ou la victoire
Étendre tour à tour son empire ou sa gloire !
Là régnèrent ces rois redoutés ou chéris,
Ces Louis ! ces François ! ces Charles ! ces Henris !
Dont la main, tour à tour imposante ou facile,
Sut modérer le frein de ce peuple indocile,
Princes qui, par la guerre ou les arts couronnés,
Imposèrent leurs noms aux siècles étonnés !
Là, ces prêtres sortis des sacrés tabernacles
Dont l'Église agitée implorait les oracles,
Ébranlant les palais des foudres de leurs voix,
Tonnaient au nom du ciel sur les crimes des rois !
Là, ces preux appuyés sur leur vaillante épée,
Partant pour conquérir une tombe usurpée,
Ne demandaient pour prix de leurs nobles combats
Qu'un signe de salut qui bénît leur trépas,
Ou qui n'en rapportaient, dépouille auguste et sainte,
Que du sang du Sauveur un peu de terre empreinte !
Là, ces chantres fameux dont les divins accords
Attiraient les enfants des peuples vers ces bords,

Et sur le monde épris de leur mâle harmonie
Faisaient parler leur langue et régner leur génie !
Là, ces tribuns, l'amour, l'horreur des nations,
Soufflant contre les lois le feu des factions,
Soulevés, déchirés par des mains forcenées,
Subissaient les fureurs qu'ils avaient déchaînées !
Là, ce nouveau César, dont la terrible main,
Sur son siècle indompté jetant un joug d'airain,
Comme un subit éclair sort du choc des nuages,
S'élançait triomphant du sein de ces orages,
Du fer qu'elle a forgé frappait la liberté !
Puis, tombant sans empire et sans postérité,
Semblable au feu du ciel qui dévore et qui passe,
Ne laissait qu'un trophée et du bruit sur sa trace.

Et maintenant couverts des ténèbres du temps,
Ces lieux sans souvenirs, sans voix, sans habitants,
Ont oublié les pas et les œuvres de l'homme
Et n'entendent pas même une voix qui les nomme !
J'allais pleurer sur eux, mais l'Esprit — Que fais-tu ?
Ménage, me dit-il, ta force et ta vertu ;
Va ! dans ces jours d'épreuve, et de deuil et d'alarmes,
Pleure sur les vivants, s'il te reste des larmes !
Il dit, et vers le nord m'emportant dans les airs,
Il me montra de loin un rocher sur les mers.
Voilà cette Albion, cette reine des ondes,
Dont les vaisseaux légers, messagers des deux mondes,
Ouvrant leur aile immense aux fougueux aquilons

Se jouaient sur les eaux comme des alcyons !
Ses fils régnaient partout où règnent les tempêtes !
Ses filles, de l'Europe embellissant les fêtes,
Respiraient l'innocence, et dans leurs chastes yeux
Réfléchissaient l'azur de la mer et des cieux,
Et dénouant aux vents leurs chevelures blondes
Aimaient à soupirer au murmure des ondes !
Hélas ! elle a péri comme Tyr et Sidon,
Et les flots qu'elle brise ont oublié son nom !
Il disait, et déjà sur les rives profondes
Où du sang des humains le Rhin teignait ses ondes,
Il reprenait sa course, et du sommet des airs
Me montrait vers le nord ces empires déserts
Qui, sous des cieux glacés où languit la nature,
Formaient autour du pôle une étroite ceinture.
Bords affreux qu'aux rigueurs d'un éternel hiver
L'homme osa conquérir et ne put conserver !
Leur faux éclat ne fut qu'un brillant météore,
Pareil aux feux trompeurs de cette fausse aurore
Qui, de leur longue nuit perçant l'obscurité,
Teint leur sombre horizon d'un moment de clarté !
Puis, franchissant les monts de la verte Helvétie,
Il rase, en serpentant, les plaines d'Italie,
Traverse l'Apennin, voit l'Arno dans son cours
De ses bords dépeuplés embrasser les contours,
Comme un cygne des lacs que le printemps ramène
Voit son aile briller dans l'eau du Trasimène,
Me montre, en souriant, à l'horizon lointain

Le Soracte éclairé des rayons du matin,
Longe les verts coteaux de la fraîche Sabine,
Vers la rive des mers d'un vol pressé décline,
Voit des déserts semés de superbes débris,
Traverse un fleuve étroit aux flots presque taris,
Et s'abattant enfin sur les remparts de Rome :
Voilà, s'écria-t-il, le dernier sort de l'homme !
C'est ici que fuyant la mort de toutes parts,
De mille nations quelques restes épars
Par le souffle de Dieu balayés sur ces rives,
Cachent dans ces débris leurs tribus fugitives,
Soit que du sang sacré ces bords encor fumants
Résistent plus longtemps aux chocs des éléments,
Soit que l'esprit fatal dont le monde est l'empire
Ne les ait réunis que pour mieux les séduire !
Tous les enfants d'Adam rassemblés dans ce lieu
Attendent dans l'effroi le jour, le jour de Dieu !
Tu l'as voulu, mon fils ! tu le verras, mais pleure !
Il dit, reprend son vol, s'éloigne, et je demeure
Seul, invisible, errant comme une ombre sans corps,
Qui, s'échappant la nuit de la foule des morts,
Revient aux lieux chéris où l'instinct la rappelle
Chercher s'il est un cœur qui se souvienne d'elle,
Sur celui qu'elle aimait jette un œil éperdu,
Et désire de voir et tremble d'avoir vu.
Ainsi de Romulus parcourant les collines
Je cherchais les vivants cachés dans leurs ruines;
Je suivais, je comptais les rares habitants,

Seuls débris échappés au naufrage du temps ;
Invisible témoin de leur funèbre drame,
J'entendais leurs discours, je lisais dans leur âme,
Et frissonnant comme eux de tristesse et d'effroi,
Je m'écriais en vain : Esprit, emportez-moi !

Hélas ! mes yeux à peine avaient reconnu Rome ;
Cet asile des dieux, ce chef-d'œuvre de l'homme,
N'étalait plus alors dans ces vastes remparts
Ces temples, ces palais des dieux et des Césars ;
Les mortels abrités sous ses débris antiques
N'élevaient plus au ciel de somptueux portiques ;
Attendant tous les jours le dernier de leurs jours,
Ils n'embellissaient plus leurs précaires séjours,
Le soc ne fendait plus leurs tristes héritages ;
Qu'importaient de leurs champs les fruits ou les ombrages
A ces êtres déchus, dont l'espoir incertain
Ne s'étendait, hélas ! qu'à peine au lendemain ?

Ni les lois, ni les mœurs, ni la crainte des peines
De la société ne gouvernaient les rênes ;
La liberté sans frein et la force sans droits
Remplaçaient dans ses murs peuple, tribuns et rois ;
Chaque jour, chaque instant voyait un nouveau maître
Renaître pour périr et périr pour renaître.
Point de culte commun : sur des autels d'un jour
Chacun créant son Dieu, le brisant à son tour,
Mesurant à sa peur ses lâches sacrifices,

Avait autant de dieux qu'il rêvait de supplices !
Seulement, quelquefois, de l'enfer ou du ciel
Descendant ou montant sous les traits d'un mortel,
Un ange de lumière, un esprit de ténèbres
Effrayant les esprits de prodiges funèbres,
Troublant les éléments, commandant au trépas,
Entraînaient un moment les peuples sur leurs pas,
Puis, s'évanouissant comme une ombre légère,
Ils les abandonnaient à leur propre misère,
Confondaient à leurs yeux l'erreur, la vérité,
Et semblaient se jouer de leur crédulité !

Ainsi sans lois, sans arts, sans culte, sans patrie,
Privés des doux travaux qui fécondent la vie,
Les hommes, fatigués de leur morne loisir,
Traînaient des jours affreux sans espoir, sans désir
Des nobles passions, aliment de nos âmes,
Dans leurs cœurs assoupis ne sentaient plus les flammes ;
Une seule pensée, un morne sentiment,
De leurs esprits glacés immuable tourment,
Semblable au poids affreux que dans l'horreur d'un rêve
De son sein qu'il oppresse un malade soulève,
La crainte, remplaçant liens, patrie, amour,
Régnait seule à jamais sur leur dernier séjour,
Sevrait les tendres fruits des baisers de leurs mères,
Arrachait la beauté des deux bras de leurs pères,
Et des hommes frappés d'une muette horreur
Changeait l'amour en haine et la crainte en fureur.

Tantôt on les voyait dans un sombre silence
Traîner de leurs longs jours la stupide indolence,
Assis sur les débris d'un temple profané,
Les bras croisés, l'œil fixe et le front incliné ;
Tantôt, fuyant en vain leur vague inquiétude,
Chercher des souterrains l'horrible solitude,
Et maudissant du jour l'inutile flambeau,
S'ensevelir vivants dans la nuit du tombeau ;
Puis, saisis tout à coup d'un bizarre délire,
S'abandonner sans cause aux accès d'un fou rire,
Se chercher, s'embrasser, pousser d'horribles cris,
Se couronner de fleurs, danser sur des débris ;
Comme pour dérober une heure à leurs supplices,
Se hâter d'inventer de nouvelles délices,
D'un regard impudique outrager la beauté,
Mêler les ris, les pleurs, la mort, la volupté,
Et puiser dans le sein de leur fatale ivresse
Un bonheur plus affreux encor que leur tristesse.

Cependant, quand le cri de leurs pressants besoins
Pour soutenir leurs jours sollicitait leurs soins,
On ne les voyait pas, levés avant l'aurore,
Coucher le blond froment sur le sillon qu'il dore,
Des épis desséchés dérouler les faisceaux,
Faire jaillir le grain sous les bruyants fléaux,
Recueillir en chantant les doux présents des treilles.
Dérober aux forêts le nectar des abeilles,
Fouler d'un pied rougi par le suc du raisin

Le pressoir ruisselant des flots ambrés du vin,
Ni du fanon gonflé des fécondes génisses
Faire écumer le lait dans de brillants calices.
Tous ces dons prodigués au travail des humains
Semblaient s'être taris sous leurs coupables mains;
Les arbres languissants sans sève et sans culture,
N'étalant qu'à regret une rare verdure,
Aux feux d'un astre éteint ne voyaient plus mûrir
Ces fruits qu'à nos besoins leurs bras semblaient offrir!
Les animaux rendus à leur indépendance,
De l'homme dégradé dédaignant la présence,
Ne reconnaissaient plus sur son front profané
Le signe du pouvoir dont Dieu l'avait orné;
Le taureau, brandissant sa corne menaçante,
Ne tendait plus au joug sa tête obéissante;
L'étalon indompté ne mordait plus le frein;
L'agile lévrier ne léchait plus sa main;
Le coq, abandonnant le seuil de ses demeures,
Au pâtre vigilant ne chantait plus les heures;
La fidèle colombe avait fui dans les bois,
Et l'oiseau domestique, effrayé de sa voix,
Ne venait plus lui pondre au retour de l'aurore
Ces doux fruits de son nid, ravis avant d'éclore!
Mais seul, abandonné de ses sujets divers,
Ce roi des animaux, de la terre et des mers,
Errant sur les confins de son stérile empire,
Allait, sur les rochers où l'Océan expire,
Recueillir pas à pas, pour soulager sa faim,

Ces vils rebuts des mers rejetés de son sein,
Ces reptiles des eaux, ces impurs coquillages
Que balayaient les flots sur le sable des plages.
En fouillant les débris des murs abandonnés,
Des autels, des tombeaux par ses pas profanés,
Du marbre verdoyant de ces vieilles ruines
Ses négligentes mains arrachaient des racines,
De ces vils aliments composait son repas,
Que le nectar de l'homme, hélas! n'arrosait pas.

Ainsi dans les horreurs d'une longue agonie
Végétaient ces enfants d'une race bannie ;
Une éternelle attente empoisonnait leurs jours;
Mille étranges rumeurs occupaient leurs discours !
Tantôt, pour détourner les fléaux de leurs têtes,
Le fer avait parlé par la voix des prophètes,
Il demandait du sang, des prêtres, des autels,
Promettant à ce prix d'épargner les mortels ;
Et la terre, à jamais de son dieu délivrée,
Aux esprits infernaux allait être sacrée !
Tantôt les ouragans avaient pris une voix
Où l'éclair dans le ciel avait tracé la croix !
Déjà les éléments, lui rendant leur hommage,
A la voix d'un vieillard avaient soumis leur rage.
Les astres avaient lui, l'onde avait reculé,
Les airs s'étaient calmés, la terre avait tremblé,
Où les morts échappés de leurs bières funèbres
Avaient crié : Salut! dans l'horreur des ténèbres ;

Mais depuis le matin du dernier de ces jours
Un prodige plus grand occupait leurs discours.
Un homme, car ses traits du moins étaient d'un homme,
Inconnu des vivants avait paru dans Rome !
Jeune, beau, tel enfin que les hommes pieux
Jadis voyaient passer les messagers des cieux.
Son front pur et serein, ses traits ornés de grâces,
Du malheur des humains ne portaient point les traces ;
Ses yeux demi-baissés à travers leur azur
Laissaient lire la paix d'un cœur tranquille et pur,
Et son regard brillant d'amour et d'espérance
Avait des anciens jours le calme et l'innocence !
Le duvet de sa joue à peine se montrant,
Le sourire ingénu sur ses lèvres errant,
La candeur de son front et les tresses bouclées
De l'or de ses cheveux sur son cou déroulées,
Marquaient cet âge heureux, ce matin de nos jours,
Où l'astre de la vie, en commençant son cours,
Sur les traits indécis de l'homme enfant encore
Mêle aux feux du midi les teintes de l'aurore !
Cependant le bâton qui pliait sous sa main,
Ses pieds qu'avait blessés la longueur du chemin,
Ses vêtements couverts de fange et de poussière,
La fatigue du jour pesant sur sa paupière,
Et de son front pâli la brûlante sueur,
Tout donnait à ses traits l'aspect d'un voyageur
Qui, marchant nuit et jour vers des plages lointaines,
Arrive avec effort au terme de ses peines !

Mais sur la terre encor qui pouvait voyager ?
D'où venait, où tendait ce divin étranger ?
Était-il donc encor sur quelque heureuse plage
Un peuple, une famille échappé du naufrage,
Qui dans un doux asile, à l'ombre du Seigneur,
Des enfants de la terre ignorât le malheur ?
Cet enfant inconnu de ces heureuses terres
Venait-il en montrer le chemin à ses frères ?
Au monde racheté d'un déluge nouveau
Apportait-il au moins le céleste rameau ?
Était-ce un homme, un ange, ou l'un de ces fantômes
Qui sortaient quelquefois des funèbres royaumes
Pour se faire adorer des crédules humains ?
Nul ne pouvait fixer leurs pensers incertains,
Car à peine avait-il sur ce séjour d'alarmes
Promené quelque temps ses yeux mouillés de larmes,
Et par des mots épars, sur sa bouche expirants,
Interrogé de loin les tristes habitants,
Qu'éclatant en sanglots, se frappant la poitrine,
Et traçant sur son front une image divine,
Saisi d'étonnement, de doute ou de terreur,
Il s'en était enfui poussant un cri d'horreur,
Et frappés de ses traits pâlis par ses menaces,
Les hommes effrayés avaient perdu ses traces !
Maintenant enflammé d'un désir curieux,
Le peuple en grossissant le cherchait en tous lieux,
Et fouillant les rochers, les antres, les ruines,
De ses longs hurlements frappait les sept collines !

Mais la nuit tout à coup, en descendant des airs,
Plongea dans le silence et l'homme et l'univers !

Ce n'étaient plus ces nuits, sœurs du jour, dont les ombres
Voilant sans les cacher les horizons plus sombres,
Descendaient pas à pas du dôme obscur des cieux,
Et d'un jour plus égal charmaient encor nos yeux,
Alors que rayonnant sur l'azur de ses voiles,
Les paisibles lueurs des tremblantes étoiles
Voyaient les doux reflets de leurs pâles flambeaux
Dormir sur les gazons ou flotter sur les eaux !
Le disque irrégulier de l'astre aux deux visages
Ne guidait plus leur foule à travers les nuages ;
Il ne consolait plus de ses tendres regards
Les débris dispersés des grandeurs des Césars.
Frappant du Vatican les longues colonnades,
Ses rayons prolongés sous l'ombre des arcades
Ne montraient plus de loin au regard attristé
Les fantômes épars de l'antique cité,
Et passant par degrés sur les saintes collines
N'y faisaient plus grandir l'ombre de leurs ruines !
Ces soleils de la nuit du pilote connus,
Saturne, Jupiter, Mars, la chaste Vénus,
Et ceux que les pasteurs, levés avant l'aurore,
Comme des fleurs du ciel voyaient jadis éclore,
Ayant déjà rempli leur précoce destin,
N'éclairaient déjà plus le soir ni le matin ;
Mais une nuit glacée, universelle, obscure

Comme un voile de deuil tombant sur la nature,
Enveloppait soudain de son obscurité
Et le ciel, et la terre, et l'homme épouvanté.
Ses yeux, en vain levés vers les voûtes funèbres,
Retombaient accablés du poids de ces ténèbres;
Et le monde muet, sans ciel et sans flambeau,
Restait comme endormi dans la nuit du tombeau !

SECONDE VISION.

Qu'êtes-vous devenus, voluptueux rivages,
Collines de Tibur, antres frais, verts bocages,
Où l'Anio, tombant en liquides cristaux,
Répandait dans les airs la fraîcheur de ses eaux ?
Beaux arbres dont l'hiver respectait la verdure,
Cascades dont Mécène adorait le murmure,
Jardins où les Césars, lassés de leur splendeur,
Fuyaient et retrouvaient leur fatale grandeur,
Ruisseaux, vallons obscurs, grottes, humbles retraites,
Qui prêtiez du silence et de l'ombre aux poëtes,
Où Tibulle, où Virgile, amoureux de vos bords,
Exhalaient leur belle âme en immortels accords,
Où leur ami voyait avec un doux sourire,
La sagesse et l'amour se disputer sa lyre,

Et dans leurs douces mains la livrant tour à tour,
D'un bonheur nonchalant jouissait jour à jour ?

Hélas ! j'ai vu moi-même, après deux mille années,
Par l'homme et par le temps ces rives profanées
N'offrir dans leur tristesse et dans leur nudité
Qu'un triste monument de leur caducité.
L'antiquaire y fouillait sous la ronce et l'épine
La poudre des tombeaux, la pierre des ruines,
Et foulant sous ses pieds la cendre des héros,
De leurs noms oubliés laissait d'ingrats échos !
Des générations rapides, ignorées,
Avaient passé, sans trace, en ces mêmes contrées,
Et vers l'éternité précipité leur cours,
Semblables à leurs flots qui débordent toujours !
Les hommes n'étaient plus ; les dieux, les dieux eux-mêmes
Étaient avec le temps tombés du rang suprême ;
D'autres dieux les avaient chassés de leurs autels ;
Les vils lézards rampaient sur leurs noms immortels ;
Du beau temple où Tibur évoquait sa sibylle,
La croix couvrait le dôme et consacrait l'asile ;
La chasteté veillait au parvis de Vénus,
Et dans ces bois souillés du nom d'Antinoüs,
Sur les débris épars de ces mêmes demeures
Où la lyre d'Horace avait charmé les heures,
Le solitaire errant chantait à demi-voix
L'immortel testament d'un Dieu mort sur la croix,
Et la cloche du soir, dans le ciel balancée,

D'un pieux souvenir éveillant la pensée,
Tintait de l'angelus l'harmonieux soupir,
Comme un adieu plaintif du jour qui va mourir !
Mais alors, l'Anio sous ces voûtes profondes
De rochers en rochers jetait encor ses ondes ;
Au pin pyramidal les pâles peupliers
S'entrelaçaient encor sur de riants sentiers ;
D'un radieux couchant les vapeurs empourprées
Baignaient de Tusculum les cimes azurées,
L'Océan sans rivage en bornait l'horizon ;
Mille débris sacrés y jonchaient le gazon,
Et les yeux enivrés de ces sublimes scènes,
Retrouvaient quelques pleurs pour les grandeurs humaines.
Le voyageur assis sur un cype effacé
Cherchait à l'horizon la ville du passé,
Et de cette grande ombre à ses yeux transformée
Voyait monter encor l'éternelle fumée !

Maintenant le sol même avait péri : les yeux
Ne reconnaissaient plus la nature et les cieux.
La terre avait tremblé ; dans le sein des vallées,
Les monts avaient baissé leurs têtes écroulées
Sur ce lit où le fleuve avait perdu ses eaux ;
Les bois n'étendaient plus leurs ombrageux rameaux.
Un silence éternel, effroi de la nature,
Régnait seul où régnait son éternel murmure.
L'Océan semblait mort, le ciel vide, et pour l'œil
L'horizon n'était plus que solitude et deuil.

De rochers entassés une ceinture énorme,
De monts déracinés débris sombre et difforme,
Semblait avoir fermé d'un invincible mur
Ce fortuné vallon qui fut un jour Tibur :
Formidable rempart, vaste amas de ruines,
Qu'en leurs convulsions les monts et les collines
Avaient confusément l'un sur l'autre entassé
Et de rochers hideux sur ses flancs hérissé ;
Nul arbre n'y plantait ses racines rampantes,
Nul gazon n'étendait ses tapis sur ses pentes ;
Mais, pareil aux amas par les volcans vomis,
Un chaos inégal de rocs mal affermis,
En rapides degrés s'élevant jusqu'aux nues,
De ces bords interdits dérobait les issues,
Et jamais des mortels les pas audacieux
N'auraient osé tenter d'escalader ces lieux.
Cependant Éloïm, l'Esprit ainsi me nomme
Le jeune pèlerin qui s'est montré dans Rome,
Éloïm vers ces lieux, poussé par la terreur,
Fuyait, le cœur glacé d'épouvante et d'horreur ;
Il entendait de loin retentir dans l'espace
Les cris des insensés qui couraient sur sa trace,
Et, tremblant de tomber dans leurs barbares mains,
Se frayait sur ces rocs de périlleux chemins.
Tel qu'aux flancs escarpés des pics de l'Érymanthe,
Le son lointain du cor suspend la biche errante ;
Tel aux cris des mortels qu'il entend approcher,
Éloïm s'élançait de rocher en rocher,

Et, gravissant les pics, franchissant les abîmes,
De ces remparts altiers escaladait les cimes,
Quand son œil tout à coup découvre un antre obscur,
Contre les pas de l'homme asile affreux, mais sûr !
Il y plonge ; il en suit les ténébreuses routes.
La caverne tantôt ouvre ses larges voûtes,
Où le bruit de ses pas, par l'écho reproduit,
Redoublant son effroi, roule au loin dans la nuit,
Et tantôt resserrant ses parois sur sa trace,
Semble, pour l'étouffer, lui refuser l'espace,
Et le force à ramper dans de sombres chemins
Dont le sol déchirait ses genoux et ses mains ;
Mais, le corps insensible aux douleurs qu'il endure
Il fuirait les humains au bout de la nature,
Et, suivant à tâtons ces immenses détours,
Dans leur muette horreur il s'enfonce toujours ;
Trois fois de la clepsydre où l'homme en vain le pleure,
Le sable aurait versé la mesure d'une heure,
Depuis qu'enseveli dans cet antre profond,
Éloïm avançait sans en trouver le fond.
Déjà, depuis longtemps, le jour livide, oblique,
Qui glissait en rampant par son étroit portique,
De détour en détour, par degrés affaibli,
Sur les flancs de la grotte avait encor pâli,
Puis, s'éteignant enfin dans des vapeurs plus sombres,
Rappelé ses rayons du sein glacé des ombres ;
Dans une nuit sans teinte il perdait son regard.
Il marchait, il tombait, il rampait au hasard,

Enfin, d'un jour lointain la débile lumière
Semble d'un doux reflet consoler sa paupière;
Il doute, il croit longtemps que son œil ébloui
Lui prolonge l'erreur dont ses sens ont joui.
Mais, semblable aux lueurs d'une tardive aurore,
De chacun de ses pas la clarté semble éclore;
Et du fond rayonnant de cet obscur séjour,
Il voit enfin jaillir un pur filet du jour;
Et la fraîcheur de l'air que son haleine aspire,
Tout annonce une issue; il s'écrie, il respire!
Il s'élance, il accourt, il accourt, mais, hélas!
A ses regards surpris, ce jour n'augmente pas,
Ce n'est qu'un seul rayon, que dans l'ombre incertaine
Les fentes du rocher laissent filtrer à peine!
Il veut, du moins, coller sur ce rocher jaloux
Son regard altéré de cet éclat si doux!
Il y touche : ô surprise! une porte de pierre,
De l'antre ténébreux gigantesque barrière,
Que supportent des gonds et des verroux d'airain,
Ferme d'un mur glacé le sombre souterrain,
Et par l'étroit canal d'un léger interstice,
Laisse à peine un passage où le regard se glisse!
Eloïm, emporté d'un désir curieux,
Aux fentes du rocher colle en tremblant ses yeux.
Il voit... ivre du trouble où cet aspect le plonge,
Il voit ce que jamais il n'avait vu qu'en songe,
Un vallon ombragé par des bois encor verts,
Une île de délice, au milieu des déserts,

Des jardins, des gazons, des arbres, des fontaines,
Roulant à flots plaintifs leurs ondes incertaines ;
Des sillons où les vents, sur ces bords assoupis,
Balançaient mollement les vagues des épis ;
Des fruits prêts à tomber des rameaux qui fléchissent,
Les uns encore en fleur, les autres qui jaunissent.
Il voit bondir plus loin, sur le penchant des prés,
Ces animaux jadis à l'homme consacrés,
Deux taureaux aiguisant contre un vieux sycomore
Leur corne recourbée où le joug pend encore,
Un sauvage coursier dont les longs crins épars
Ne voilent qu'à demi l'éclair de ses regards ;
De paisibles brebis aux toisons ondoyantes,
Des chevreaux suspendus aux roches verdoyantes,
La poule dont le chant dès l'aurore entendu
Avertit l'homme à jeun du fruit qu'elle a pondu ;
L'oiseau du laboureur, le pigeon, l'hirondelle
Fidèle après cent ans au toit qui la rappelle,
Et l'âne domestique, et l'onagre, et le chien
De l'homme autant que l'homme ami, frère, gardien,
Qui, d'un maître indigent dédaignant les largesses,
N'aime en lui que lui-même et vit de ses caresses.
Il entend gazouiller sur la cime des bois
Ces oiseaux dont jamais il n'entendit la voix,
Ces chantres de la nuit, du soir ou de l'aurore,
Que chaque heure du jour et des nuits fait éclore,
Et qui, pour assoupir ou réveiller nos sens,
Exhalent leurs amours en suaves accents.

C'était l'heure où du jour toutes les voix s'apaisent,
Où des oiseaux lassés les vifs accords se taisent,
Où Philomèle seule, attendrissant les airs,
Au malheureux qui veille adresse ses concerts ;
Sur un rameau voisin où son nid se balance,
Elle enchantait du soir l'harmonieux silence.
Éloïm écoutait ses doux sons s'exhaler ;
D'autres sens à son cœur semblaient se révéler !
Jamais semblable aspect et jamais voix pareilles
N'avaient charmé ses yeux ou ravi ses oreilles.
De tous ces habitants de la terre et des cieux
Qui portaient, qui servaient, qui charmaient nos aïeux,
Il ne connaissait rien que ces vaines images
Que les traditions conservent aux vieux âges,
Et pendant qu'ils passaient, ainsi qu'au premier jour,
Sa bouche avec transport les nommait tour à tour ;
Mais ses regards en vain dans ce séjour champêtre
Cherchaient des animaux le modèle et le maître :
Tout y rappelait l'homme, on ne l'y voyait pas.
Était-ce un lieu divin interdit à ses pas ?
Une ombre de l'Éden conservée à la terre ?
Ou d'un ange exilé le palais solitaire ?
Éloïm interdit doutait... quand une voix,
Une voix dont son cœur a tressailli trois fois,
Semblable aux sons vivants de la parole humaine,
S'élève et vient frapper son oreille incertaine.
Cette voix n'avait pas ces modulations
Qu'imprime aux sons humains l'accent des passions,

Cette note à la fois violente et plaintive
Qui trahit toujours l'homme à l'oreille attentive ;
C'était un son égal, plein, grave, mesuré,
Par un cœur impassible avec force vibré,
Dont rien n'amollissait la vigueur solennelle ;
Mais comme on entendrait la parole éternelle !
Du côté d'où la voix s'élevait vers les cieux,
Le jeune homme éperdu porte aussitôt les yeux ;
Il voit, non loin de lui, sur un banc de verdure,
Deux êtres dont il n'ose assigner la nature,
Tant leur sublime aspect, à son œil enchanté,
Surpasse l'homme en force, en grâce, en majesté !

L'un était un vieillard ; mais sa verte vieillesse
Ne témoignait des ans que l'antique sagesse ;
On ne voyait en lui que cette majesté
D'un front chargé de temps, mais du temps respecté ;
L'âge n'avait pour lui ni faiblesse, ni glaces ;
Ses traits montraient ses jours, mais sans porter leurs traces,
Et ses membres nerveux, et d'un sang pur nourris,
N'étalaient point à l'œil leurs muscles amaigris.
Ses cheveux étaient blancs, mais leurs boucles touffues
Roulaient à gros flocons sur ses épaules nues ;
Dans toute leur jeunesse, ils paraissaient blanchir.
Son front large et musclé les portait sans fléchir.
La voûte de ce front, sur ses yeux avancée,
Imprimait à ses traits la force et la pensée ;
Au sommet de ce front deux boucles de cheveux,

Par un souffle divin qui soulevait leurs nœuds,
En deux cornes d'argent s'arrondissant d'eux-même,
Dessinaient sur son front ce noble diadème,
Symbole de la force et de l'autorité,
Sur le front du bélier, par Dieu même jeté,
Et dont, pour imprimer son signe sur leurs têtes,
Jéhovah couronnait le front de ses prophètes :
Tel semblait ce vieillard, et ses traits souverains,
Sa taille surpassant la taille des humains,
Tout en lui rappelait un de ces premiers sages
Heureux contemporains de l'enfance des âges !
Bouclé sur son épaule, un grand manteau de lin
Laissait à découvert la moitié de son sein ;
Une large courroie en serrait la ceinture,
Puis, sur ses pieds divins roulant à l'aventure,
Formait ces larges plis, où, flottant tour à tour,
On voyait se jouer les ombres et le jour.
Il pressait, d'une main, sur sa poitrine nue,
Un livre dont sept sceaux interdisaient la vue ;
Et de l'autre il semblait, avec deux de ses doigts,
Tracer sur l'horizon l'image de la croix.

Auprès du saint vieillard, mais dans l'ombre cachée,
Une femme, une vierge à sa trace attachée,
D'une timide main s'appuyant sur son bras,
Sur un pied suspendue, avançait sur ses pas.
Non, jamais la beauté qu'un amant vierge encore
De ses désirs brûlants en rêves voit éclore,

Jamais le souvenir qu'un jeune époux en deuil,
Pour nourrir ses regrets, évoque du cercueil,
Jamais l'image, enfin, la séduisante image
Que se forme une mère, en portant son doux gage,
N'égala les attraits de cet être charmant
Qu'aux regards d'Éloïm offrit ce seul moment,
Quand fixant sur ses traits sa paupière ravie,
Ce regard suspendit son haleine et sa vie !

Elle était dans cet âge où prête à se flétrir,
Cette fleur de beauté qu'un printemps fait mûrir
Semble inviter l'amour à cueillir ses délices
Avant qu'un jour de plus effeuille ses calices :
Age heureux de la grâce et de la volupté
Qui confond en saison le printemps et l'été !
La jeunesse mêlait sur ses lèvres écloses
Une tendre pâleur à l'éclat de ses roses ;
Ses traits divins dont l'ombre arrêtait le contour,
Ses yeux bleus, ou brillants, ou voilés tour à tour,
L'astre dont le foyer est le cœur d'une femme
Laissait en longs éclairs échapper plus de flamme ;
D'un sein plus arrondi les globes achevés,
D'un souffle plus égal sous leur voile élevés,
Et ses cheveux flottants, dont les tresses moins blondes
Jusque sur le gazon glissaient en larges ondes,
Mais dont l'or, brunissant de plus de feux frappés,
Ressemblait aux épis que la faux a coupés :
Tout en elle annonçait ces saisons de tempête,

Ce solstice éclatant où la beauté s'arrête.
Un voile blanc, tissu de ses blanches brebis,
Pressait son sein d'albâtre, et glissant à longs plis,
Dessinait les contours de sa taille superbe,
Et venait, sur ses pieds, se confondre avec l'herbe !
Aucun vain ornement, aucun luxe emprunté
N'altérait la candeur de sa pure beauté.
Dédaignant d'un faux art les trompeuses merveilles,
L'opale ou le corail n'ornait point ses oreilles ;
Le rubis sur son front ne dardait point ses feux ;
L'or autour de son col n'enlaçait pas ses nœuds ;
Et ces lourds bracelets, qu'un vain luxe idolâtre,
D'un bras harmonieux ne foulaient point l'albâtre ;
Mais, sur sa blanche épaule, un ramier favori
Était venu chercher un amoureux abri ;
Il caressait son cou d'un doux battement d'aile ;
Et broutant le gazon qui croissait autour d'elle,
Deux lions, par l'attrait près d'elle retenus,
Folâtraient sur sa trace et léchaient ses pieds nus.
Tels les plus doux objets qu'anima la nature
Suivaient Ève en Éden et formaient sa parure.

Suivant d'un pas distrait les pas du saint vieillard,
Elle laissait errer ses beaux yeux au hasard ;
Ce regard n'avait pas ce divin caractère
D'un œil qui voit le ciel et méprise la terre ;
Je ne sais quoi d'humain, de vague et d'inquiet,
Ressemblait au désir, ou plutôt au regret.

On eût dit qu'en ces lieux par la force enchaînée,
Pour ce divin exil elle n'était pas née.
En un mot, l'un semblait un habitant des cieux,
L'autre une enfant de l'homme esclave en ces beaux lieux.

« Jour, disait le vieillard, jour qui finis ta course,
Toi que le temps fit naître, et rappelle à ta source,
C'en est fait : éteins-toi ! Va dans l'éternité
Rendre compte à ce Dieu par qui tu fus compté !
Depuis ce premier jour où ma vieille paupière
Dans l'enfance des temps s'ouvrit à ta lumière,
De ces milliers de jours qui sous mes yeux ont lui,
Je ne te vis jamais si morne qu'aujourd'hui !
Ces fils de la lumière ont-ils, comme nous-même,
Quelque pressentiment de leur heure suprême ?
Ah ! qu'ils rappellent peu, par leurs traits effacés,
Ces premiers jours du monde à jamais éclipsés,
Quand, sous leurs premiers pas, la terre épanouie
Exhalait vers son Dieu comme un parfum de vie,
Et qu'emportant les vœux des mortels innocents,
Ils s'en allaient chargés de nuages d'encens !
Mais, à présent, dans l'ombre où leur cercle s'achève,
Sur un désert en deuil il se couche et se lève
Sans qu'un cœur innocent, sans qu'un pieux regard
L'invoque à son lever, le suive à son départ !
Cependant, ô ma fille ! un œil nous les mesure ;
Ils doivent leurs tributs au roi de la nature ;
Il ne les a point faits, comme un vain ornement,

Pour semer de leurs feux la nuit du firmament,
Mais pour lui rapporter, aux célestes demeures,
La Gloire et la Vertu sur les ailes des Heures !
Accomplissons donc seuls leur sublime devoir !
Prions le jour, la nuit, le matin et le soir !
Et tandis que la terre, à son instant suprême,
Le nie ou le maudit, l'oublie ou le blasphème,
Que l'hommage du soir, présenté par nos mains,
Lui porte encor l'encens et la voix des humains !
Il disait : Et le front courbé dans la poussière,
Sa bouche murmurait une sourde prière.
La vierge agenouillée à ces sons répondait ;
Dans un accord divin leur voix se confondait ;
Sa tendre voix mêlée à sa voix ferme et grave
Formait de tons divers un contraste suave.
Tel au bruit d'un torrent qui gronde au fond des bois
L'oiseau du ciel se plaît à marier sa voix.

Cependant Eloïm, collé contre la pierre,
N'osait, pour leur parler, suspendre leur prière ;
Mais quand le saint vieillard, à demi prosterné,
Eut relevé son front vers l'occident tourné,
Et que, prêt à quitter cette porte fatale,
Déjà son pas immense en franchit l'intervalle,
Eloïm s'écria ; sa voix en sourds échos,
A travers les rochers, porta vers eux ces mots :

« Fortunés habitants de ce lieu de délices,

Soit que déjà du ciel vous goûtiez les prémices,
Soit qu'exempts ici-bas de travail et de mort,
Des malheureux humains vous ignoriez le sort ;
Adorez-vous le Christ ? — Au nom par qui tout tremble
La vierge et le vieillard s'inclinèrent ensemble.
Eloïm poursuivit : « Ah ! si vous l'adorez,
Par ses jours et sa mort à tout chrétien sacrés,
Par ce jour qui s'approche, où du haut des nuages
Il viendra réveiller et juger tous les âges,
Ouvrez pour un moment cet asile à mes pas !
Je viens d'une autre terre et de lointains climats
Chercher s'il est encor sur ces confins du monde
A la voix d'un mortel un mortel qui réponde.
Aux lieux qu'avec horreur mes pieds ont traversés
Je cherchais des humains..., j'ai vu des insensés
Qui, dans leur désespoir se maudissant eux-mêmes,
N'attestaient plus le ciel que par d'affreux blasphèmes !
J'ai fui : la main de Dieu m'a sans doute conduit
Dans les profonds détours de cette horrible nuit,
Pour trouver, à la fin de mes longues misères,
Des autels au vrai Dieu, des anges ou des frères ! »
Il dit ; le saint vieillard, sans paraître surpris,
Répondit simplement : « Je t'attendais, mon fils !
L'homme, errant au hasard, sans dessein et sans guide,
Arrive où Dieu le veut au jour que Dieu décide !
Il t'amène en ces lieux : j'adore ses décrets ;
Entre, et bénis son nom ! tu parleras après. »
Soudain, comme un berger qui veut, sur les fougères,

Laisser fuir du bercail les agneaux sans les mères,
S'incline, et d'un genou, par l'effort affermi,
Soutient le lourd battant qu'il entr'ouvre à demi ;
Tel, sur ses gonds massifs faisant rouler la porte,
Le robuste vieillard, dont le corps la supporte,
Laisse entrer Eloïm, et refermant soudain,
Tourne avec un bruit sourd les lourds verrous d'airain.
Eloïm, se jetant à ses pieds qu'il embrasse,
Baise en pleurant la terre où s'imprime leur trace ;
« Homme ou Dieu, lui dit-il ; et toi, toi ! dont les yeux
Lancent des feux plus doux que la nuit dans les cieux,
Toi qu'enfin, sans ces pleurs qui trahissent une âme,
Je n'oserais nommer du nom touchant de femme !
Soyez bénis tous deux ! Ou si mes sens surpris
Prennent pour des mortels de célestes esprits,
Êtres surnaturels ! enseignez-moi vous-même
Comment on vous adore ou comment on vous aime ! »
La vierge, à ces accents qui vibrent dans son cœur,
Rougissait de plaisir, d'orgueil et de pudeur ;
Ses lèvres s'entr'ouvraient pour répondre elle-même ;
Mais le vieillard, d'un geste et d'un regard suprême,
Sur sa bouche tremblante arrêta son discours :
« Suivez-moi, leur dit-il ; les mœurs des anciens jours
Ne nous permettent point d'interroger encore
L'étranger dont les pas ont devancé l'aurore,
Avant qu'à notre table, assis, il ait goûté
Le pain, le vin, les dons de l'hospitalité !
Qu'il vienne du Seigneur partager les merveilles,

Désaltérer sa soif du doux jus de mes treilles
Et du lait des brebis épaissi sous ta main,
Et des fruits de nos champs satisfaire à sa faim.
Demain, quand le sommeil aura, par un long rêve,
De ses membres brisés renouvelé la sève,
Il nous racontera quel sort mystérieux,
A travers les déserts, le conduit en ces lieux,
Ce qu'il est, ce qu'il veut, ce qu'il vit chez les hommes;
Et lui-même, ô ma fille! il saura qui nous sommes!... »
Tout en parlant ainsi, le vieillard qui marchait,
Des bords d'un lac limpide à pas lents s'approchait;
Eloïm admirait et suivait en silence,
Et la jeune beauté, dont le pas les devance,
Échappant à leurs yeux, courait, d'un pied léger,
Préparer le repas du divin étranger.

. . . .
. . . .
. . . .

II.

Quelques semaines après, j'écrivis un second chant du même poëme, intitulé : *Les Chevaliers*. J'avais le Tasse et l'Arioste de bien loin dans l'imagination. Je comptais toucher successivement toutes les cordes graves et sensibles de la poésie épique ou élégiaque dans cette œuvre sans fin commencée trop jeune et interrompue avant le temps. En voici quelques fragments négligés après bien des années au fond de mon portefeuille.

. . . .
. . . .

Cependant, le cœur plein de deuil et de tristesse,
Béranger, maudissant le poids de sa vieillesse,
Privé du seul objet qui consolait ses jours,
De son château désert a traversé les cours.
Ses cheveux blancs, souillés de sang et de poussière,
Tombent à gros flocons sur sa morne paupière ;
Il mord sa lèvre pâle, il presse dans sa main
La garde du poignard qu'il fit briller en vain,
Et sur ses traits ridés se frayant une route,
Deux longs ruisseaux de pleurs, tombant à grosse goutte,
Viennent mouiller ce fer, dans ses mains impuissant.

Ah ! malheureux ! dit-il, des pleurs au lieu de sang !
Il baisse un front courbé sous le malheur et l'âge,
Et de ses serviteurs détourne son visage.
Tel un chêne vieilli, dont les rameaux séchés
Par la foudre ou la hache ont été retranchés,
Sur un coteau brûlant, que son aspect afflige,
Ne voit plus de son sein sortir de jeune tige,
Et de l'ombre et des fleurs oubliant la saison,
Penche un tronc dépouillé sur le morne gazon.

Ses vassaux consternés se rangent en silence ;
Mais soudain à ses pieds un mendiant s'élance ;
Son front, déjà chargé des traces de ses jours,
De sa vie orageuse annonçait le long cours ;
Un bâton soutenait sa démarche tremblante ;
La misère courbait sa tête chancelante ;
De vêtements usés quelques lambeaux épars,
Sous l'outrage des ans tombant de toutes parts,
Noués par une corde autour de sa ceinture,
Laissaient à découvert ses jambes sans chaussure,
Et ses pieds, par le sol meurtris et déchirés,
Foulaient péniblement le marbre des degrés ;
Du chevalier terrible il suit de loin la trace ;
Il se jette en pleurant à ses pieds qu'il embrasse :
« Seigneur ! écoutez-moi, dit-il en sanglotant,
« Peut-être il vous souvient de ce berceau flottant
« Où cette noble épouse, à vos regrets si chère,
« Recueillit un enfant et lui servit de mère ;

« On dit que du trépas par le ciel préservé,
« Et par vos soins, seigneur, dans ces murs élevé,
« Digne qu'en autre rang le hasard l'ait fait naître,
« Sa gloire et ses vertus ont honoré son maître...
« — Et que t'importe, à toi, vil rebut des humains,
« Le sort de cet enfant qu'ont élevé mes mains?
« Qu'eut jamais de commun son sang et ta misère?
« — Hélas! pardonnez-lui, seigneur! je suis son père!
« — Toi, son père? Insensé! ce noble enfant ton fils?
« Qui donc es-tu? — Seigneur, vous voyez mes habits,
« Je suis ce qu'à vos yeux indique leur misère,
« Un de ces malheureux, vermine de la terre,
« A qui le ciel jaloux de ses avares mains
« A donné pour tout don la pitié des humains,
« Qui glanent ici-bas ce que le riche oublie,
« Et qui, pour soutenir leur misérable vie,
« Vont aux portes du temple, au seuil de vos palais,
« Recevoir tour à tour l'insulte ou les bienfaits!
« Trop heureux si le ciel, dans l'opprobre où nous sommes,
« En nous déshéritant des biens communs aux hommes,
« Avait en même temps retranché de nos cœurs
« Ces sentiments qui font leur joie et nos douleurs!
« Mais, hélas! ces haillons n'étouffent pas nos âmes;
« Nous aimons, comme vous, nos enfants et nos femmes,
« Mais le remords nous suit jusqu'au sein de l'amour,
« Et nous nous repentons de leur donner le jour!
« Un enfant m'était né; la faim et la souffrance
« Avaient ravi sa mère à sa première enfance,

« Et près d'elle couché, sa bouche avec effort
« Pressait encore ce sein qu'avait tari la mort !
« On vantait la pitié de notre noble dame :
« L'espérance, à son nom, pénétra dans mon âme ;
« Je m'emparai soudain, par un adroit larcin,
« De deux cygnes chéris que nourrissait sa main,
« Et confiant mon fils à sa frêle nacelle,
« Je chargeai leur instinct de la guider près d'elle ;
« La vague protégea ce dépôt précieux,
« Jusqu'à ces bords lointains je le suivis des yeux.
« Tranquille sur le sort d'une tête si chère,
« Je sentis s'alléger le poids de ma misère,
« Et loin de ce rivage allant porter mes pas,
« J'usai mes tristes jours de climats en climats.
« Mais enfin, quand des ans l'inévitable outrage
« Eut usé de ce corps la force et le courage,
« Rappelé vers ces bords par un cher souvenir,
« Un instinct paternel me force à revenir
« Près de ce fils chéri terminer ma carrière,
« Pour avoir une main qui ferme ma paupière !
« Ah ! laissez-moi, seigneur, le voir et l'embrasser ;
« Sur ce cœur expirant laissez-moi le presser ;
« Et que puisse de Dieu la main juste et prospère
« Bénir dans vos enfants la pitié de leur père !
« — Mes enfants ! qu'a-t-il dit ? hélas ! je n'en ai plus !
« Garde pour toi, vieillard, tous tes vœux superflus ;
« J'ai perdu, comme toi, l'espoir de ma famille ;
« Va ! cours chercher ton fils ! il est avec ma fille ! »

Ainsi dit Béranger, et, d'une rude main,
Repoussant le vieillard, il reprend son chemin.
Tel qu'un aigle irrité, dont l'immonde reptile,
Pendant qu'il plane en paix, dans un azur tranquille,
A dévasté son aire, et sur ses bords flétris
De ses œufs près d'éclore a semé les débris ;
Lorsque redescendu de sa céleste sphère,
Son instinct paternel le rappelle à son aire,
Et, que du haut du ciel, y plongeant ses regards,
Il voit ses tendres fruits sur les rochers épars,
Sur ce nid, son espoir, il plonge, il veut s'abattre ;
Il cherche un ennemi qu'il puisse au moins combattre ;
De rochers en rochers il vole en tournoyant,
Promène dans les airs son regard foudroyant,
Et rongeant les rochers à défaut de victime,
Il jette un cri vengeur qui fait trembler l'abîme.
Tel au fond d'un palais maintenant dépeuplé,
Ce vieux père, cherchant d'un regard désolé
Cette enfant dont ses yeux ont la douce habitude,
De ses gémissements remplit la solitude ;
Marche, s'arrête, écoute, éclate en vains sanglots,
Et consume la nuit à regarder les flots.
Mais à l'heure où les chants du pieux solitaire
Montent seuls vers le ciel, quand tout dort sur la terre,
Son regard, en fixant l'écueil inhabité,
Du fanal de Tristan découvrit la clarté.
A cet aspect nouveau son cœur glacé palpite :
Il appelle, il espère, il s'élance, il hésite ;

Mais vers les bords lointains où cet espoir a lui,
Un instinct plus puissant l'entraîne malgré lui.
Réveillés à ces cris, ses matelots fidèles
Rattachent l'aviron aux flancs de ses nacelles,
Dressent les mâts couchés sur les esquifs flottants,
Lèvent l'ancre pesante, ouvrent la voile aux vents,
Et lui-même, voyant où le fanal le guide,
Courbé sur l'aviron fend la plaine liquide.
La brise de la nuit sur le lac écumant
Vers l'écueil escarpé les pousse en un moment ;
Ils franchissent le flot grondant sur le rivage.
Béranger, le premier, s'élance sur la plage ;
Il appelle, il s'écrie, il court, il voit enfin,
Il voit aux premiers feux des astres du matin,
Sur un gazon trempé des larmes de l'aurore,
Sur le sein de Tristan la fille qu'il adore
Mollement assoupie ; il doute, il craint d'abord
Cette immobilité qui ressemble à la mort ;
Mais bientôt s'approchant du couple qui sommeille,
Le bruit de leurs soupirs rassure son oreille ;
Il voit le sein d'Hermine encor gros de soupirs,
Onduler, comme l'onde, au souffle des zéphirs ;
Elle vit ! O ma fille ! ô ma seconde vie !
A l'outrage, à la mort quelle main t'a ravie ?
Réveille-toi ! réponds ! Quel que soit ton sauveur,
Je jure par le ciel, par toi, par mon bonheur,
De lui donner, pour prix de ce bienfait suprême,
Tout ce que peut donner ma main... fût-ce toi-même !

Ces cris de son Hermine ont ranimé les sens ;
Elle rouvre ses yeux, elle entend ces accents,
Voit pencher sur son front la tête paternelle,
Et lui montrant des yeux Tristan : c'est lui, dit-elle ;
Et Tristan, à ces mots, rougissant de bonheur,
De ses pleurs arrosait les mains de son seigneur.
Mais Béranger, ouvrant les bras à son Hermine,
Allait presser aussi Tristan sur sa poitrine,
Quand une sombre image, un soudain repentir,
Resserre tout à coup son cœur prêt à s'ouvrir.
Hermine tombe seule entre les bras d'un père ;
Le beau page, à ses pieds, reste un genou sur terre,
Et le vieillard lui jette un regard incertain,
Où la reconnaissance est mêlée au dédain :
« Partons, dit-il, fuyons ce funèbre rivage,
« Qui de mon désespoir me rappelle l'image,
« Et pendant que les flots nous porteront au port,
« Tu nous raconteras ce prodige du sort ! »

La rame bat les flots, la barque glisse et vole ;
Hermine, retrouvant à peine la parole,
Raconte en rougissant ce qu'a fait son sauveur ;
Comment il a risqué ses jours pour son honneur ;
Comment son bras, plus fort que la vague et l'orage,
Au milieu de la nuit l'a portée au rivage ;
Comment, près d'un foyer par ses mains allumé,
Dans son cœur engourdi son cœur s'est ranimé,
Et comment, par ses soins la rendant à la vie,

Il l'a tout à la fois respectée et servie.
Béranger, en silence, écoutait ces récits ;
En cercle autour de lui ses chevaliers assis,
De surprise et d'orgueil ne pouvant se défendre,
Sur l'épaule du preux se penchaient pour entendre ;
Et les rameurs, eux-même, enchaînés par la voix
Du page rougissant écoutaient les exploits,
Et contemplant Hermine à leur amour rendue,
Oubliaient d'abaisser la rame suspendue.

Quand elle eut achevé, Béranger, l'œil baissé
Sous tant d'émotions resta comme oppressé ;
Puis d'un ton à la fois indulgent et sévère :
« Tristan, dit-il, en moi ton enfance eut un père,
« Tu m'as rendu ma fille, et ce premier haut fait
« Acquitte en un seul jour le bien que je t'ai fait ;
« Mais mon cœur veut sur toi conserver l'avantage ;
« Il n'était qu'un seul prix digne de ton courage,
« Tu l'avais mérité ! je te l'aurais offert ;
« Mais entre Hermine et toi l'abîme s'est ouvert,
« Rien ne peut le combler, et pas même ta vie ;
« Le jour qui me la rend à toi te l'a ravie ;
« Ton père s'est nommé ; ton père, un mendiant,
« Est venu près de moi réclamer son enfant ;
« Je dois te rendre à lui, non tel que sa misère
« Te confia jadis à ta seconde mère,
« Faible, nu, sans espoir que sa tendre pitié,
« Mais enrichi des dons de ma noble amitié,

« Mais, honorant du moins par les dons de ton maître
« L'obscurité fatale où le sort te fit naître,
« Je te fais châtelain de la tour d'Ildefroi ;
« Ces domaines, ces champs, ces vassaux sont à toi !
« Tu peux à ton vieux père y donner un asile ;
« Mais toi, loin d'y languir dans un loisir stérile,
« Lèves-y des soldats, va porter ta valeur
« Parmi les conquérants du tombeau du Sauveur
« Va disputer un prix digne de ta vaillance,
« Va mériter un nom qui couvre ta naissance ;
« Après ce que tu fis et ce qu'ont vu tes yeux,
« Il ne te convient plus de paraître en ces lieux,
« Jusqu'à ce qu'un héros, entrant dans ma famille,
« Ait pris sous son honneur la garde de ma fille ! »
Tristan ne répondit que par un seul soupir,
Et tout bas dans son cœur se dit : J'irai mourir !
Mais Hermine pâlit ; comme une fraîche aurore,
Qu'un nuage subit tout à coup décolore,
Son beau front s'inclina pour cacher ses douleurs,
Et ses cils abaissés voilèrent mal ses pleurs.
Tout se tut : jusqu'au bord on n'entendit qu'à peine
Du sein des deux amants s'exhaler leur haleine ;
Les vassaux, sur la plage, avec des cris d'amour,
De leur dame chérie attendaient le retour ;
Et prenant dans leurs bras la belle châtelaine,
La portèrent en foule aux bras de sa marraine.

. . . .
. . . .

Tout est joie et tumulte aux murs de Béranger ;
Les vassaux, qui d'Hermine ont appris le danger,
Les jeunes chevaliers qui briguaient sa conquête,
Venus pour le combat sont restés pour la fête ;
Les cours et les préaux sont couverts d'étrangers ;
Les dames, les barons entourent les foyers ;
Le jour ne suffit pas à leur foule enivrée ;
Mais des feux du sapin la nuit même éclairée
Ouvre une lice ardente à des plaisirs nouveaux.
C'est l'heure où Béranger, conviant ses vassaux,
Prodigue des trésors que son orgueil étale,
Fait dresser à la fois vingt tables dans la salle,
Et jusqu'aux premiers chants de l'oiseau du matin,
Entouré de ses preux, prolonge le festin.
Ces salles, où des preux les tables sont dressées,
De soie et de velours ne sont pas tapissées ;
Elles n'offrent aux yeux qu'une voûte d'acier :
Lances, piques, écus, brassards et bouclier ;
Et des lambris de fer et des festons d'épées
Avec un art sauvage autour des murs groupées,
Réfléchissant les feux des nocturnes flambeaux,
Jettent un jour sanglant sous les vastes arceaux.
Nul art dans ces festins n'ajoute à la nature,
Et leur profusion est leur seule parure ;
Les hôtes des forêts, des cerfs, des sangliers,
Sur des plateaux de bois s'y servent tout entiers ;
Et dans la salle même, entre chaque embrasure,
Des outres, des tonneaux qui coulent sans mesure,

Versent aux échansons des vins nés sur ces bords,
Dont la coupe se vide et s'emplit à pleins bords.

Sur un siége élevé d'où son regard domine
Béranger est assis : plus bas la belle Hermine ;
Puis enfin les barons, les écuyers, les grands,
Placés par les hérauts chacun selon leurs rangs,
Descendent par degrés jusques aux servants d'armes
Où Tristan va cacher son triomphe et ses larmes.
Là, tandis que son nom retentit en tous lieux,
Sur ses égaux d'hier n'osant lever les yeux,
Il rougit d'être assis parmi ceux qu'il honore,
Et plus bas, s'il se peut, voudrait descendre encore.
En vain les écuyers, pour plaire à leur seigneur,
Lui présentent les vins et la coupe d'honneur ;
Du doux jus des coteaux en vain sa coupe est pleine,
En feignant d'y puiser sa lèvre y trempe à peine,
Et son cœur, d'amertume et de honte abreuvé,
Lui fait trouver amer tout ce qu'il a goûté.
Il accuse en secret la lenteur des convives,
Il compte chaque instant des heures trop tardives ;
Puis, d'un regard furtif contemplant ces doux traits
Qu'il grave dans son âme et va perdre à jamais,
Il se dit, en comptant le temps qui s'évapore :
Dure à jamais le jour où je la vois encore !
Les lices aux tournois, les danses aux festins,
De l'aurore à la nuit, de la nuit au matin,
Durant trois jours complets, durant trois nuits entières,

Chassèrent le sommeil de toutes leurs paupières.
Mais au dernier repas de la troisième nuit,
Quand, déjà chancelants de fatigue et de bruit,
Les convives lassés succombaient à l'ivresse,
Le baron de Neuf-Tours à Béranger s'adresse :
« Seigneur ! n'avez-vous donc pour orner votre cour
« Trouvère ou ménestrel, barde ni troubadour ?
« Quitterons-nous ces lieux sans que de son écharpe
« L'enfant perdu du lac ait dénoué sa harpe....
— « Excusez-moi, seigneur, dit Tristan tout confus,
« J'imite les héros, je ne les chante plus. »
Le baron, à ces mots, lui lance un faux sourire ;
Mais Béranger, honteux qu'on ait osé dédire
En sa présence même un noble chevalier :
« Vous chanterez, Tristan ; tant d'orgueil doit plier !
« Écuyer, apportez la harpe du trouvère ;
« Hermine, que ta voix charme aussi ton vieux père,
« Et chantez tous les deux l'histoire d'Amadis,
« Où vos deux voix d'enfants s'entremêlaient jadis. »
Il dit. Hermine tremble et murmure en son âme ;
Le page avec respect s'approche de sa dame,
Lui présente son luth, au clou d'or suspendu.
Ce luth dont le doux son, à sa voix confondu,
Résonnait autrefois de loin à son oreille
Plus gai qu'un premier chant de l'oiseau qui s'éveille ;
Et lui-même, prenant des mains d'un écuyer
Une harpe nouée auprès d'un bouclier,
L'accorde lentement et d'une main distraite.

Et de saisissement la foule était muette.
Enfin, d'une voix faible et sans lever les yeux,
Hermine commença le doux lai des adieux.
Or, c'était un récit, triste comme leur âme
Et que, sans y penser, avait choisi la dame,
D'un chevalier quittant pour ne plus la revoir
Celle dont la pensée était son seul espoir ;
Un vieux barde, exilé des bords de la Durance,
L'avait porté jadis de l'Italie en France.
Deux voix, pour imiter cette scène d'amour,
S'en devaient partager les couplets tour à tour ;
Et la harpe et le luth, de leurs notes plaintives,
En suspendre un moment les stances fugitives.

ROMANCE.

LA DAME.

Quand ce vint au matin, Yseult lui dit : Écoute !
J'entends le coq chanter et ton coursier hennir ;
Encore, encore un mot, et tu seras en route,
Et plus jamais ces yeux ne te verront venir !
Ami, prends mon anneau que de mes pleurs j'arrose ;
Hier, pensant à toi, ma main l'a fait bénir,
Pour qu'à jamais de moi te fasse souvenir
Tant qu'il te souviendra du doigt où je le pose !

Or son page, frappant aux portes de la tour,
Disait à demi-voix : Roger, voici le jour !

LE CHEVALIER.

Je pars ; mais mon cœur reste, ô ma seule pensée !
Plus ne compte les jours après ce triste instant ;
En ce suprême adieu mon âme t'est laissée,
Tout ce qui m'animait me quitte en te quittant.
Garde de nos amours longue et triste mémoire,
Et si jamais le soir trouvère ou pèlerin
D'un cœur brisé d'amour te vient chanter la fin,
Yseult, dis en toi-même : hélas ! c'est son histoire !

Or le page, frappant aux portes de la tour,
Disait à demi-voix : Roger, voici le jour !

LA DAME.

Ami, prends ces cheveux et que ma main les noue
Au plus près de ton cœur ; tu rêveras de moi :
Souvent, quand on te nomme, ils ont voilé ma joue,
Et souvent essuyé des pleurs versés pour toi ;
Ordonne qu'on les laisse à ton heure suprême
Reposer avec toi sous le même linceul,
Pour qu'au moins sous la terre où tu dormiras seul
Quelque chose de moi s'unisse à ce que j'aime !

Or le page, frappant aux portes de la tour,
Disait à demi-voix : Roger, voici le jour !

LE CHEVALIER.

Ah ! si le son d'un cor en sursaut te réveille,
Si l'acier d'un écu retentit dans la cour,
Si le pas d'un coursier résonne à ton oreille,
Si la harpe d'un barde expire sous la tour,
En mémoire de moi regarde à la fenêtre
Aussi loin que tes yeux me suivront aujourd'hui,
Et murmure en toi-même : Yseult ! si c'était lui ?
Ce mot, si loin de toi, je l'entendrai peut-être !

Or le page, frappant aux portes de la tour,
Disait à demi-voix : Roger, voici le jour !

LA DAME.

Prends mon long chapelet, où pend mon reliquaire,
Baise soir et matin ces reliques des saints ;
J'ai tant prié pour toi sur ce pauvre rosaire
Que mes doigts fatigués en ont usé les grains ;
Quand, voyageant le soir sur la terre lointaine,
L'angélus sonnera dans la tour du beffroi,
Pour que ton âme au ciel se rencontre avec moi,
En mémoire d'Yseult tu diras ta dizaine.

Or le page, frappant aux portes de la tour,
Disait à demi-voix : Roger, voici le jour !

Tristan allait poursuivre, un cri soudain l'arrête.

Hermine sur son luth vient de pencher la tête,
Son visage a changé, sa défaillante main
N'a pu même achever le funèbre refrain.
Elle tombe mourante au sein de sa nourrice
Comme un lis dont le ver a piqué le calice.
On l'apporte en sa tour, sans voix et sans couleur.
Tristan rejette au loin sa harpe avec douleur,
Et la foulant aux pieds sur le pavé de dalle,
Disperse avec dédain ses débris dans la salle.
« Toi qui chantas pour elle une dernière fois,
« Tu ne mêleras plus tes sons à d'autres voix ! »
Dit-il. En s'éloignant de la foule étonnée,
Il va sur le donjon plaindre sa destinée.

Cependant l'air du ciel et des soins caressants
D'Hermine évanouie ont ranimé les sens,
Et la foule, d'ivresse et de joie éperdue,
A repris à l'instant la fête suspendue.
De la chambre élevée où ruissellent ses pleurs,
Hermine entend monter leurs joyeuses clameurs ;
Sur le bord du fauteuil où sa tendresse veille,
Sa nourrice se penche et lui parle à l'oreille :
« — Pourquoi cacher ces pleurs, belle enfant. C'est en vain !
« Ma main les sent couler ; versez-les dans mon sein,
« Ce sein qui vous reçut, ce sein qui vous adore !
« Le mal dont vous mourez, faut-il que je l'ignore ?
« — Tu demandes le mal dont je me sens mourir,
« Lui répond son Hermine, et Tristan va partir !

« Que dis-je, à cet instant il est parti peut-être.
« Nourrice, oh! par pitié, regarde à la fenêtre!
« Les ponts sont-ils baissés? Ne vois-tu rien là-bas?
« De son destrier blanc reconnais-tu les pas?
« — Je n'entends que l'écho de la salle sonore.
« — Ah! si du moins mes yeux pouvaient le voir encore!
« Si mon cœur pouvait dire avant de se briser
« De ces mots que le temps ne put jamais user,
« Peut-être ma douleur, de mon sein exhalée,
« Me déchirerait moins si je l'avais parlée.
« Si ses derniers accents retenus dans mon cœur
« S'y gravaient à jamais comme un sceau de douleur,
« Peut-être je vivrais pour espérer encore!
« Écoute un dernier vœu d'Hermine, qui t'implore!
« Descends parmi la foule, ô nourrice! et dis-lui,
« Dis-lui, s'il en est temps, qu'avant que l'ombre ait fui,
« Avant que du festin mon père ne se lève,
« A l'angle du préau qui domine la grève
« Il te suive et m'attende au bord profond des eaux,
« Avant que ce croissant dépasse les créneaux.
« Va, cours; c'est un poignard que toute heure perdue.
« S'il est parti, je meurs, et c'est toi qui me tue! »

La nourrice, à ces mots, une lampe à la main,
Descend, cherche partout Tristan sur son chemin,
Le découvre à la fin, seul, assis sous la voûte,
Ne dit qu'un mot : Hermine! Et lui montrant la route,
Le conduit en silence à l'angle du préau;

C'était un promontoire au devant du château ;
Une tour dont les pieds étaient baignés par l'onde
Portait à son sommet une terrasse ronde
Dont aucun parapet ne bornait le contour.
Les pas osaient à peine en approcher le jour ;
Mais dans la nuit l'horreur du profond précipice
A des adieux furtifs rendait ce lieu propice.
La nourrice et Tristan, sans bruit et sans flambeaux,
Attendaient que la lune ait passé les créneaux.

Cependant les rumeurs qui sortent de la salle,
Les chants, les sons du cor, meurent par intervalle.
Les convives, lassés de sommeil et de vin,
S'endorment au hasard sur les bancs du festin ;
Sous des pas chancelants les corridors gémissent.
Béranger, dont les sens dejà s'appesantissent,
Appuyé sur le bras de son vieil écuyer,
Monte péniblement le tournant escalier.
Sur le dernier degré la foule qui l'escorte,
Éteignant les flambeaux, se disperse à sa porte.
Mais à peine la main de son page Obéron
A-t-elle de son pied déchaussé l'éperon,
Qu'un souvenir confus dans son cœur se réveille ;
Il veut revoir sa fille avant que tout sommeille,
Et près d'avoir perdu son unique trésor,
Avant de s'endormir la contempler encor.
D'un signe de sa main il défend qu'on le suive,
Ouvre près de son lit une porte furtive,

Et lui-même portant la torche dans sa main,
Du haut donjon d'Hermine il suit le long chemin ;
Nul soldat ne veillait dans le corridor sombre,
Tout était dans ces lieux, repos, solitude, ombre.
Le vieillard de la porte approche à petits pas.
Nourrice, ouvrez, dit-il. On ne lui répond pas.
Du lourd loquet de bronze il presse la coquille,
Il entre, son regard cherche soudain sa fille.
Il voit son siége vide, il voit son lit désert,
Ses bijoux dispersés dans son coffre entr'ouvert,
Et de ses blonds cheveux une boucle échappée,
Auprès des ciseaux d'or dont elle fut coupée,
Sur sa table d'ébène est jetée au hasard.
Tout annonce à ses yeux un mystère, un départ...
Ces bijoux oubliés, ces coffrets, cette tresse,
C'est peut-être, ô mon Dieu, l'adieu qu'elle me laisse !
Mille soupçons affreux s'élèvent... Plein d'effroi,
Il monte à pas pressés l'escalier du beffroi :
« Sentinelle, as-tu vu chevaucher sur la route ?
« Des pas, des voix, ont-ils résonné sur la route ?
« A-t-il parti du bord une voile, un esquif ?
« — Je n'ai rien entendu, que l'eau sur le récif.
« Seulement, sur le pré qui domine la plage,
« A l'heure de minuit j'ai vu descendre un page,
« Et peu d'instants après, au jour de ce ciel pur,
« Une ombre à pas muets glisser contre le mur !
« — Où sont-ils ? réponds-moi. — Seigneur, de cette place,
« L'angle du bastion dérobe la terrasse,

« Mais l'œil peut y plonger du sommet du beffroi.
« — J'y cours. Baisse ton front, sentinelle, et suis-moi ! »

Hermine, s'attachant aux pas de la nourrice,
Avait rejoint Tristan aux bords du précipice,
Et dans son cœur brisé retenant ses sanglots,
Voulait parler, pleurait, ne trouvait plus de mots,
De ses deux pâles mains se couvrait le visage,
Regardait tour à tour la nourrice et le page,
Et le ciel et le lac, et pensait : O mon Dieu !
Que sa vague était douce auprès d'un tel adieu !
Puis enfin, s'efforçant d'une voix qui chancelle,
Elle voulait parler : Tristan, Tristan ! dit-elle.
Un long silence encor suivit ce faible effort ;
Mais ce seul mot était plus triste que la mort.
« — Te souviens-tu d'un mot qu'au sein de la mort même
« Ma bouche a murmuré dans un aveu suprême ?
« Ah ! la mort de mon cœur pourra seul l'effacer !
« Mais mon nom découvert me défend d'y penser ;
« Il restera plongé dans l'ombre de mon âme
« Comme un obscur fourreau cache une riche lame.
« Il dormira bientôt sous le sceau du trépas.
« Je vous le rends ici. — Je ne le reprends pas,
« Plus basse est ta fortune, et plus un amour tendre,
« Pour être à toi, Tristan, s'honore de descendre.
« Descendre ! ah ! qu'ai-je dit ! S'élever, s'ennoblir !
« Honorer ce qu'on aime, est-ce donc s'avilir ?
« Est-il un rang si bas que ta vertu n'honore ?

« Illustre, je t'aimais; malheureux, je t'adore!
« Et mon cœur à ton cœur attaché sans retour,
« Ce que ravit le sort, le rend par plus d'amour !
« Mais toi dont la tendresse, aux risques de ta vie,
« A l'injure, à la mort, dans tes bras m'a ravie.
« Toi qui semblas m'aimer tant que je fus ta sœur,
« Tristan ! ton cœur est-il si docile au malheur?
« Se peut-il qu'un seul jour efface tant d'années !
« Tant de doux souvenirs, tant d'heures fortunées,
« De tes yeux pour jamais sont-ils donc disparus?
« Et quand ce cœur perd tout, ah ! ne m'aimes-tu plus? »

Les mains jointes, le front baissé sur sa poitrine,
Tristan restait muet, debout devant Hermine,
Comme un homme accusé, parmi ses ennemis,
D'un crime imaginaire et qu'il n'a pas commis,
Mais coupable d'un autre et prêt à se confondre,
Refuse de parler et tremble de répondre.
Hermine interprétant ce silence incertain :
« Ah! s'il est vrai! cruel! pourquoi, pourquoi ta main
« Ne m'a-t-elle à la honte, aux flots abandonnée?
« Je mourrais moins coupable et moins infortunée!
« Va, pars, arrache-moi tout dans le même instant,
« Et pour suprême adieu ne me laisse en partant
« Que l'éternel chagrin dont je meurs consumée,
« Que la honte et l'affront d'aimer sans être aimée ! »

Le page, à ces accents dont son cœur est frappé,

Retient en vain un cri de son âme échappé.
« Aimer sans être aimée ! Ah ! je devais peut-être
« Mourir avant ce cri qui vous l'a fait connaître,
« Et cachant, même à moi, mes sentiments secrets,
« Ne révéler qu'à Dieu le nom que j'adorais !
« Mais ce reproche, Hermine, a vaincu ma constance,
« Mon cœur en se brisant a trahi mon silence.
« Car si jamais, ô ciel ! vous me le reprochez,
« Je ne vous l'ai pas dit, c'est vous qui l'arrachez !
« Oui ! seule vous étiez ma pensée et ma vie.
« Dans le fond de mon cœur, c'est vous que j'ai servie.
« Dans la lice, au tournoi, c'est vous que je pensais !
« J'y portais votre nom et je le prononçais !
« Quand on me demandait quelle serait ma dame,
« Je murmurais tout bas ce seul nom dans mon âme ;
« Et vainqueur et vaincu dans ces brillants hasards,
« Je ne voyais jamais mon prix qu'en vos regards !
« Ne me demandez pas depuis quand je vous aime !
« Mon cœur pour l'avouer ne le sait pas lui-même.
« De cet amour si doux dès l'enfance animé,
« Je ne me souviens pas de n'avoir pas aimé.
« Et ne trouvant en moi d'image que la vôtre,
« Je n'ai jamais pensé qu'on pût aimer une autre ?
« Longtemps ces noms si doux et de frère et de sœur
« Comme ils charmaient ma vie ont pu tromper mon cœur,
« Et je ne cherchais point à démêler la trame
« Des doubles sentiments qui régnaient dans mon âme.
« Qu'importait à mon cœur de le savoir jamais?

« D'amour et d'amitié j'étais heureux, j'aimais !
« Mais au moment fatal où dans les bras d'un traître
« Je vous vis, ce moment m'apprit à me connaître ;
« J'ai su combien j'aimais par combien j'ai souffert,
« Et le ciel m'a puni de l'avoir découvert !
« Mais qu'au fond de mon cœur ce secret vive et meure,
« L'amour qui fut ma gloire est mon crime à cette heure ;
« Trop éloigné d'un rang qu'un regard peut ternir,
« Ce serait l'offenser que de m'en souvenir !
« Reprenez à jamais celui qui fit ma gloire !
« Qu'il s'efface en votre âme ainsi que ma mémoire !
« Plaignez-moi quelquefois ; mais, fidèle à l'honneur,
« Aimez-en un plus digne ! — Ai-je donc plus d'un cœur ?
« Et crois-tu qu'à ton gré je puisse à l'instant même
« Aimer ce que je hais et haïr ce que j'aime ?
« Non, l'amour que mon cœur reçut avec le jour
« Qu'on me fit respirer dans le même séjour,
« Ce lait qu'au même sein ensemble nous puisâmes,
« L'amour qu'un nom si doux a nourri dans nos âmes
« N'est pas un sentiment fragile et passager
« Qu'un jour peut faire éclore et qu'un mot peut changer ;
« Tristan, il est nous-même, il est notre pensée
« Dans le cœur l'un de l'autre en naissant retracée ;
« Il est notre mémoire et notre souvenir,
« Nos peines, nos soucis, le passé, l'avenir,
« Et le sang qui s'anime, et l'air que je respire !
« Sur un tel sentiment nulle voix n'a d'empire :
« Il brave et l'injustice et l'outrage du sort,

« Et, pour l'anéantir, il n'est rien que la mort !
« Va, n'essaye donc pas d'en étouffer la flamme ;
« Il est à toi, Tristan, par tous les droits de l'âme,
« Par tous les noms sacrés les plus chers à mon cœur
« D'ami, d'amant, de frère ou de libérateur !
« Mon amour te les garde, et ce cœur qui t'adore
« S'il en est un plus doux te le consacre encore !
« Oui ! je le jure ici, par tous ces noms chéris,
« Par ce lait paternel dont nous fûmes nourris,
« Par l'âme de ma mère et ces larmes dernières
« Que versèrent sur nous ses mourantes paupières,
« Par ce même berceau qui nous reçut tous deux,
« Par ces premiers amours nés de nos premiers jeux,
« Par ce ciel qui m'entend, par ce lac tutélaire
« Dont ton berceau flottant endormit la colère,
« Par cette nuit suprême où, ravie au trépas,
« L'amour qui t'inspirait me sauva dans tes bras ;
« Par ma part dans le ciel, par mon nom de chrétienne,
« Jamais ma main n'aura d'autre appui que la sienne,
« Jamais mon cœur n'aura d'autre maître que toi !
« Reçois devant le ciel ce gage de ma foi ;
« C'est de ma mère, hélas ! le plus cher héritage,
« Le gage de sa foi, l'anneau de mariage
« Que l'heure de la mort à son doigt a trouvée,
« Et qu'en secret pour toi mon cœur a réservée !
« Approche, que ma main à la tienne s'unisse,
« Et que Dieu qui m'entend nous juge et nous bénisse !
« Et toi jure qu'au mien jusqu'au jour de la mort

« Ce nœud mystérieux enchaînera ton sort !
— « Je jure, dit Tristan, d'obéir à mon maître,
« De respecter le rang où le ciel vous fit naître,
« De refuser toujours le nom de votre époux
« Pour vivre et pour mourir moins indigne de vous ! »
Hermine, à cet arrêt d'une perte éternelle,
Sent défaillir son cœur ; elle pâlit, chancelle,
Murmure un cri confus qu'elle n'achève pas,
Et Tristan, à genoux, la soutient dans ses bras.
Mais du haut des créneaux d'où son regard domine
Le vieillard les découvre, il voit, il voit Hermine
Au moment où, tombant sous l'excès du malheur,
Le page, avec respect, la reçoit sur son cœur.
Tristan ! sa fille ! ensemble ! en ces lieux ! à cette heure !…
— « J'en ai trop vu, dit-il ; ah ! que le traître meure !
« Dût se mêler au sien mon sang déshonoré ! »
Il s'écrie, et, d'un bras de fureur égaré,
Arrachant l'arbalète aux mains de l'homme d'armes,
Sur le bord du rempart, il la supporte, il l'arme,
Et, trop lent à son gré, mais plus prompt que l'éclair,
Le trait qu'il a lancé, siffle, vole et fend l'air.
Mais, ô fureur aveugle ! ô trop malheureux père !
Le trait mal assuré qu'a lancé la colère
Le venge et le punit dans le même moment ;
Il frappe d'un seul coup et l'amante et l'amant,
Et, traversant l'épaule où s'appuyait Hermine,
Sur le corps de Tristan lui perce la poitrine,
Réunissant ainsi dans les nœuds de la mort

Ces deux enfants en vain séparés par le sort !
Percé du même dard dont le fer les rassemble
Le couple infortuné chancelle et roule ensemble,
Et, du haut de la tour dont ils touchent les bords,
Sur l'abîme profond tombant comme un seul corps,
Le lac qui les reçoit ouvre sa vague obscure,
Et le flot les recouvre avec un sourd murmure.
Tels pendant qu'au printemps un couple de ramiers
Soupire ses amours sur les hauts peupliers
Le perfide oiseleur qui voit battre leurs ailes
Perce d'un même trait les deux oiseaux fidèles,
Les gouttes de leur sang teignent leurs flancs ternis,
Leurs cols entrelacés se penchent réunis,
Et, comme un doux faisceau qu'un trait mortel enchaîne,
La même flèche encor les unit sur l'arène.

LIVRE QUATRIÈME.

I.

Cette époque était un réveil de l'esprit humain.

Le dix-huitième siècle avait été interrompu dans ses pensées, dans ses œuvres et dans ses arts par une catastrophe qui avait dispersé ses philosophes, ses poëtes, ses orateurs et ses écrivains. L'émigration, la terreur, l'échafaud avaient décimé l'intelligence. Condorcet et Chamfort s'étaient donné la mort; André Chénier et Roucher étaient tombés sous la hache; Mirabeau était mort de fatigue à la révolution et peut-être d'angoisse devant les perspectives qui ne pouvaient échapper à son génie; Vergniaud avait disparu dans la tempête, heureux d'échapper au spectacle du crime par le martyre de l'éloquence auquel il aspirait; Delille s'était enfui loin de sa patrie et avait chanté pour les exilés en Pologne et en Angleterre; l'abbé Raynal avait vieilli dans le repentir et dans le découragement de ses espérances; Parny avait travesti ses amours en cynisme et s'était mis aux gages des publicains. La philosophie et la littérature en France, à la fin du règne de Napoléon, avaient été condamnées au silence ou disciplinées et alignées comme des bataillons soldés sous le sabre. La nature s'était épuisée d'hommes au commencement du siècle pour préparer et accomplir la révolution. La révolution accomplie, la pensée qui l'avait faite semblait avoir eu effroi d'elle-même en voyant qu'elle serait anéantie elle-même par son enfantement.

Bonaparte, qui aspirait à la tyrannie et qui haïssait la pensée, parce qu'elle est la liberté de l'âme, avait profité de cet épuisement et de cette lassitude de l'esprit humain pour museler ou pour énerver toute littérature : il n'avait favorisé que les sciences mathématiques, parce que les chiffres mesurent, comptent et ne pensent pas. Il n'honorait des facultés humaines que celles dont il pouvait se faire de dociles instruments. Les géomètres étaient ses hommes, les écrivains le faisaient trembler : c'était le siècle du compas. Il tolérait seulement cette littérature légère et futile qui distrait le peuple et qui encense la tyrannie. Il aurait fait bâillonner par sa police toute voix dont l'accent mâle aurait ébranlé une des cordes graves du cœur humain. Il permettait les rimes qui assourdissent l'oreille, mais la poésie qui exalte l'âme, non. Le jeune *Nodier* ayant écrit dans les montagnes du Jura une ode qui respirait trop haut pour la servilité du temps, le poëte fut obligé de se proscrire lui-même devant la proscription qui l'épiait.

II.

Il fallait que la tyrannie de Napoléon fût bien âpre pour que le retour de l'ancien régime parût rendre la liberté et le souffle à l'âme. Il en fut ainsi cependant. A peine l'empire était-il renversé que l'on recommença à penser, à écrire et à chanter en France. Les Bourbons, contemporains de notre littérature, se firent gloire de la ramener avec eux. Le régime constitutionnel rendait la parole à deux tribunes. Malgré quelques lois préventives ou répressives, la liberté de la presse rendit la respiration aux lettres. Tout ce qui se taisait reprit la voix; les esprits humiliés de compression, la société affamée d'idées, la jeunesse impatiente de gloire intellectuelle, se vengeaient du long silence par une éclosion soudaine et presque continue de philosophie, d'histoire, de poésie, de polémique, de mémoires, de drames, d'œuvres d'art et d'imagination. Le siècle de François Ier eut plus d'originalité, le siècle de Louis XIV eut plus de gloire; ni l'un ni l'autre n'eurent plus d'enthousiasme et de mouvement que ces premières années de la restauration. La servitude avait tout accumulé pendant vingt ans dans les âmes. Elles étaient pleines, elles débordaient. L'histoire leur doit ses pages. Ces pages ne sont pas seulement les annales des guerres ou des cours, elles sont surtout les annales de l'esprit humain.

III.

De grands esprits s'étaient mûris pendant ces années d'oppression ; ils réapparaissaient dans leur liberté et dans leur éclat. Madame de Staël et M. de Châteaubriand se partageaient depuis vingt ans l'admiration de l'Europe et la persécution de Napoléon.

Madame de Staël, fille de M. Necker, génie précoce, nourri dans le salon de son père de la lecture et de la conversation des orateurs, des philosophes et des poëtes du dix-huitième siècle, avait respiré la révolution dans son berceau. Fille de l'Helvétie, transplantée dans les cours, son âme et son style participaient de cette double origine. Elle était républicaine d'imagination, aristocrate de mœurs. Il y avait en elle du Rousseau et du Mirabeau : rêveuse comme l'un, oratoire comme l'autre. Son véritable parti en politique était le parti girondin. Plus grande de talent, plus généreuse d'âme que madame Roland, c'était un grand homme avec les passions d'une femme. Mais ces passions, tendres et fortes, donnaient à son talent les qualités de son âme, l'accent, la chaleur et l'héroïsme du sentiment. Napoléon l'avait jugée plus dangereuse que La Fayette à sa tyrannie. Il l'avait exilée loin de Paris. Cet ostracisme avait fait de sa maison, sur les bords du lac de Genève, le dernier foyer de la liberté. Les écrits de madame de Staël, tantôt poétiques, tantôt politiques, quoique proscrits ou mutilés par la police, avaient toujours laissé transpirer en France et en Europe, pendant le règne de l'empire, les flammes du cœur, les enthousiasmes de l'esprit, les aspirations de la liberté, la sainte haine de l'abrutissement et de la servitude. Cette femme avait été la dernière des Romaines sous ce César qui n'osait pas la frapper et qui n'avait pu l'avilir. Des amis fidèles et généreux, en hommes et en femmes, lui étaient restés : Mathieu de Montmorency, madame Récamier, les philosophes allemands, les poëtes de l'Italie, les hommes d'État libéraux de l'Angleterre. Pendant les dernières années du règne où la chute accélérée rendait Napoléon plus implacable, madame de Staël avait fui jusqu'au fond du Nord. Elle soufflait l'insurrection des cœurs et des peuples contre l'oppresseur de l'esprit humain. A sa chute elle reparut à Paris, triomphante sur les ruines de son ennemi; le monde armé l'avait vengée sans le vouloir. Elle voulait, elle, que cette victoire des nations contre la conquête fût aussi la victoire de la liberté contre le despotisme. Mûrie par les années et par l'expérience des choses humaines, elle avait perdu l'âpreté de ces idées républicaines qui avaient fanatisé sa jeunesse en 1791 et 1792. Elle avait de bienveillants souvenirs pour les Bourbons. Elle espérait bien d'une restauration éprouvée comme elle par l'échafaud et par l'exil, et qui réconcilierait autour du trône les libertés représentatives avec les traditions du sentiment national. Son salon, à Paris, était une des forces de la restauration; son éloquence convertissait les vieux républicains, les jeunes libéraux, les âmes flottantes à un régime constitutionnel imité de l'Angleterre, qui rendrait l'indépendance aux opinions, la tribune aux orateurs, le gouvernement à l'intelligence. Louis XVIII, par l'élévation de son esprit, par ses goûts littéraires, par la grâce des ses admirations pour elle, la consolait des dédains et des brutalités de Napoléon; il traitait madame de Staël en alliée à sa couronne, parce qu'elle représentait l'esprit européen.

IV.

Elle était heureuse alors par le cœur autant que glorieuse par le génie. Elle avait deux enfants : un fils, qui ne révélait pas l'éclat de sa mère, mais qui promettait toutes les qualités solides et modestes du patriote et de l'homme de bien; une fille, mariée depuis au duc de Broglie, qui ressemblait à la plus belle et à la plus grave pensée de sa mère, incarnée sous une forme angélique pour élever le regard au ciel et pour figurer la sainteté dans la beauté. A peine encore au milieu de la vie, jeune de cette jeunesse renaissante qui renouvelle l'imagination, cette sève de l'amour, madame de Staël venait d'épouser la dernière idole de son sentiment; elle était aimée et elle aimait. Ses *Considérations sur la révolution*, qu'elle avait vue de si près, un récit personnel et passionné de ses dix années d'exil, enfin un livre sur le génie de l'Allemagne, dans lequel elle avait versé et comme filtré goutte à goutte toutes les sources de son âme, de son imagination et de sa religion, venaient de paraître à la fois et faisaient l'entretien de l'Europe. Son style, dans le livre de l'Allemagne surtout, sans rien perdre de sa jeunesse et de sa splendeur, semblait s'être allumé de lueurs plus hautes et plus éternelles en s'approchant du soir de la vie et des autels mystérieux de la pensée. Ce style ne peignait plus, il ne chantait plus, seulement il adorait; on respirait l'encens d'une âme sur ses pages; c'était Corinne devenue prêtresse et entrevoyant du bord de la vie le Dieu inconnu au fond des horizons de l'humanité.

Ce fut alors qu'elle mourut à Paris, laissant un grand éblouissement dans le cœur de son siècle. C'est le J.-J. Rousseau des femmes, mais plus tendre, plus sensée et plus capable de grandes actions que lui. Génie à deux sexes! un pour penser, un pour aimer; la plus passionnée des femmes et le plus viril des écrivains dans un même être. Nom qui vivra autant que la littérature et autant que l'histoire de son pays.

V.

M. de Châteaubriand était alors le seul homme qui pût contre-balancer la renommée de cette femme. Ennemi comme elle de Bonaparte, parce qu'il y a guerre naturelle entre le génie de la pensée et le génie de l'oppression, la chute de ce soldat qui offusquait tout laissait réapparaître ces deux grands écrivains.

M. de Châteaubriand, gentilhomme breton, né sur les grèves de l'Océan, bercé au murmure des vents et des flots de sa patrie, jeté ensuite, par le hasard de sa naissance plus que par ses opinions incertaines, dans les camps errants de l'émigration, puis dans les forêts d'Amérique, puis dans les brouillards de Londres, était l'*Ossian* français; il en avait dans l'imagination le vague, les couleurs, l'immensité, les cris, les plaintes, l'infini. Son nom était une harpe éolienne rendant des sons qui ravissent l'oreille, qui remuent le cœur et que l'esprit ne peut définir, le poëte des instincts plutôt que des idées, le souvenir et le pressentiment d'on ne sait quoi, le murmure mystérieux des éléments. Cet homme avait retenti dans toutes les âmes et conquis un immense empire non sur la raison, mais sur l'imagination des temps.

VI.

Comme tous les grands talents, il était né de lui-même. Seul, oisif, misérable à Londres pendant les dernières années de la république, il avait écrit un livre sceptique comme sa pensée et comme les ruines dont l'écroulement de l'Église et du trône avait semé le monde. On lui avait dit : Ce n'est pas cela; le monde ne veut plus douter, car il a besoin d'espérer; rendez-lui de la foi. Jeune, mélancolique, incliné aux croyances, indifférent à la nature des émotions, pourvu que ces émotions lui revinssent en applaudissements et en gloire après l'avoir remué lui-même, il brûla son livre et il en écrivit un autre : cette fois, c'était le *Génie du Christianisme*. La philosophie avait vaincu ; la révolution avait sapé et immolé en son nom ; les philosophes étaient accusés de toutes les calamités du temps, ils étaient devenus impopulaires comme les démolisseurs sont maudits des fidèles dont ils ont ruiné le temple. M. de Châteaubriand entreprit l'œuvre de le reconstruire dans l'imagination ; il voulut être l'*Esdras* de l'Église détruite et des adorateurs dispersés.

VII.

Un philosophe pieux avait une œuvre belle et sainte à faire sur un pareil plan. La philosophie religieuse et lumineuse s'était avancée de siècle en siècle ; en pénétrant rayon par rayon dans les ombres des temples, elle avait fait pâlir les superstitions, évaporer les idoles, et mis plus de jour, plus de raison et, par conséquent, plus de divinité sur les autels. Une philosophie impie, cynique, matérialiste, s'était mêlée dans les derniers temps à l'œuvre et l'avait viciée et pervertie en s'y mêlant. Remonter aux sources du christianisme, épurer les cœurs, montrer aux hommes de notre temps ce que Dieu avait mis de sainteté, de vertu et d'efficacité dans les doctrines et dans les institutions du christianisme; ce que l'ignorance, la force, la fraude et la barbarie y avaient mis de superstitions, d'idolâtrie, de vice et de corruption; rendre à Dieu ce qui était de Dieu, aux hommes ce qui était des hommes, au passé ce qui doit mourir avec lui, à l'avenir ce qui doit durer et vivifier l'âme humaine en lui faisant respirer une plus pure idée de la Divinité et en imprégnant les cultes, la législation, la politique, toutes les œuvres sociales d'une plus parfaite sainteté, c'était là l'œuvre d'une grande raison, d'une grande imagination et d'une grande piété, remuant d'une main respectueuse, mais libre, les ruines du sanctuaire ancien pour relever le sanctuaire nouveau. M. de Châteaubriand était doué d'une assez haute raison pour l'entreprendre et d'un assez grand génie pour l'accomplir. Le christianisme aurait eu son Montesquieu avec la poésie de plus.

VIII.

Au lieu de cette œuvre, M. de Châteaubriand avait fait dans son livre, comme *Ovide*, les *Fastes de la religion*. Il avait exhumé non le génie, mais la mythologie et le cérémonial du christianisme. Il avait chanté sans choix et sans critique ses dogmes et ses superstitions, sa foi et ses crédulités, ses vertus et ses vices ; il avait fait le poëme de toutes ses vétustés populaires et de toutes ses institutions déchues; depuis la domination politique des consciences par le glaive jusqu'aux richesses temporelles de l'Église, depuis les aberrations de l'ascétisme monacal jusqu'à ses ignorances béatifiées, et jusqu'aux fraudes pieuses des prodiges populaires inventés par le zèle et perpétués par la routine du clergé rural pour séduire l'imagination au lieu de sanctifier l'esprit des peuples, M. de Châteaubriand avait tout divinisé. Son livre était le *reliquaire* de la crédulité humaine.

IX.

Il avait immensément réussi. Les raisons de ce succès étaient doubles, dans l'écrivain par son génie, dans l'opinion par sa pente. La révolution avait secoué et désorienté l'esprit humain. Les tremblements de terre donnent un vertige ; le peuple, en voyant s'écrouler en même temps son trône, sa société, ses autels, s'était cru à la fin des temps. Le fer et le feu avaient ravagé les temples; l'impiété avait persécuté la foi, la hache avait frappé les prêtres, la conscience et la prière avaient été obligées de se cacher comme des crimes ; le Dieu domestique était devenu un secret entre le père, la mère et les enfants ; la persécution avait attendri le peuple pour le sacerdoce, le sang avait sanctifié les martyrs, les ruines des temples jonchaient le sol et semblaient accuser la terre d'athéisme. De plus, le monde était triste comme après les grandes commotions ; une mélancolie inquiète avait saisi les imaginations ; on cherchait l'oracle pour dire au genre humain son avenir. M. de Châteaubriand montra l'autel ancien, la religion du berceau, la prière aux genoux pliés devant la mère, le vieux prêtre blanchi par la proscription revenant errer sur les tombes des aïeux, rapporter aux chaumières le Dieu exilé, le son de la cloche du berceau, l'hymne de l'encens, le mystère, l'espérance, la consolation, le pardon ; le cœur était de son parti ; on accepta pour prophète de l'avenir le poëte qui brodait de tant de fleurs sacrées et de tant de larmes saintes le linceul du passé. Jamais la poésie n'avait fait une pareille conversion des cœurs par la magie de l'imagination et par l'élégance du sentiment. Ce livre étonna le monde comme une voix sortie du sépulcre. On admira, on se souvint, on pleura, on pria, on ne raisonna plus. La France avait été convaincue par le cœur.

De ce jour, M. de Châteaubriand était devenu l'homme nécessaire de toutes les restaurations. Il avait restauré le christianisme et Dieu dans les âmes : comment ne restaurerait-il pas la monarchie et les rois dans leur palais? Cher à l'Église qu'il avait rajeunie dans ses larmes, cher à l'aristocratie dont il avait sanctifié la proscription, cher aux femmes par la tendresse de ses poëmes où la religion ne luttait avec l'amour que pour diviniser la passion, cher à la jeunesse qui entendait pour la première fois, dans cette poésie, des notes où la nature et Dieu résonnaient comme des cordes neuves ajoutées à l'instrument lyrique du cœur de l'homme; son nom régna sur le sanctuaire, sur le foyer domestique, sur le berceau des enfants, sur la tombe des pères, sur le presbytère du hameau, sur le château du village, sur la couche des époux, sur le rêve du jeune homme; la poésie s'était perdue dans l'athéisme ; il l'avait retrouvée en Dieu. La poésie sera une des puissances réelles de ce monde tant que le don de l'imagination sera une moitié de la nature humaine.

X.

M. de Châteaubriand était rentré librement en France pour y publier ce livre. Bonaparte, qui était le poëte du passé aussi en action, voulait une main assez riche de couleurs pour lui dorer les institutions, les préjugés, les prestiges sur lesquels il fondait sa puissance. Son génie vaste, mais non créateur, n'était pas autre chose que le génie même des restaurations. Il aspirait à refaire en lui Charlemagne, ce créateur d'un temps à la fin d'un autre, le dixième siècle à la fin du dix-huitième. Il se trompait de date et remontait l'esprit humain de huit siècles. M. de Châteaubriand lui convenait et il devait convenir à M. de Châteaubriand. Leur idée était la même : M. de Châteaubriand était le Napoléon de la littérature.

XI.

L'écrivain ne résista pas aux avances du conquérant; il fut nommé secrétaire d'ambassade à Rome, la capitale du catholicisme restauré, où l'oncle de Bonaparte, le cardinal Fesch, était ambassadeur. Cette subalternité ne satisfit pas longtemps l'homme de génie qui régnait par le talent sur sa patrie : il rompit par de mesquines querelles avec cet ambassadeur simple et rude d'esprit. Napoléon se défiait de toute grandeur naturelle qui ne relevait pas exclusivement de lui. Il affecta de traiter M. de Châteaubriand en homme inférieur en le nommant ministre plénipotentiaire à *Sion*, bourgade du Valais perdue dans une vallée des Alpes. Il y avait tout à la fois de la faveur et de l'ironie dans une pareille mission et dans une telle résidence assignée à un pareil homme. C'était Ovide chez les Sarmates. On peut croire que M. de Châteaubriand le ressentit.

L'assassinat du duc d'Enghien, qui souleva l'indignation de l'Europe à cette époque, lui fournit une noble vengeance. Il envoya sa démission de ses fonctions au meurtrier tout puissant. C'était la déclaration de guerre de l'honneur au crime. Cette démission n'avait d'injurieuse que sa date. Toutefois, M. de Châteaubriand se rangea de ce jour-là devant la fortune de Bonaparte. Il ne lui refusa pas cependant quelques phrases adulatrices à l'époque de son élection à l'Académie française, comme une avance à la réconciliation. L'empereur respira l'encens, mais il écarta encore la main. Distrait par la guerre, il oublia le grand écrivain, qui, de son côté, parut s'abriter exclusivement dans les lettres. M. de Fontanes, son ami, et l'un des familiers de l'empereur, le couvrait contre toute persécution réelle. Grâce à cet in-intermédiaire, les deux grands rivaux de renommée pouvaient toujours renouer l'un à l'autre leur fortune. Les symptômes de la décadence de Napoléon, rendue plus inévitable par l'excès même de sa tyrannie, frappant M. de Châteaubriand, il prépara en silence la dernière arme dont il voulait le frapper à propos. C'était le libelle intitulé : *De Bonaparte et des Bour-*

bons. Il le porta plusieurs mois comme un poignard cousu dans la doublure de son vêtement. Ce libelle découvert pouvait être son arrêt de mort. C'était plus qu'une conjuration, c'était un outrage. Ce livre puissant, mais odieux, puisqu'il calomniait l'homme en frappant le tyran, avait élevé M. de Châteaubriand au rang des favoris les plus accrédités de la restauration. Il était devenu l'homme consulaire de tous les partis royalistes; il soufflait par le journalisme où il convenait à sa domination, tantôt le royalisme implacable, tantôt le libéralisme caressant, tantôt l'ancien régime sans contre-poids, tantôt la conciliation captieuse, ayant pour écho le *Journal des Débats* ou le *Conservateur*, pour école la jeunesse aristocratique, pour mobile une capricieuse ambition et une immense personnalité, quelquefois vaincu, quelquefois vainqueur, mais toujours sûr de retrouver la faveur publique, en affectant la persécution et en se retirant dans son génie.

XII.

M. de Bonald, talent bien inférieur, mais caractère bien supérieur à celui de M. de Châteaubriand, avait, à cette même époque, un nom égal; mais sa popularité mystérieuse ne dépassait pas les limites d'une école et d'une secte ; c'était le législateur religieux du passé renfermé dans le sanctuaire des temps. Il rendait des oracles pour les croyants, il ne se répandait pas sur le peuple.

M. de Bonald était la plus noble et la plus pure figure que l'ancien régime pût présenter au nouveau. Gentilhomme de province, chrétien de foi, patriote de cœur, royaliste de dogme, bourbonien d'honneur et de fidélité, il avait revendiqué sa part de proscription et d'indigence pendant l'émigration; il avait erré de camps en camps et de villes en villes à l'étranger, avec sa femme et ses enfants nourris de son travail; il avait étudié l'histoire, les mœurs, les religions, les révolutions des peuples dans leurs catastrophes même et sur place. Comme Archimède, il avait écrit et calculé au milieu de l'assaut des hommes et de l'incendie européen. Sa religion était sincère et soumise comme à un ordre reçu d'en haut et non discuté. Il empruntait toute sa philosophie aux livres saints; il croyait à la révélation politique comme à la révélation chrétienne; il remontait toujours d'échelons en échelons jusqu'à l'oracle primitif, Dieu. Sa théocratie n'admettait ni le doute ni la révolte. Mais, comme dans toutes les fois sincères et désintéressées, il n'y avait en lui ni excès, ni paradoxe, ni violence; il était indulgent et doux comme les hommes qui se croient possesseurs certains et infaillibles de leur vérité; il composait avec les temps, les mœurs, les opinions, les circonstances, jamais avec l'autorité. Son caractère avait la modération du possible ; il aurait été le ministre très sage d'une restauration patiente, prudente et mesurée ; il possédait la sagesse de ses opinions. L'habitude de méditer et d'écrire lui avait enlevé le talent de la parole ; il était trop élevé et trop serein pour être orateur parlementaire ou orateur populaire ; il ne parlait pas, il pensait à la tribune. Mais ses livres et ses opinions écrites faisaient dogme dans le parti monarchique et religieux ; son style simple, réfléchi, coulant sans écume et sans secousse, était l'image de son esprit. On y sentait l'honnêteté et la candeur de l'intelligence ; on s'y attachait comme à un doux et intime entretien ; on en prenait l'habitude, et même en résistant aux convictions on suivait entraîné par le charme de la bonne foi dans l'erreur et du naturel dans la vérité. Sa conversation surtout était attachante. C'était la confidence de l'homme de bien. M. de Bonald n'était pas seulement pour la France d'alors un grand publiciste, c'était un pontife de la religion et de la monarchie.

XIII.

M. de Fontanes, depuis la mort de l'abbé Delille, passait de confiance pour le poëte survivant de l'école antique du dix-septième siècle. Son nom avait une immense autorité. Il abritait cette renommée sous le mystère. On parlait sans cesse des poëmes qu'il ne publiait jamais. M. de Châteaubriand, son protégé à l'époque où il avait besoin de protecteur, son ami depuis, professait pour M. de Fontanes l'admiration qu'il refusait à la foule des poëtes du temps. On ne connaissait de ce poëte que quelques fragments élégants, purs, didactiques, sans originalité, sans chaleur, mais sans taches, talent qui désarmait la critique, mais qui ne passionnait pas l'enthousiasme. M. de Fontanes excellait davantage dans cette éloquence d'apparat que Napoléon lui faisait déployer dans les grandes cérémonies de son règne, comme la pompe de l'empire. Il avait été l'orateur de cour et le poëte monarchique depuis le consulat jusqu'à la restauration. Il s'était précipité au nouveau règne avec plus d'empressement que de convenance. Poëte pour les politiques, politique pour les poëtes, élevé par la faveur de deux règnes aux plus hautes dignités du gouvernement, il jouissait d'une considération présente et d'une gloire future, enveloppé dans son prestige, inviolable à la critique, agréable à la cour, caressé par les hommes d'Etat, révélant de temps en temps aux académies et aux élus des lettres ses vers comme une complaisance, et son talent comme une faveur.

XIV.

La philosophie du dix-huitième siècle n'avait plus que de vieux et rares adeptes survivants de la révolution.

La philosophie catholique était représentée par deux hommes d'un puissant génie de style. Quoique différents d'âge et de patrie, ils apparaissaient ensemble et au même moment sur l'horizon du nouveau siècle.

L'un, c'était le comte Joseph de Maistre, était un gentilhomme savoyard émigré comme M. de Bonald et ayant passé en Russie les longues années de la révolution. Il était déjà avancé en âge quand la chute de Napoléon lui rouvrit sa patrie. Il y rentrait avec les idées qu'il en avait emportées vingt ans avant. Les bouleversements de l'Europe, qu'il avait contemplé du fond tranquille de sa retraite, ne lui paraissaient que la vengeance divine et l'expiation méritée de l'abandon des doctrines antiques par l'esprit nouveau. Il ne discutait pas comme M. de Bonald, il ne chantait pas comme M. de Châteaubriand, il prophétisait avec les cheveux blancs, l'autorité et la rudesse d'un homme qui portait le jour et les foudres de Dieu. Sa riche et puissante nature l'avait merveilleusement prédisposé à ce rôle, ou plutôt ce n'était point un rôle, c'était une foi. Il croyait fermement tout ce qu'il disait. C'était un homme de la Bible plus que de l'Évangile ; il avait les audaces d'images, les éclairs, les retentissements des oracles de Jéhovah. Il ne reculait devant aucun paradoxe, pas même devant le bourreau et le bûcher. Il voulait que l'autorité de Dieu sur les esprits fût armée comme l'autorité des trônes sur les hommes. Contraindre pour sauver, amputer pour assainir, imposer la tyrannie de la foi par les licteurs et par le glaive, voilà la doctrine qu'il osait présenter à un monde énervé de scepticisme et devenu tolérant au moins par incertitude de vérité. Le scandale de ces défis d'un philosophe absolu à l'esprit humain attira l'attention publique sur ses œuvres ; le génie naturel de son style le fit lire de ceux-là mêmes qui le réprouvaient. Ce style, qui n'avait été façonné par aucun contact avec la littérature efféminée du dernier siècle, avait les témérités, la grandeur et la beauté sauvage d'un élément primitif ; il rappelait les *Essais de Montaigne*, mais c'était un *Montaigne* inculte ivre de foi au lieu d'être flottant de doute, sachant peu et trouvant dans ses ignorances mêmes la simplicité de son dogme et la violence de sa conviction. Les *Soirées de Saint-Pétersbourg*, premier livre de ce Platon des Alpes, étonnaient les hommes de lettres et charmaient les hommes de foi. On n'imaginait pas alors qu'une secte religieuse prendrait au sérieux les hardiesses de style du comte Joseph de Maistre, homme aussi doux et aussi tolérant que ses images étaient terribles, et qu'on ferait de son livre le code d'une doctrine de *terreur*.

XV.

L'autre, M. de Lamennais, était un jeune prêtre inconnu jusque-là au monde, né dans la Bretagne, grandi dans la solitude et dans la rêverie, jeté par le dégoût des passions et par l'impétuosité infinie des désirs dans le sanctuaire, et voulant précipiter l'esprit de son siècle par la force de la persuasion au pied des mêmes autels où il avait cru trouver la foi et la paix. Il n'y avait trouvé ni l'un ni l'autre, et sa vie devait être plus tard le long pèlerinage de son âme en mille autres cultes d'idées; mais alors il était convaincu, ardent, implacable, et son zèle le dévorait sous la forme de son génie. Ce génie rappelait à la fois Bossuet et Jean-Jacques Rousseau; logique comme l'un, rêveur comme l'autre, plus poli et plus acéré que les deux. Son *Essai sur l'indifférence en matière de religion* était un des plus éloquents appels qui pût sortir du temple pour y convoquer la jeunesse par la raison et par le sentiment. On s'arrachait ces pages comme si elles étaient tombées du ciel sur un siècle désorienté et sans voie. M. de Lamennais était plus qu'un écrivain alors, c'était l'apôtre jeune qui rajeunissait une foi.

XVI.

Une autre école philosophique se ranimait à côté de celle de ces philosophes sacrés; c'était celle du platonisme moderne, de cette révélation par la nature et par la raison que Jean-Jacques Rousseau, Bernardin de Saint-Pierre, Ballanche, Jouffroy, Kératry, Royer-Collard, Aimé Martin, disciple pieux et continuateur de l'auteur des *Études de la nature,* avaient substituée peu à peu à ce matérialisme voisin de l'athéisme, crime, honte et désespoir de l'esprit humain. Les philosophes allemands et écossais l'avaient élevée sur les ailes de l'imagination du Nord jusqu'à la hauteur de la contemplation et du mystère. Un jeune homme nourri et comme enivré de ces révélations naturelles, orateur, écrivain politique, commençait à les révéler à la jeunesse. C'était M. Cousin. Une éloquence grave, mystique, vague comme l'infini, confidentielle et à demi voix comme les secrets d'un autre monde, pressait autour de lui les esprits avides de croire après avoir tant douté. Sa parole promettait toujours, c'était l'éternel crépuscule d'une éminente vérité. On espérait sans cesse la voir éclore plus visible et plus complète de ses discours ou de ses pages. L'imagination achevait ce que le philosophe avait ébauché. Un concours pareil à celui qui entourait jadis *Abeilard* inondait les portiques des écoles. On n'en sortait pas éclairé, mais enivré. Le philosophe n'avait pas dévoilé les mystères que Dieu seul révèle tour à tour à l'intelligence pieuse de l'humanité ; mais il avait accompli la seule fin de la philosophie sur la terre, il avait élevé l'âme de la génération et tourné ses regards vers Dieu. On était déjà bien loin du cynisme et de l'abrutissement d'idées de l'empire.

XVII.

L'histoire est la politique en arrière des nations en repos ; elle commençait de grandes œuvres : M. de Ségur racontait en style épique la campagne de Napoléon en Russie et cette sépulture de 700,000 hommes dans la neige ; M. Thiers, les annales de la révolution française, où sa claire intelligence puisait et reversait la lumière des faits ; M. Guizot, des considérations dogmatiques qui pliaient les événements aux théories ; M. Michaud, les croisades, cette épopée du fanatisme chrétien ; M. de Barante, des chroniques qui rajeunissaient la France dans la naïveté de ses premiers âges ; M. Michelet, les premières pages de ses récits, pleines alors de la crédulité et de la candeur de sa jeunesse, ces grâces poétiques de l'historien ; M. Daru, la grandeur et la chute de Venise ; Lacretelle, tout le dix-huitième siècle, auquel il avait assisté, modéré et pur.

XVIII.

L'empire, qui avait imposé le silence ou la bassesse aux écrivains, laissait cependant un grand nombre d'hommes éminents ou notables dans les ordres divers de la littérature. Le vieux Ducis vivait encore ; il reportait aux Bourbons la fidélité de ses anciens souvenirs, qui avaient survécu à son républicanisme. Inflexible aux faveurs de l'empire, il acceptait celles de Louis XVIII, son premier patron. Raynouard, ami de M. Lainé, âme désintéressée, cœur libre et voix indépendante, ajoutait des tragédies sévères à sa belle tragédie des *Templiers*. Chénier, constant dans l'inconstance générale, protestait en vers énergiques pour la philosophie et pour la liberté. On l'avait accusé du meurtre de son frère pendant la terreur ; il lavait dans ses larmes d'indignation cette calomnie de sa tendresse. Lemercier, esprit bizarre associé à un cœur noble et droit, gardait aussi sa fidélité à la république, qu'il n'avait pas prosternée sous l'empire. Briffault, après avoir tenté avec succès la scène française par des drames jetés au moule de Voltaire, renonçait, pour la gloire légère des salons, aux travaux austères du tragique et semait, comme Boufflers, son esprit et sa grâce au vent. Casimir Delavigne chantait, en strophes latines et grecques, les revers de la patrie, dans les *Messéniennes*, ces préludes de sa vie de poëte. Hugo, encore enfant, balbutiait déjà des strophes qui faisaient faire silence aux vieilles cordes de la poésie de tradition. Soumet, tendre comme André Chénier dans l'élégie, harmonieux comme Racine dans l'épopée, flottait entre les deux écoles. Millevoye mourait un chant divin sur les lèvres. Vigny méditait, en s'écoutant lui-même, ces œuvres de recueillement et d'originalité qui n'ont point de genre parce qu'elles ne rappellent qu'une âme solitaire comme son talent. Sainte-Beuve conversait, en vers nonchalants et tendres, avec ses amis de sa jeunesse, qu'il devait critiquer plus tard en les regrettant. Andrieux, Guiraud, Étienne, Duval, Parceval-Grandmaison, Viennet, Esménard, Saint-Victor, Campenon, Baour-Lormian, Michaud, Pongerville, Jules Lefèvre, Émile Deschamps, Berchoux, Charles Nodier, Sénancour, Xavier de Maistre, E. Stern des Alpes, frère du philosophe Montlosier, Genoude, M. de Frayssinous, prédicateur, Feletz; madame Dufresnoy, madame Desbordes-Valmore, madame Cottin, madame Tastu, madame de Genlis, mademoiselle Delphine Gay, depuis madame de Girardin, et dont le talent devait illustrer deux noms, plusieurs autres noms qui s'éteignaient ou qui commençaient à poindre dans le siècle, assistaient ainsi au déclin de l'empire et à l'aurore de la restauration. La nature, qui avait paru stérile parce qu'elle était distraite par la révolution, par la guerre et par le despotisme, se remontrait plus productive que jamais. C'était la végétation d'une nouvelle sève longtemps comprimée, la renaissance de la pensée sous toutes les formes de l'art moderne. Une nouvelle ère de la pensée, de la politique, de la religion, devait couver dans ce foyer dont la paix et la liberté avaient ravivé les flammes. On reconnaissait la France au moment où elle était vaincue par la frénésie d'ambition de son chef; elle reprenait le sceptre de l'intelligence cultivée et de l'opinion dans le monde.

XIX.

Le retour de la famille des Bourbons et d'une aristocratie qui avaient toujours patroné, honoré et cultivé les lettres et les arts, contribuait puissamment à ce mouvement de l'intelligence. La société française retrouvait tous ses foyers dispersés dans les salons de

Paris. Cette société est à l'esprit humain ce que le rapprochement des corps animés est à la chaleur. La conversation est en France, comme elle était à Athènes, une partie du génie du peuple. La conversation vit de loisir et de liberté. Les catastrophes de la révolution d'abord, les proscriptions, les prisons, les échafauds, puis la guerre sans terme, la dispersion de l'aristocratie française à l'étranger, dans ses provinces, dans ses châteaux, et enfin la police inquisitoriale du despotisme ombrageux de Napoléon, l'avaient tuée ou amortie depuis vingt ans. Les malheurs publics étaient le seul entretien des dernières années de l'empire. La conversation était revenue avec la restauration, avec la cour, avec la noblesse, avec l'émigration, avec le loisir et la liberté. Le régime constitutionnel, qui fournit un texte continuel à la controverse des partis, la sécurité des opinions, l'animation et la licence des discours, la nouveauté même de ce régime de liberté qui permettait de penser et de parler tout haut dans un pays qui venait de subir dix ans de silence, accéléraient plus qu'à aucune autre époque de notre histoire ce courant des idées et ce murmure régulier et vivant de la société de Paris; elle avait ses foyers principaux dans les riches quartiers du faubourg Saint-Germain et de la Chaussée-d'Antin.

XX.

Le premier centre de cette société renaissante était le cabinet même du roi. Louis XVIII avait vécu avant l'émigration dans la familiarité des écrivains sérieux ou futiles de sa jeunesse. Les longs loisirs de l'émigration, la vie immobile et studieuse à laquelle l'infirmité de ses jambes le condamnait avaient accru en lui ce goût des entretiens. C'est le plaisir sédentaire de ceux qui ne peuvent aller chercher le mouvement des idées au dehors et qui s'efforcent de le retenir autour d'eux. C'était le roi du coin du feu. La nature l'avait doué et la lecture l'avait enrichi de tous les dans de la conversation, déjà naturels à sa race. Il avait autant d'esprit qu'aucun homme d'État ou qu'aucun homme de lettres de son empire. M. de Talleyrand lui-même, si renommé par sa convenance et par sa finesse, ne le surpassait pas en à-propos, madame de Staël, en éloquence naturelle, les femmes, en grâces, les politiques, en éloquence, les poëtes, en citations, les érudits, en mémoire. Il se plaisait à donner tous les matins des audiences longues et intimes aux hommes les plus éminents de ses conseils, de ses académies, de ses corps politiques, de sa diplomatie, et aux étrangers remarquables qui traversaient la France. Les femmes illustres ou célèbres y étaient admises et recherchées. Là, ce prince jouissait véritablement du trône. Il descendait, pour paraître plus grand, à toutes les familiarités d'entretien. Il révélait un homme égal à tous les hommes supérieurs de son temps dans la conversation; il se plaisait à étonner et à charmer ses interlocuteurs; il régnait par l'attrait; il se sentait et il se faisait sentir l'homme d'esprit par excellence de son empire. C'était son sceptre personnel, à lui; il ne l'aurait pas changé contre celui de sa naissance. Sa belle figure, son regard inondé de lumière, le son de sa voix grave et modulé, son geste ouvert et accueillant, sa dignité respectueuse envers lui-même comme envers les autres, l'intérêt même qu'inspirait cette infirmité précoce d'un prince jeune par le visage et par le buste, vieillard seulement par les pieds, ce fauteuil roulé par des pages, ce besoin d'un bras emprunté pour le moindre mouvement dans son salon, ce bonheur des entretiens prolongés visible sur ses traits, tout imprimait dans l'âme des hommes admis en sa présence un sentiment de respect pour le prince et de sincère admiration pour l'homme. La familiarité et la grâce étaient remontées sur le trône et en redescendaient avec lui. Le soir, dans les réceptions officielles de sa cour, il n'avait que des gestes, des sourires, des mots pour chacun; mais tout était royal, juste et spirituel dans ces gestes, dans ces sourires et dans ces mots. La présence de cœur était égale à la présence d'esprit. Il représentait admirablement la royauté antique chez un peuple nouveau ; il s'étudiait à confondre deux dates, et il y réussissait ; il aimait à paraître l'hôte de la France nouvelle autant que le roi de la vieille France; il se faisait pardonner la supériorité de son rang par la supériorité de sa grâce et de son esprit.

XXI.

M. de Talleyrand réunissait chez lui les diplomates, les hommes éminents de la révolution et de l'empire passés sur sa trace au nouveau règne, les jeunes orateurs ou les jeunes écrivains qu'il désirait capter à sa cause et qui venaient étudier de loin chez ce courtisan réservé et consommé la finesse qui pressent les événements, les manœuvres qui les préparent, l'audace qui s'en empare pour les tourner à son ambition. M. de Talleyrand, comme tous les hommes supérieurs à ce qu'ils font, avait toujours de longs loisirs pour le plaisir, le jeu, les entretiens. Il craignait, il aimait et il soignait les lettres au milieu du tumulte des affaires. Nul ne pressentait de plus loin le génie dans des hommes encore ignorés. Ce ministre, qu'on croyait absorbé dans les soucis de la cour et dans le détail de l'administration, traitait tout, même les plus grandes choses, avec négligence, laissait faire beaucoup au hasard qui travaille toujours, et passait des nuits entières à lire un poëte, à écouter un article, à se délasser dans l'entretien d'hommes et de femmes désœuvrés de tout, excepté d'esprit. Il avait un coup d'œil pour chaque homme et pour chaque chose, distrait et attentif au même moment. Sa conversation était concise, mais parfaite. Ses idées filtraient par gouttes de ses lèvres, mais chaque parole renfermait un grand sens. On lui a attribué un goût d'épigrammes et de saillies qu'il n'avait pas; son entretien n'avait ni la méchanceté ni l'essor que le vulgaire se plaisait à citer et à admirer dans les reparties d'emprunt mises sous son nom. Il était, au contraire, lent, abandonné, naturel, un peu paresseux d'expression, mais toujours infaillible de justesse. Il avait trop d'esprit pour avoir besoin de le tendre. Ses paroles n'étaient pas des éclairs, mais des réflexions condensées en peu de mots.

XXII.

Madame de Staël attirait autour d'elle tous les hommes qui n'avaient pas rapportés de l'émigration l'horreur de 1789 et l'antipathie contre le nom de son père. La société se composait de quelques rares républicains, survivants purs et constants de la Gironde ou de Clichy, des débris du parti constitutionnel de l'assemblée constituante, des royalistes nouveaux, des philosophes, des orateurs, des poëtes, des écrivains, des journalistes de toutes les dates. Elle était le foyer de toutes ces opinions et de tous ces talents neutralisés dans son salon par la bonté de son âme et par la tolérance de son génie. Elle aimait tout parce qu'elle comprenait tout. Elle était aimée universellement aussi parce que ses opinions n'avaient jamais été des haines, mais des enthousiasmes. Ces enthousiasmes étaient la température naturelle de son cœur et de sa parole. Sa conversation était une ode sans fin. On se pressait autour d'elle pour assister à cette éternelle explosion d'idées hautes et de sentiments magnanimes exprimés par l'éloquence inoffensive d'une femme. On en sortait passionné pour la tyrannie, pour la liberté, pour le génie, pour les perspectives sans limites de l'imagination. Le foyer de ce salon réchauffait toute l'Europe. Madame de Staël était le Mirabeau de la conversation et des lettres. Elle ne remuait pas seulement dans ses improvisations la révolution de la France, mais la révolution de l'imagination humaine. Un délire sublime et ravi s'emparait de ses auditeurs. Le monde moderne n'avait pas vu depuis les sibylles l'incarnation du génie viril sous les traits d'une femme. Elle était la sibylle de deux siècles à la fois, du dix-huitième et du dix-neuvième, de la révolution à son berceau, de la révolution près de sa tombe.

XXIII.

Une autre femme, fille d'un girondin héroïque, la duchesse de Duras, ouvrait plus exclusivement son salon aux royalistes, aux hommes de cour, aux femmes belles et spirituelles du temps, aux écrivains ou aux politiques de l'école de la monarchie. Ce salon était consacré surtout par l'enthousiasme de madame de Duras et M. de Châteaubriand, son oracle et son ami. Elle réunissait autour de lui et pour lui tous les adorateurs de son talent et tous les serviteurs de son ambition politique. Les lettres s'y mêlaient aux intrigues d'État, les vers et les rumeurs aux discours. Académie et conciliabule à la fois, ce salon rappelait ceux de la *Fronde*, où l'amour et la poésie, les femmes et les ambitieux entraient dans les complots de l'ambition et dans les intrigues des cours. Madame de Duras elle-même écrivait avec goût et avec passion. Elle avait assez de feu pour reconnaître et pour adorer le génie dans les autres. Une enfant dans la fleur de sa beauté et dans toute la fraîcheur de son chant, mademoiselle Delphine Gay, y lisait ses premiers vers.

XXIV.

Dans le faubourg Saint-Germain, l'hôtel de la princesse de La Trémouille, autrefois princesse de Tarente, était le centre de réunion de l'ancienne politique et de l'ancienne littérature, revenues de l'exil avec la haute aristocratie de cour. On n'y tolérait rien de ce qui transigeait avec le temps. Louis XVIII lui-même y était suspect de mésalliance avec les idées et les hommes de la révolution. C'était là que M. de Bonald, M. de Féletz, M. Ferrand, M. de Maistre, M. Bergasse et les écrivains implacables aux nouveautés avaient leur public. C'était là aussi que les orateurs de royalisme exalté et de l'émigration irréconciliable venaient concerter leur opposition, fronder les Tuileries, aspirer au règne du comte d'Artois, ce roi anticipé des vieilles choses.

Deux autres salons plus peuplés et plus jeunes s'ouvraient, dans le même quartier, aux hommes littéraires et parlementaires qui se retrouvaient ou qui se cherchaient pour se refléter de l'éclat ou pour se prêter de la force d'opinion. Deux femmes jeunes, belles de charmes, les y attiraient : c'étaient madame la duchesse de Broglie et madame de Saint-Aulaire, réunies par l'âge, par le goût des choses intellectuelles, par les mêmes amis, par l'opinion et par l'amitié.

XXV.

Madame de Broglie était fille de madame de Staël. Elle avait été élevée par elle dans l'enthousiasme du génie, mais son enthousiasme, plus pieux que celui de sa mère, était surtout de la vertu ; la piété sanctifiait à l'œil la mélancolique beauté de ses traits. C'était l'hymne intérieur d'une belle âme révélée dans son angélique figure de la pensée. Son mari, le duc de Broglie, aristocrate de naissance, impérialiste d'éducation, libéral d'esprit, avait toutes les conditions d'importance dans un règne et dans une époque qui participaient de ces trois natures d'opinions; il ne pouvait manquer d'être recherché par les trois partis qui aspiraient à se populariser de son nom et de son mérite. Une opposition éloquente sous une monarchie parlementaire était le rôle qui convenait à son attitude, l'attitude des Grey, des Holland, des Shéridan, des Fox, ces grandes familles patriciennes retrempées par la tribune dans la faveur des plébéiens. Ce salon rassemblait les amis de madame de Staël, les étrangers de haute naissance ou de haute illustration, les orateurs de l'opposition dans les deux chambres, les écrivains et les publicistes de la jeune génération, quelques républicains de théorie qui s'accommodaient au temps et qui ajournaient leurs espérances. M. de

La Fayette, temporisateur et patient comme un débris et comme une pierre d'attente, y venait. C'était une atmosphère de mécontents sans colère, ayant l'attitude plus que l'acharnement des oppositions. M. Guizot y préludait à la tribune par des brochures politiques qui dogmatisaient trop pour émouvoir. Il avait le silence de la préméditation sur les lèvres, l'ardeur de la volonté dans les yeux. On ne pouvait le voir sans un pressentiment. M. Villemain, le Fontenelle du siècle, y dissertait avec un insouciant scepticisme, qui est l'indifférence de la supériorité. M. de Montlosier y adaptait ses paradoxes aristocratiques aux passions de la démocratie. Une grande tolérance s'interposait ; les hommes et les opinions, la jeunesse, la longue perspective de choses et d'idées futures, la littérature, l'éloquence, la poésie, la grâce des manières, planaient sur tous et tempéraient tout. C'étaient les illusions d'une aurore de gouvernants, un salon de girondins avant leur triomphe et leur perte; beaucoup d'hommes, promis à l'ambition, à la gloire ou au malheur, se coudoyaient là avant de se séparer pour parcourir des routes diverses ; on eût dit d'une halte avant le combat.

XXVI.

Les mêmes hommes et les mêmes femmes se retrouvaient chez madame de Saint-Aulaire, amie de madame la duchesse de Broglie, et, comme elle, dans la splendeur de sa vie, de sa beauté, de son esprit; mais ce salon, moins politique, s'élargissait pour toutes les supériorités acquises ou pour toutes les espérances de la littérature et des arts. Les partis s'effaçaient en entrant; la haute naissance et les opinions royalistes s'y confondaient avec l'illustration récente et les doctrines libérales. On n'y recherchait que la distinction personnelle et l'élégance des idées ; c'était le congrès de l'esprit national neutralisé, dans un hôtel de Paris, par les charmes d'une femme éminente. M. de Talleyrand, la duchesse de Dino, sa nièce, favorite étrangère, belle et morne comme une étoile du ciel d'Ossian ; M. de Barante, M. Guizot, M. Villemain, M. de Saint-Aulaire, M. de Forbin, M. Beugnot, esprit érudit, anecdotique et répandu ; les Bertin, esprits contenus et observateurs ; les Villemain, les Cousin, les Sismondi, les philosophes, les historiens, les publicistes, les poëtes, y échangeaient perpétuellement entre eux les émulations et les applaudissements, ces préludes de gloire que la jeunesse aspire dans le murmure des lèvres de femmes admirées. On s'y croyait reporté à la seconde naissance d'un dix-septième siècle, élargi et ennobli encore par la liberté.

XXVII.

Une autre femme remarquable par le charme attrayant et par la grâce sérieuse de l'esprit, madame de Mouscalin, sœur du duc de Richelieu, réunissait, en plus petit nombre et plus exclusivement, les hommes politiques et les écrivains du parti modéré de la restauration. Là, on entendait M. Lainé, homme d'antique candeur ; M. Pozzo dit Borgo, orateur, guerrier, diplomate, véritable Alcibiade athénien, exilé longtemps dans les domaines de Prusias, et revenant confondre en lui, dans son pays, son double rôle d'ambassadeur d'un souverain étranger et de citoyen de sa patrie. Capo d'Istria, destiné, par le charme et par l'élévation de son esprit, à séduire l'Europe pour la Grèce, et à mourir pour elle en essayant de la ressusciter. Le maréchal Marmont, portant sur ses beaux traits la tristesse d'une défection du devoir et de l'amitié pour ce qu'il avait cru un devoir supérieur à toute amitié et à toute reconnaissance, l'humanité, et disant à Louis XVIII, en lui demandant la vie du maréchal Ney, son compagnon d'armes : « Vous me la devez, car je vous ai donné, moi, plus que la vie. » M. Hyde de Neuville, royaliste libéral, s'efforçant de retenir dans un même amour la chevalerie et la liberté, cette chevalerie des peuples qu'il ne réussissait à unir que dans son cœur. M. Molé, portrait d'homme d'État, jeune et pensif, par Van Dyck, mais qui portait sur ses lèvres trop de sourires à trop de fortunes. M. Pasquier, de naissance parlementaire, d'intelligence cultivée, d'aptitude universelle, de parole fluide, de convictions larges, fidèle seulement aux élégances d'esprit et à l'aristocratie des sentiments. M. Mounier, fils du célèbre constituant de ce nom, longtemps secrétaire intime de Napoléon, toujours respectueux pour sa mémoire, rallié aux Bourbons parce qu'ils étaient le gouvernement nécessaire de sa patrie, esprit juste, studieux, modeste, infatigable, ayant le culte de l'amitié et de la reconnaissance dans le cœur, la raillerie socratique dans le sourire, les grâces sérieuses de l'homme d'État dans la conversation. Cette réunion, où les lettres se mêlaient tous les soirs à la politique, était l'école des hommes d'État.

XXVIII.

M. Casimir Périer, M. Laffitte, quelques autres hommes nouveaux, riches et influents, recevaient, sur l'autre rive de la Seine les débris de la république et de l'empire. Les ambitieux ajournés et les mécontents irréconciliables commençaient à former le noyau de cette opposition acerbe où les regrets du despotisme tombé et les aspirations à la république, par une contradiction que la passion commune explique, se confondaient sous le nom de libéralisme, dans leur animosité contre l'aristocratie et contre les Bourbons. Là commençait à éclore la renommée, d'abord voilée, bientôt populaire, d'un des phénomènes les plus étranges de la littérature française, Béranger, un tribun chantant. Comme tous les esprits indépendants, Béranger avait senti le poids de la tyrannie, et il avait protesté en vers, cette arme du poëte contre l'oppression. Son génie, éminemment plébéien d'accent, quoique aristocratique d'élégance, était républicain comme son âme. L'empire aurait dû se soulever comme la grande apostasie de l'armée à la république. Mais Béranger, plus patriote encore que républicain, et plus sensible aux ruines de la patrie qu'aux ruines de son opinion, n'avait vu que le sang des braves et l'incendie des chaumières de son pays. Pendant l'invasion, sa pitié et sa colère l'avaient emporté sur ses répugnances contre l'empire; il avait oublié le tyran d'un peuple, il n'avait vu que le chef guerrier d'une nation. Et puis, pour les cœurs généreux, la chute absout. L'écroulement de Napoléon lui avait valu le pardon du poëte. Châteaùbriand avait valu une armée aux Bourbons ; Béranger allait valoir un peuple au bonapartisme. Rouget de L'isle, en 1792, avait poussé des bataillons aux frontières par la *Marseillaise ;* Béranger allait pousser des milliers d'âmes à l'opposition par ses poëmes chantés.

XXIX.

Casimir Delavigne, Étienne, Jouy, Benjamin Constant, Lemercier, Arnault, tous les poëtes, tous les écrivains disciplinés, dotés, patentés de gloire par l'empire, et tous ceux qui répugnaient aux Bourbons et à l'aristocratie, fréquentaient ces salons plébéiens. On y notait déjà des fortunes naissantes d'esprit qui caressaient cette opinion et qui se prédestinaient eux-mêmes à devenir les écrivains, les orateurs et les hommes consulaires de la bourgeoisie sous le sceptre du duc d'Orléans. Dans ce nombre, M. Thiers et M. Mignet, deux jeunes hommes du midi, unis par l'amitié et par l'espérance, commençaient à se signaler par de belles ébauches d'histoire et de politique. Ils remontaient à la révolution de 1789 pour mieux prendre leur course et leur direction vers des révolutions nouvelles.

De nombreux journaux luttaient au nom des deux grandes opinions qui commençaient à trancher la

France; mais les luttes étaient loin encore d'avoir l'âpreté, la colère et l'injure qu'elles contractèrent quelques mois plus tard dans la *Minerve*, satire ménippée de la restauration, et dans le *Conservateur*, foyer ouvert à tous les regrets, à tous les ressentiments et à toutes les exagérations des royalistes. L'opinion publique, encore douce et conciliante, commandait, autant que la censure, une certaine modération et une certaine élégance même aux hostilités des deux partis. On ne se combattait encore que par des épigrammes, on se combattrait bientôt avec des vengeances.

XXX.

Ce n'était pas le parti républicain, c'était le parti napoléonien et militaire qui commençait la guerre avec la précipitation, l'imprudence et l'animosité d'un parti qui n'acceptait pas sa défaite.

L'impératrice répudiée *Joséphine* vivait retirée et honorée à la Malmaison, étrangère non aux larmes, mais aux implacables amertumes de sa grandeur déchue. La reine Hortense, fille de cette impératrice et du marquis de Beauharnais, n'avait pu se résoudre à la retraite et à l'obscurité que lui commandaient la répudiation de sa mère, la séparation de son mari,

Louis, frère de Napoléon, roi de Hollande, et enfin la chute de Napoléon lui-même, seul auteur de toutes ces fortunes et qu'il devait entraîner avec lui. Accoutumée à l'adoration de la cour impériale, que son titre de belle-fille de l'empereur et la faveur paternelle de ce souverain pour elle lui assuraient, la reine Hortense avait voulu en jouir même après lui. Elle avait employé la magie de son nom, le prestige de ses souvenirs, l'influence de ses grâces sur l'empereur Alexandre pour que ce prince obtînt ou exigeât en sa faveur, de Louis XVIII, le titre de duchesse de Saint-Leu, la conservation de ses richesses et la résidence à Paris ou dans sa résidence royale de Saint-Leu. Elle était devenue, pour la jeunesse militaire de l'empire, l'idole tolérée du napoléonisme, adorée encore sous les traits d'une femme belle, jeune, spirituelle, passionnée. Tous les jeunes officiers de la maison militaire de l'empereur, tous les poëtes, tous les écrivains qui restaient fidèles à cette gloire ou qui voulaient se vouer à ce culte d'une grandeur plutôt éclipsée qu'évanouie, se réunissaient chez la reine Hortense. C'est de là que jaillissait contre les Bourbons et leurs serviteurs surannés ces chants populaires, élégies de la gloire, ces railleries, ces épigrammes, ces caricatures, ces mots frappés comme des médailles de haine et de mépris qui se répandaient dans le peuple et dans l'armée pour y propager la conspiration du mépris. C'est de là aussi

que les derniers soupirs de la passion filiale d'une jeune femme pour celui qui avait fait sa grandeur et sa puissance, et les premières insinuations de son retour partaient pour atteindre Napoléon à l'île d'Elbe et pour lui porter les symptômes de la conjuration militaire qui s'ourdissait pour lui sous les dehors d'un culte purement filial. Dans ce cénacle du culte impérial, l'amour, les lettres, la poésie, les arts, les intimités de la société, les confidences de l'entretien, les retours sur le passé, les égarements de la mémoire tenaient moins encore de la littérature que de la conspiration. . . . .
. . . .

Ce fut au milieu de cette renaissance de la littérature que je passai les deux premiers hivers qui suivirent la restauration des Bourbons à Paris. Très jeune, très timide, très inconnu encore, j'admirais de loin ces grands noms poétiques comme des monuments que je ne pourrais jamais mesurer de près.

Ces gloires littéraires de l'empire, ou ces jeunes gloires qui commençaient à poindre dans les salons lettrés de Paris, avaient un immense prestige pour moi. Je croyais qu'un homme imprimé était un homme transfiguré. Je me souviens de l'impression de respect et presque de terreur que me faisaient les noms de M. de Fontanes, de M. de Châteaubriand, de M. Casimir Delavigne, de M. Briffault, des poëtes, des écrivains, des orateurs, des journalistes célèbres du moment. Ces noms et beaucoup d'autres m'éblouissaient. Mon enthousiasme pour tout homme qui aligne quelques vers, ou qui ajuste quelques phrases, ou qui déclame quelques harangues, a beaucoup baissé depuis. Cependant, il m'est toujours resté un certain préjugé de supériorité, un certain culte secret pour les hommes de pensée. Ces hommes qui osent se mesurer avec l'immortalité, porter le défi au temps, un petit volume à la main, penser ou chanter tout haut devant leur siècle, me paraissent encore les plus intrépides de tous les hommes, et si je ne les admire pas autant pour leur talent, je les admire toujours pour leur courage. Je me disais à moi-même alors que je n'aurais jamais ce courage, et que si par hasard je me hasardais à publier un jour quelques-uns de ces vers que j'écrivais de temps en temps par trop plein et par oisiveté, je cacherais éternellement sous l'anonyme cette voix qui soupirait en moi, et qui perdrait de son intimité et de son harmonie du moment qu'elle saurait qu'on l'écoute et qu'elle n'aurait plus le secret pour abri de sa pudeur.

Et cependant j'écrivais de temps en temps quelques élégies ou quelques méditations. Mes amis m'en dérobaient des fragments, qui circulaient, à mon insu, dans les mains de quelques jeunes femmes. Ces vers passaient de là jusque sur la table de M. de Talleyrand et dans le cabinet de Louis XVIII. Ce prince souhaitait un Racine à son règne pour compléter son imitation de Louis XIV. On me rapportait des mots encourageants qu'il avait dits sur cette poésie nouvelle à madame de Raigecourt, ancienne compagne de madame Élisabeth, pleine de bontés vraiment maternelles pour moi. Mais je n'allais à aucune cour ; je ne voyais jamais ni le roi ni les princes. J'étais né sauvage et libre ; je n'aimais pas à descendre pour monter. Louis XVIII ne se doutait même pas que ce jeune inconnu, dont il voulait bien goûter les premiers vers, était un de ces jeunes gardes qu'il avait souvent regardé dans son salon, et qui avait galopé si souvent dans la poussière de ses roues à la portière de sa voiture.

J'avais eu même un jour avec le roi un rapport de hasard plus particulier et plus intime. Il aimait les arts, il se connaissait en tableaux. Il voulut, dans les premières semaines de son règne, visiter à loisir son musée du Louvre. Il fit appeler M. Denon et

M. de Forbin, directeur de ce musée, pour servir
d'interprètes entre ces chefs-d'œuvre et lui. Il consacra
une matinée entière à cette visite. J'étais de
service dans la salle des maréchaux. Le hasard me
fit désigner pour le suivre. Il s'assit dans un fauteuil
à roulettes traîné par deux valets de pied, et il passa,
pendant trois heures, la revue des statues et des
tableaux. Je marchais l'épée à la main à côté de lui.
Il me regardait souvent avec intérêt, et il demanda
même mon nom tout bas au maréchal Berthier, capitaine
des gardes. Il fut étincelant d'esprit, d'à-propos,
de citations, de mémoire, d'érudition pendant ce
long entretien avec M. Denon et M. de Forbin. Il ne
m'adressa jamais la parole, mais j'entendais tout, et
malgré la sévérité de ma consigne et l'infériorité de
mon attitude, ma physionomie et mon sourire involontaire
exprimaient quelquefois mon admiration
pour tant d'heureuses reparties. Ces sourires irrespectueux
ne paraissaient pas l'offenser. On voyait
qu'il ne négligeait rien pour charmer la France et
qu'il ne négligeait pas même l'étonnement et l'admiration
d'un enfant.

Mon nom, que le maréchal Berthier lui avait dit,
s'enfuit sans doute un instant après de sa mémoire.
Quand il me fit écrire, quelques années plus tard,
par M. *Siméon*, son ministre de l'intérieur, pour
m'exprimer le plaisir qu'il avait eu à lire mes premiers
vers, il ignorait et il ignora toujours que ces

vers étaient l'œuvre du jeune garde dont il avait désiré savoir le nom au Louvre, et qu'il avait depuis longtemps perdu de l'œil et oublié.

FIN.

www.ingramcontent.com/pod-product-compliance
Lightning Source LLC
Chambersburg PA
CBHW050548170426
43201CB00011B/1615